Volker Seitz

Afrika wird armregiert oder Wie man Afrika wirklich helfen kann

Mit einem Vorwort
von Rupert Neudeck

Deutscher Taschenbuch Verlag

FSC www.fsc.org
MIX
Papier aus verantwortungsvollen Quellen
FSC® C013736

Originalausgabe 2009
6., aktualisierte und erweiterte Auflage 2012
Die ersten drei Auflagen erschienen unter der dtv Nummer 24735, die 4. und 5. Auflage unter dtv 24808.
Deutscher Taschenbuch Verlag GmbH & Co. KG, München

Umschlagkonzept: Balk & Brumshagen
Umschlagbild: Uwe Jung
Satz: Greiner & Reichel, Köln
Gesetzt aus der Concorde 9,25/12,3˙
Druck und Bindung: Kösel, Krugzell
Gedruckt auf säurefreiem, chlorfrei gebleichtem Papier
Printed in Germany · ISBN 978-3-423-24938-6

Nicht das Bestehende muss verändert werden, sondern das Verkehrte.

Joachim Fest

Über die Armut braucht man sich nicht zu schämen, es gibt mehr Leute, die sich über ihren Reichtum schämen sollten.

Johann Nestroy

To speak clearly is not being colonial.

Gladwell Otieno, Bürgerrechtlerin aus Kenia

Die meisten Glaubenslehrer verteidigen ihre Sätze nicht, weil sie von der Wahrheit derselben überzeugt sind, sondern weil sie diese Wahrheit einmal behauptet haben.

Georg Christoph Lichtenberg

Zaire [heute Kongo] muss mächtig sein. Ich habe noch nie so viele Mercedes gesehen.

Muhammad Ali

Immer wieder finden sich Eskimos, die den Afrikanern sagen, was sie zu tun haben.

Stanislaw Jerzy Lec

The only thing that matters is governance, governance, governance.

Mo Ibrahim, Sudanesischer Mobilfunkunternehmer, dessen Stiftung vorbildliche ehemalige afrikanische Staatschefs auszeichnet

Diesem Buch liegen meine persönlichen Erfahrungen aus allen Aufenthalten in Afrika zwischen 1965 und heute zugrunde. Es enthält zahlreiche Einschätzungen und Wertungen, die ausschließlich meine persönliche Meinung und nicht die des Auswärtigen Amts oder der Bundesregierung widerspiegeln. Ich möchte vor allem dazu beitragen, dass vermeintlich unergründbare Fragen nicht immer mit einem Schulterzucken und der Erklärung »Das ist eben Afrika« beantwortet werden. Dieses fröhliche, traurige Afrika hat mich über 40 Jahre nicht losgelassen.

Das Buch ist den ganz normalen Afrikanerinnen und Afrikanern gewidmet, deren Leben sich in der alltäglichen Misere des harten Überlebenskampfes abspielt. Ihr ehrenhaftes, mutiges Verhalten und ihre Würde habe ich in 17 Jahren auf Posten in Afrika schätzen gelernt. Ich habe dort zahlreiche Menschen kennengelernt, deren Handeln ausschließlich von den Gesetzen der Anständigkeit und Integrität bestimmt ist.

Diese demokratisch gesinnte Bevölkerung wünscht sich rechtsstaatliche Verhältnisse und eine wirtschaftliche Zukunft im eigenen Land. Dafür ist aber die Entwicklungsorientierung und Verantwortung der politischen Eliten in den Entwicklungsländern selbst unabdingbar. Wer es mit Afrika gut meint und wem die Menschen wichtig sind – beides nehme ich für mich in Anspruch –, der kann sich nur wünschen, dass eine stabile, demokratische und der gesamten Bevölkerung zugutekommende Entwicklung Afrikas mehr gefördert wird. Hierzu müssen die Partizipationsmöglichkeiten am öffentlichen Leben, die Chancen auf Bildung, Gesundheit und Einkommen gestärkt werden. Besonders die Frauen in Afrika, davon bin ich überzeugt, wollen aus eigener Anstrengung ihr Leben in die Hand bekommen.

Wie kein anderes Land belegt Tansania das Scheitern der Entwicklungshilfe. Das Land hat an Ressourcen alles, was man braucht, um glücklich zu sein, und nichts von dem, was normalerweise als Ausrede herhält, warum es doch nicht geklappt hat:

- kein Unabhängigkeitskrieg
- kein despotischer Alleinherrscher
- keine Militärdiktatur, kein Putsch
- kein Tribalismus, keine Stammeskonflikte
- keine religiösen Auseinandersetzungen
- kein Staat ohne Zugang zum Meer
- keine Dürre- oder Flutkatastrophen
- keine überbordende Kriminalität
- kein schädlicher Öl- oder Kupferreichtum, aber genügend vielfältige Rohstoffe.

Trotz dieser guten Ausgangslage und der Tatsache, dass Tansania seit der Unabhängigkeit der Liebling der Geber ist, bleibt es eines der zehn ärmsten Länder der Welt.

Man kann nicht alles Elend dieser Welt mit Kolonialismus oder Globalisierung erklären. Welche Art Hilfe ein Land weiterbringt, muss man in jedem Einzelfall abwägen. In Simbabwe hätten ohne den großartigen Einsatz der Kirchen viele nicht überlebt. Es gibt eben kein Patentrezept. Aber welche Hilfsorganisation hat sich schon einmal Gedanken gemacht, in einem überschaubaren Zeitraum nicht mehr zu existieren? Beruht die Arbeit der Helfer nicht auf einer Selbsttäuschung? Haben denn alle die besondere Kompetenz, um den Afrikanern zu helfen sich aus der dauerhaften Abhängigkeit von ausländischem Beistand zu befreien? Der weitverbreitete Paternalismus, also die Neigung, besser als der Betroffene zu wissen was gut für ihn ist, droht die Menschen zu entmündigen. Warum wird den Afrikanern immer wieder eingeredet, dass sie ihre Probleme nicht selbstlösen könnten? Es scheint schwer zu sein, die Menschen ihren eigenen Ideen zu überlassen. Immer nimmt sie jemand bei der Hand. Das vorrangige Ziel des Buches besteht in der Weiterführung einer Debatte über Entwicklungshilfe, die die Grundlage dafür legen soll, wie die Entwicklungsländer sich von einer Hilfe befreien können, die die Armut nicht beseitigen konnte.

Volker Seitz

Inhalt

Rupert Neudeck

Vorwort

Ich kann mich noch an den Moment erinnern, als mir in Khartoum Anfang der 90er Jahre der damalige deutsche Botschafter Dieter Simon sagte, die Entwicklungshilfe hätte die Korruption in seinem Land Sudan, in dem er die deutschen Interessen vertrat, erheblich angeheizt. Ich war ja nun mit der Milch der entwicklungspolitischen Korrektheit aufgewachsen, die in Abwandlung von Immanuel Kant sagte: Es gibt nichts innerhalb der Welt wie auch außerhalb derselben, was allein als politisch gut bezeichnet werden kann denn die Entwicklungshilfe. Ich bin auf diesem Humus aufgewachsen. Und bin darin jetzt bis in meine politischen und intellektuellen Wurzeln verunsichert.

Das Wort Schuldenerlass hatte auch ich wie eine theologische Vokabel für richtig gefunden. Wie wir nach der Vaterunserbitte von Gott die Vergebung, also den Erlass der eigenen Schulden, erbitten, so konnte dieser Entschluss der eigenen Regierung ja nur bedeuten, dass sie auf eine moralisch richtige Politik eingeschwenkt sei. Dass sich die Korruption afrikanischer Regierungen, die sich zu Unrecht Vertreter der tapferen und unglaublich fleißigen Bauern, Nomaden und Landwirte nennen, bis nach Deutschland erweitert hatte, sagte mir schon 1995 ein Angolaner, Ricardo de Mello, der geniale Herausgeber und Redakteur des sogenannten »Imparcial Fax«. Das war ein wöchentlicher Fax-Dienst in Angolas Hauptstadt Luanda, so gefürchtet, wie ich es selten in meinem journalistischen Berufsleben erlebt habe. Warum? Weil dieser de Mello alle Korruptionsskandale offenlegte, über die in der Hauptstadt Angolas zwar gesprochen, aber nicht geschrieben wurde. Z.B., dass Angolas Botschafter in Deutschland eine Flotte von 20 Mercedes Silberpfeil für seine Regierung bestellen sollte. Er machte diese Bestellung unter der Bedingung, dass er einen eigenen Wagen der Luxusklasse für sich dazubekam, und machte die zweite Bedingung, dass eine Rechnung von Mercedes nicht über 20, sondern über 21 Luxus-Karossen erstellt wurde. So dass er den Wagen und noch einmal den Gegenwert in Dollar oder damals DM bekam. Wenige Tage, nachdem mir de Mello das erzählt hatte, lag er ermordet vor der Wohnungstür im dritten Stock des Hauses in der Nähe der Uferpromenade in Luanda, in dem er damals wohnte.

Ich war dabei, als der UNHCR, das Flüchtlingshilfswerk der Vereinten Nationen, im Mai 1980 zusammen mit deutschen Helfern auf drei LKWs von Djibuti durch die Wüste bis nach Hargeisa ins Dam Camp fuhr. Dort bauten wir mit eigenen Händen die Zelte auf, die die armen Teufel, die Flüchtlinge aus dem äthiopischen Ogaden, ganz dringend brauchten. Heute sagt Volker Seitz: »Längst ist die UNO ein Teil des Entwicklungsproblems.« Den Schlusspunkt meiner radikalen Ernüchterung hat dieses Buch von Volker Seitz gesetzt, der mit einer unbestechlichen Klarheit (fast) alle Säulen der entwicklungspolitischen Korrektheit schleift. Es gibt viele Bücher über das Scheitern dessen, was wir mit einem falschen Wort Entwicklungshilfe nannten. Dieses Buch gibt dem Gebäude einen letzten Stoß, es muss nach seiner Zerstörung etwas ganz anderes aufgebaut werden. Volker Seitz, so muss man dem Leser erklären, weiß besser als viele, was es mit Afrika und seinen Problemen auf sich hat. Er hat 17 Jahre nicht hintereinander, aber in zeitlichen Abständen in afrikanischen Ländern gearbeitet und das falsche System erlebt. Überall geht es mit schlechtem Gewissen darum, dass der »Mittelabfluss« gewährleistet werden muss. Geld war immer eher zu viel da. Geld hat die Verantwortlichen noch träger gemacht. Und das Gefühl, dass die Entwicklung eines Landes nur mit ausländischem Geld gemacht wird, befördert. Es sind die Kräfte der Eigeninitiative und der Selbsthilfe geradezu verdorrt unter unserem Ansturm, mit dem wir uns gar nicht genug tun können, um immer wieder alles so zu gestalten, wie wir es für richtig halten.

Die Staaten Afrikas lassen Ärzte, Ingenieure, Krankenschwestern ausbilden, was ja sowohl Geld kostet wie auch ein Kapital für das Land und seine Kultur darstellt. Seitz stellt fest, dass etwa 20 000 Ärzte und Pflegekräfte jedes Jahr Subsahara-Afrika verlassen, und fügt hinzu: Viele leistungswillige Afrikaner würden gern ihre Arbeitskraft in den eigenen Staat investieren, aber bei der momentanen Verfassung ihrer Länder sehen gerade besonders engagierte junge Afrikaner keine Zukunft in ihrem Land. Es sei nicht so, dass diese jungen Afrikaner, für manche die besten des Kontinents, nur auf schnelles Geld aus sind. Es sind vor allem die Unsicherheit für sich und die Familie, die mangelnden Möglichkeiten der professionellen Weiterbildung, schlechte Arbeitsbedingungen, Mangel an Schulen und Krankenhäusern.

Seitz sieht die Potenziale der Völker und der jungen Menschen in Afrika. Er nennt auch die paar Staaten, in denen der richtige Weg schon beschritten wurde, Botswana, Mauritius, Benin. Afrika hat aber 52 Staaten, die unabhängig und in der UNO sind, und einen failed state, der als Staat schon wieder von der Landkarte verschwunden ist: Somalia am Horn von Afrika. Wir investieren in scheiternde Systeme. Schlimmer, wir machen die Regierungen sicher, dass sie so weiterwursteln dürfen.

1992 fand ich bei unserem von der deutschen Botschaft voll mitgetragenen Versuch Minen zu räumen, in ganz Luanda nur einen einzigen Vizeminister, der sich dafür interessierte, was wir da vorhätten. Alle anderen Ämter waren ausschließlich daran interessiert abzukassieren. Dass im Süden des Landes in Cunene täglich die eigenen Bürger auf diese schrecklichen Teufelswaffen traten und verstümmelt und verkrüppelt wurden, das interessierte niemanden in Luanda. Zu dieser Zeit erfuhr ich aus Deutschland, dass der damalige Minister des BMZ (Bundesministerium für Wirtschaftliche Zusammenarbeit und Entwicklung), Carl Dietrich Spranger, gesagt habe, Angola braucht keine Entwicklungshilfe, weil es so (Erdöl-) reich ist. Und in der Tat, es ist ein Ölland und könnte sich bei einer tüchtigen Regierung schon längst zum Tiger à la Südkorea oder Taiwan entwickelt haben. Aber daraus wurde nichts. Das Instrument Entwicklungshilfe dient immer noch den eigenen Bataillonen an höchstbezahlten Helfern (auf 100 000 schätzt Seitz sie in seinem Buch), die wenig mit Entwicklung zu tun haben und auch den außenpolitischen Interessen des eigenen Landes nicht unbedingt förderlich sind, warum sollten sie?

Aber das Entscheidende wird nicht geleistet mit dieser Form vergeudeter Mittel: Die Völker und ihre Vertreter werden nicht ermutigt und gefördert, die Entwicklung selbst in die Hand zu nehmen. »Es ist nicht so, dass das reiche Europa gegenüber seinem ›armen‹ Nachbarn Afrika bis heute eine Almosenpolitik betreibt, sondern dass die Milliarden der Entwicklungshilfe weiter in den Taschen politischer Funktionsträger der Entwicklungsländer verschwinden. Kaum einer investiert im eigenen Land und schafft dadurch Arbeitsplätze.« Es kommen Entwicklungen auf uns zu, die uns zu einer Änderung der Politik veranlassen sollten.

China hat sich auf dem Kontinent eingenistet, so fest, dass wir Europäer darüber empört sind: Was hat China auf unserem Kontinent eigentlich verloren? Der Kontinent gehört uns, ist uns als Aufgabe zugewiesen wie den Eltern ein Baby. Ja, aber vielleicht haben wir 50 Jahre verpennt und das Falsche gemacht. Jetzt kommt China und macht es anders, als wir immer behauptet haben, dass es richtig wäre. Das einzig Positive: Wir haben einen Tritt vor das Schienbein bekommen und müssen unsererseits beherzt das Richtige tun. So wie die Entwicklungspolitik läuft, läuft sie in die Irre. ›Tödliche Hilfe‹ hat vor 23 Jahren Brigitte Erler ihre Streitschrift überschrieben, die erst jüngst in 14. Auflage erschienen ist. Sie hatte zwei Fehler: Erler schrieb ehrlich über einen Teil des falschen Ganzen (pars pro toto), den Fall Bangladesh, in dem sie damals für das Bundesministerium für Entwicklung und Zusammenarbeit tätig war. Und sie ließ für alle Experten und Festangestellten der Entwicklungszusammenarbeit ein großes Schlupfloch. Sie meine mit ihrer Kritik nicht die Nothilfe. Also machten künftig alle Nothilfe.

Von allen Seiten wurde sie darauf hingewiesen, dass sie den Ausnahmefall Bangladesh nicht verallgemeinern dürfe. Willy Brandt, der große Patron der Solidarität mit der Dritten Welt, sagte damals nur, das sei alles »übertrieben« (Die Zeit, 8.11.1985). Doch nachweislich hat diese Streitschrift für die wissenschaftliche Debatte um die Entwicklungszusammenarbeit oder die Entwicklungspolitik und die semantische Diskussion darum eine große Bedeutung – bis heute. 24 Jahre später kommt jemand, der die Serie beendet. Jetzt haben wir kein Schlupfloch mehr. Wir müssen unser politisches

Verhalten ändern, auch in unserem eigenen politischen und außenpolitischen Interesse.

1. Wir müssen bescheidener werden und nicht meinen, dass wir die Länder mit unseren europäischen Segnungen und unserem Besserwissen ändern und auf den richtigen Weg bringen. Deshalb zitiert Seitz die neuen Stimmen aus Afrika, die uns den Kopf waschen, was uns meist beleidigend vorkommt: Denn wie kann ein Afrikaner oder gar eine Afrikanerin uns den Kopf waschen? Da wollen wir doch die Kleiderordnung eingehalten haben. Volker Seitz räumt damit auf. Wir müssen auf die kritischen Afrikaner hören. Und wenn wir für Afrika etwas tun wollen, dann so, dass die Landbevölkerung, die Kleinbauern und Halbnomaden etwas davon haben. Nicht nur die vom Stamme der Wa Benzi.

2. Steuergelder werden überall vergeudet, aber hier werden sie als Budgethilfe geradezu aus der Luft abgeworfen. Bildlich und übertragen. Die »Regierungen« Afrikas müssen wieder ihren Auftrag erfüllen. Es sollten nur noch Regierungen (und damit Länder und Völker) unterstützt werden, die nachprüfbar Korruption bekämpfen. Das Territorium mancher sogenannter Regierungen ist zwar auf der Landkarte markiert, aber sie haben das Entscheidende und Spezifische einer Regierung noch nicht. Sie müssten sich angestrengt um das Überleben ihrer Bevölkerung und um das Wachstum der eigenen Wirtschaft kümmern. Sie müssten aktiv sein für ihre Bevölkerung, an deren Spitze sie sich entweder selbst gesetzt oder wohin sie per Akklamation oder noch besser per richtiger Wahl gesetzt worden sind. Aber Anstrengen, das Wort haben die vom Stamme der Wa Benzi noch nicht gehört. Anstrengung, Schweiß, Ärmel aufkrempeln, wo man doch zu der Klasse derer gehört, die einfach »His Excellency«, Seine Hoheit oder Seine Exzellenz sind, und sich auf dem Parkett der höchstbezahlten diplomatischen Wohlanständigkeit tummeln kann!

3. Muhammad Yunus, der Gründer der Grameen Bank für Mikrokredite und Friedensnobelpreisträger des Jahres 2006, hat den ent-

scheidenden Schritt vorgemacht. Die Ärmsten der Armen, zumal die Frauen, sind die besten Unternehmer ihres eigenen Geschicks. Gebt ihnen, zumal den Frauen in den afrikanischen Gesellschaften, das Geld, und sie werden damit arbeiten, sie werden damit wuchern und es umsetzen, damit sie mehr daraus machen. Sie sollen mit den Talenten wuchern, so wie das Evangelium es sagt. Das ist auf jeden Fall eine Lösung des Problems, gebt den Menschen die Mittel in die Hand, unter ganz klaren Bedingungen, die nichts mehr mit unserer Weihnachtsmann-Attitüde zu tun haben. Und dieser Muhammad Yunus hat auf dem Kirchentag 2007 in Köln einen beeindruckenden Auftritt gehabt: Das haben die Deutschen noch nicht erlebt, einen Nobelpreisträger, der nicht seinen Ruhm wie eine Monstranz vor sich herträgt, sondern bescheiden geblieben ist. Er hat uns von dem Gespräch mit Bundeskanzlerin Angela Merkel berichtet, die nach Heiligendamm für einige Stunden auf den Evangelischen Kirchentag kam. Er war positiv überrascht. Er, Yunus, habe noch keinen Staatsmann oder keine Staatsfrau erlebt, die so viele Fragen an ihn gehabt hätte. Eine Politikerin, die nicht alles wusste, fügte Yunus schelmisch hinzu. Sonst ist er mit den großen Leuten zusammen, und die haben eine verderbliche Eigenschaft: Sie wissen schon alles. Merkel hatte eine gute Voraussetzung für das Thema dieses Buches. Auch in der Entwicklungspolitik ist sie noch positiv beeinflussbar.

4. Bildung, Grundbildung, Berufsausbildung – das sind Felder, da könnten wir von Europa den Menschen in Afrika, die das wollen, unter die Arme greifen. Aber da müssen wir in den zu unterstützenden Ländern eine bessere Staatlichkeit und Bürokratie bekommen. »Bedenklich ist die Tendenz zu zahlen, damit man helfen darf«, schreibt Volker Seitz. Er fährt fort: In sämtlichen Ländern, in denen er gearbeitet habe, müssen Tagegelder, sogenannte »per diem« gezahlt werden, »damit sich Beamte mit Helfern an einen Tisch setzen«. So kam es, dass die bestwilligen Helfer auf ein Wartesofa gesetzt werden, so lange, bis sie meinen, *sie* wollten etwas von dem Staat, in den sie nur deshalb gekommen sind, weil die Bevölkerung dort von ihrem Staat nichts, aber auch gar nichts hat.

Der ganze Kontinent wird zum Almosenempfänger, nicht wegen der Menschen und Völker, sondern weil sie Regierungen haben, die faul, raffgierig und größenwahnsinnig sind. Manchmal machen solche Regierungen wie in Simbabwe und möglicherweise künftig auch in Südafrika oder Namibia, die eigene Landwirtschaft systematisch kaputt. Nach dem Kalten Krieg muss die Entwicklungspolitik vom Kopf auf die Füße gestellt werden. Vor 24 Jahren hat Brigitte Erler die politische, aber auch wissenschaftliche Debatte angeregt und durcheinandergewirbelt, die ja meist vom akademischen Schreibtisch aus geführt wird. Was sie versuchte, gelang ihr nicht, denn das Ministerium hatte seine eigenen Bataillone und Agenten in der Wissenschaft und den Akademien untergebracht. Doch der Kalte Krieg, der das politische Instrument der Belohnung und Bestrafung von Regierungen war, wenn sie in die falsche Richtung guckten oder schielten, ist vorbei. Und 50 Jahre als Erfahrung sind genug. Die Debatte in den interessierten politischen und wissenschaftlich-politologischen Zirkeln bekommt durch das Buch ganz neue Nahrung. Endlich spricht jemand mit Erfahrung vor Ort. Denn das fehlt uns seit dem großen Schweden und Wirtschaftsexperten Gunnar Myrdal. Hier schreibt uns jemand etwas ins Stammbuch, das keine Interpretation und Extrapolation von Erfahrungen hierzulande oder in Ausschüssen des Ministeriums und der Gesellschaft für Technische Zusammenarbeit darstellt. Volker Seitz stellt die Entwicklungspolitik vom Kopf wieder zurück auf die Füße. Wenn sie denn Sinn machen soll, dann soll sie nicht den Süden entwickeln und den Menschen vorschreiben, wie sie zu leben und zusammenzuleben haben, sondern ihnen ein gutes Beispiel der Partnerschaft geben. So wie es das Bundesland Rheinland-Pfalz mit dem afrikanischen Land Ruanda getan hat. Dort sind Two-way-Projekte und Partnertaten in Gang gekommen zwischen zwei Völkern.

Afrika ist stark und hat ein großes Potenzial. Auch darauf weist Volker Seitz hin. Ich selbst habe es immer wieder unmittelbar erlebt. Es ist mir unvergesslich, wie ich einmal in einem Kampfgebiet mitten im entsetzlichen ugandischen Befreiungskrieg Sphärenklänge hörte. Es war ein Schulchor, der von einem Adunga-Orchester begleitet wurde und himmlische schöne Lieder sang. Am unverwüstlichsten ist der afrikanische Humor. Wie betete der Führer vom Stamme der Grikuas vor der Schlacht mit den Afrikaandern, den südafrikanischen Weißen, 1876:

»Gott! Trotz zahlreicher Gebete an Dich
verlieren wir ständig unsere Kriege.
Morgen werden wir neuerlich in eine Schlacht
ziehen, die man groß nennen kann.
Wir benötigen dringend Deine Hilfe.
Diese morgige Schlacht wird keine
leichte Sache sein.
In der wird man Kinder nicht brauchen können.
Daher habe ich eine Bitte an Dich:
Sende uns nicht Deinen Sohn zu Hilfe.
Komm selber!«

Einführung

Afrika ist ein faszinierender Kontinent, der von freundlichen, dem Leben zugewandten Menschen bewohnt wird. Afrika ist nicht nur der Kontinent der Kriege, Krankheiten und Katastrophen, sondern auch der Kontinent beeindruckender Landschaften, reicher Kulturen und gastfreundlicher Menschen. Für mich ist Afrika der Kontinent der improvisierten Problemlösungen und der Heiterkeit auch am Abgrund. Gerade in den wirklich armen Ländern des Sahel überrascht die meist positive Einstellung und die intensive Lebensfreude der Menschen. Es war großartig, dass ich Afrika in vielen Facetten erleben und zu einem kleinen Teil vielleicht auch verstehen lernen konnte. Ich habe 17 Jahre auf Posten in Afrika verbracht, in sieben Ländern, von denen ich vier – Guinea, Niger, Benin und Kamerun – sehr intensiv bereist habe. Dabei lernt man die kulturellen Unterschiede kennen und auch traditionell geprägte Ursachen für bestimmte Phänomene.

Nach meinem Dienstantritt 2004 machte ich auf einer Reise in den Nordwesten Bekanntschaft mit dem traditionellen Kamerun. Viele Orte sind nur über holperige Pisten erreichbar, voller Schlaglöcher, Geröllhaufen und Rinnen. In Foumban erwartete mich nach einer solchen Fahrt der dortige Chef, der Sultan, im Sessel vor dem Eingang seines Hauses. Er rechnete offenbar damit, dass ein Deutscher pünktlich ist. Er zeigte mir sein Palastmuseum. Es war 1917 gebaut und 1984 von der UNESCO renoviert worden. Dort werden Thronsessel, Tanzmasken, Kostüme, Waffen, Kalebassen aus den Unterkiefern besiegter Feinde und Palmweingefäße aus den Schädeln getöteter Widersacher ausgestellt. Einer der Vorgänger des Sultans war besonders klein geraten. Deshalb wurden allen Notabeln, die größer waren als er, die Beine gebrochen. Das Museum verfügt über einen Koffer voller Fotos aus der deutschen Kolonialzeit (1884–1916). Die deutschen Kolonialoffiziere haben offensichtlich eifrig fotografiert.

Auch in Bafut führte mich der König durch seinen »Palast« und zeigte mir die Stelle, an der bis zum Einmarsch der deutschen Kolonialtruppen Kinderopfer gebracht wurden. Man habe das auch nach dem Verbot durch die Deutschen heimlich weiter gemacht. Heute würde man sich mit Tieren begnügen. Er sei übrigens ein armer Herrscher. Er könne sich nur sechs Ehefrauen leisten. Sein Vater habe noch 300 und sein Großvater 1500 Frauen besessen.

Anlässlich einer Feier unseres Vertrauensarztes wiederum wurde mir klar, warum es in Jaunde so viele Reinigungen gibt. Er hatte einen kamerunischen Verdienstorden erhalten. Der Orden wurde am Anzug mit Champagner übergossen. Damit sollte sichergestellt werden, dass bald die nächste Auszeichnung verliehen wird.

Magie ist in ganz Afrika verbreitet, insbesondere der Glaube an Amulette. Es gibt zwar keine verlässlichen Statistiken, aber es sterben fast so viele Afrikaner durch Autounfälle (und von Zeit zu Zeit durch Flugzeugabstürze) wie etwa durch Malaria. Viele Autofahrer verlassen sich auf die magische Kraft ihrer Amulette. Dementsprechend ist der Zustand der meist überladenen Wagen. Je mehr die Menschen auf die Macht des Übersinnlichen bauen, desto weniger kümmern sie sich um real existierende Probleme wie den Zustand von Bremsen, Reifen oder Motor. Es gibt keine Wartung, sondern nur improvisierte Pannenbeseitigung.

In Kamerun besuchte ich auch den Parlamentspräsidenten. Er ist ebenfalls zugleich traditioneller Chef. Als solcher sitzt er nach altem Brauchtum einem örtlichen Gericht vor. Die häufigsten Fälle beträfen »Frauenraub«. Ich wisse doch, dass Frauen bei Palmwein leicht zu verführen seien. Und schon wechselten sie den Mann. Das Gericht müsse dann entscheiden, wo die Frau jetzt hingehöre. Es war ein nettes Gespräch, und am nächsten Tag berichtete die Regierungszeitung ›Cameroun Tribune‹: »Jaunde und Berlin stärken ihre Beziehungen.«

Es ist eine andere Welt, eine Welt, in der der kürzeste Weg zwischen zwei Punkten selten eine Gerade und Geduld eine lebensnotwendige Tugend ist. Afrikaner sind in der Regel verwundert, wenn jemand aus dem Westen sich über all die »Unannehmlichkeiten«

aufregt. Sie betrachten Ungeduld und sparsamen Umgang mit Zeit als typische Eigenschaften von Europäern und Amerikanern. Sie selbst sehen keinen Grund zur Eile. Die bei uns übliche Höflichkeit, jemanden, mit dem man verabredet ist, nicht warten zu lassen, ist in Afrika nicht verbreitet – im Gegenteil, oft ist es umgekehrt: Erscheint man pünktlich, bringt man den Gastgeber in Verlegenheit. Afrikaner haben keine Eile, aber oft ein überraschend gutes Gedächtnis. Das geht wohl auf die afrikanische Tradition der »Griot«, der Geschichtenerzähler, zurück. Insbesondere auf dem Land sind die Griots das »Gedächtnis des Volkes«. In ihnen leben die Menschen und Ereignisse weiter und das oft über Jahrzehnte. Im westafrikanischen Benin sagt man, wenn ein weiser Mann stirbt, »brennt eine Bibliothek ab«.

Mein erster Botschafterposten war in Benin. Ich habe in diesem wirklich armen Land wunderbare Menschen kennengelernt, Künstler, Journalisten und Universitätsprofessoren. Die Beniner haben eine besondere Fähigkeit zur ironisch-distanzierten Selbstbetrachtung und viel Humor. Wenn sie etwa die Stadt Ganvie mit ihren Lagunen und schilfgedeckten Pfahlhütten als »Venedig Afrikas« bezeichnen, geschieht das mit einem guten Schuss Ironie und einem Augenzwinkern. Humor und Gelassenheit sind vielleicht auch die Schlüssel zu dem vergleichsweise sehr friedlichen Zusammenleben vieler verschiedener Ethnien in diesem kleinen Land.

Meine Erfahrungen und Erlebnisse haben zu meiner Einschätzung der Entwicklungsmöglichkeiten Afrikas und der oft unseligen Rolle von Entwicklungshilfe geführt. Entwicklungshilfe wird reichlich gegeben und als gute Tat für die Armen nicht in Frage gestellt. Im Gegenteil, bei einer Umfrage im Auftrag der Hilfsorganisation OXFAM sagten 71 Prozent der Befragten, sie befürworteten eine Verdopplung der Entwicklungshilfe bis 2015. Wenn man vor Ort ist, sieht man die Dinge nach kurzer Zeit etwas anders. Schon 1992, nach drei Jahren im Niger, schrieb ich in mein Tagebuch: »Nur aus der Distanz sind Antworten einfach. Schön wäre es, wenn mit mehr Kapital die Probleme der ökonomischen Unterentwicklung Nigers gelöst werden könnten. Oberstes Ziel darf nicht länger ein Mehr an Entwicklungshilfe sein, das die Kräfte der Selbsthilfe lähmt, sondern so wenig Geld wie irgend möglich, nur so viel wie dringend nötig. Entwicklung, daran habe ich keinen Zweifel – kann nur über die tatkräftige und überzeugte Mitwirkung und Eigeninitiative eines jeden Einzelnen stattfinden.«

Meine Einschätzung wird von vielen Afrikanern geteilt. »Natürlich mögen Helfer hie und da humanitäre Erfolge erzielen, indem sie ein hungerndes Dorf retten oder an anderer Stelle sauberes Trinkwasser zur Verfügung stellen, gleichzeitig zerstören sie jedoch den wichtigsten Mechanismus, der langfristig die Armut beseitigen könnte. Die Hilfe untergräbt die Entwicklung eines kompetenten, unbestechlichen und den Interessen der Bevölkerung dienenden Staatsapparates.« Dies sagt der ugandische Journalist Andrew Mwenda. Er saß wegen seiner Kritik an afrikanischen Regierungen und ihrer Abhängigkeit von Hilfsgeldern schon oft im Gefängnis. James Shikwati, Gründer der Wirtschaftsförderungsgesellschaft »Inter Region Economic Network« in Kenia, der unter anderem für deutsche Medien wie den ›Spiegel‹ oder die ›FAZ‹ schreibt, übt ebenfalls massive Kritik an der klassischen Entwicklungshilfepolitik: »In den Industriestaaten wird immer der Eindruck erweckt, ohne Entwicklungshilfe würde Afrika untergehen ... Dem verheerenden europäischen Drang, Gutes zu tun, lässt sich bisweilen leider nicht mit Vernunft begegnen ... Wenn die Entwicklungshilfe eingestellt würde, wären die politischen Eliten das erste Opfer, weil ihre Machtstrukturen dadurch gesprengt werden. Die Frage nach einer eigenständigen afrikanischen Lösung wäre dann auf dem Tisch ... Eine Einstellung der Hilfe wird an den Tag bringen, dass die meisten internationalen Agenturen die afrikanische Misere dazu genutzt haben, um Spenden zu sammeln, um sich einen humanitären Anstrich zu geben.« Diese Auffassung vertritt auch die kamerunische Intellektuelle Axelle Kabou in ihrem in Afrika berühmten Buch ›Weder arm noch ohnmächtig‹. Es ist eine Streitschrift gegen schwarze Eliten und weiße Helfer. Sie wurde dafür so heftig angegriffen, dass sie sich seither in Frankreich verstecken muss. Aber welche Rolle spielen schon die Meinungen von

Afrikanern, wenn Weiße beschließen, ihnen zu »helfen«? Es sind unbequeme Wahrheiten – nicht zuletzt, weil die internationale Medienwelt das Elend der Bevölkerung systematisch als Ressource nutzt.

Doch von wenigen Ausnahmen abgesehen haben Entwicklungsgelder weder dauerhaft für mehr Wachstum gesorgt, also indirekt den Lebensstandard aller angehoben, noch das Los der Armen gebessert. Sie haben es eher verschlechtert. Der Abstand zwischen Superreichen und Bettelarmen wird immer größer. Was kümmert es den autoritären Staatsapparat, dass es an Trinkwasser mangelt, Stromausfälle an der Tagesordnung und die hygienischen Zustände für die hohe Kindersterblichkeit verantwortlich sind. Selbst wenn Entwicklungsgelder zweckgebunden ausgegeben werden müssen, finden sie per Umweg doch den Weg in die falschen Kassen. Wenn andere Krankenhäuser, Schulen und Straßen bauen, Kinder impfen lassen, muss es ja die Regierung nicht tun. Sie kann das Geld stattdessen für Luxusgüter ausgeben: Afrikaner sind Weltmeister im Champagnertrinken, die afrikanischen Autokorsos zeichnen sich durch eine erstaunliche Mercedesdichte aus (die Scheiben sind verdunkelt, damit die Insassen möglichst wenig von dem Elend mitbekommen). Die Leute nennen diesen Typus von Führern gerne »vom Stamme Wa Benzi«. Die meisten Verantwortlichen haben Luxusvillen in zahlreichen Ländern. Es gibt Staatschefs, die in einer Woche New York für sich und ihre Entourage schon mal das Jahresgehalt unserer Bundeskanzlerin ausgeben. Erheben Medien tatsächlich einmal entsprechende Vorwürfe, meinen sie, sie mit dem Totschlagargument »Das ist Rassismus« entkräften zu können.

Es kümmert die afrikanischen Eliten nicht, wenn ihre Staatsbürger zu Zehntausenden unkontrolliert und chaotisch auswandern und sich anderen Ländern zuwenden, in denen sie ein besseres Leben als in der Heimat zu finden hoffen. Verantwortungsbewusste Regierungen sollten ihre Landsleute auffordern, im Lande zu bleiben und ihnen die Verbesserung der Verhältnisse in Aussicht stellen. Nichts dergleichen geschieht. Im Gegenteil, einige afrikanische Regierungen fordern ein Recht auf Migration. Für viele afrikanische Regierungen ist die Auswanderung kein Alarmzeichen, sondern ein Ventil. Sie werden die unzufriedenen jungen Bürger los, die bereits in großer Zahl die afrikanischen Zentren bevölkern und keine Chancen haben, dort einen Arbeitsplatz zu finden. Mit dem Export der Arbeitslosigkeit sinkt die Dringlichkeit eigener Entwicklungsanstrengungen.

Bei einer ehrlichen Bestandsaufnahme stellt man fest, dass das Gros der Hilfe unter der Sonne Afrikas verdunstet ist. Mangels guter Regierungsführung, d.h. Transparenz, Verantwortlichkeit, Effizienz, demokratischer Teilhabe an den Entscheidungen und vor allem Rechtsstaatlichkeit, haben die meisten Länder Afrikas auch nach über 50 Jahren Unabhängigkeit den Kampf gegen Armut und Korruption und die Überwindung ihres Stillstands nicht angepackt. Es gibt unverändert unglaubliche Armut und Not. Gleichzeitig nimmt das Vermögen der Oberschicht oft märchenhafte Dimensionen an. Wir stehen als Betrachter vor einem teuren Scherbenhaufen, doch niemand muss sich dafür rechtfertigen, wie wenig die hohen Ausgaben letztlich bringen. Wie vor Wahlen gut zu beobachten, glaubt die Bevölkerung ohnehin nicht mehr, dass die Politik im Land X etwas mit ihrem Leben zu tun hat. Parolen verpuffen wirkungslos. Die Leute haben sich längst abgewendet und entwickeln ihre eigenen Überlebensstrategien. Die betroffenen Regierungen sehen in der Korruptionsbekämpfung in erster Linie eine Einmischung in interne und politisch sensible Angelegenheiten. Man erwartet von uns, dass wir das Wohl der Wohlhabenden nicht durch unbequeme Fragen nach dem Volkswohl stören. Was wir bei unseren eigenen Regierungen für selbstverständlich erachten und kritisch beobachten, fordern wir in Afrika nicht ein: Zu einer guten Regierungsführung gehört zuallererst, den Regierten den gebührenden Respekt entgegenzubringen und die eigene Bevölkerung nicht zu missachten.

In den meisten afrikanischen Staaten, die ich kenne, gibt es immerhin eine freie Presse, die ab und zu die Verhältnisse geraderückt. So hat eine Zeitung in Kamerun, ›Le Front‹, unwidersprochen eine »Hitparade der Diebe« veröffentlicht. Es handelt sich um Minister und Beamte, die teils Millionen von Euro veruntreut haben und sich in einer Parallelwelt gegen die Bevölkerung abschotten. Ein sehr wichtiges Medium ist nach wie vor das Radio. Witz und Mut der Afrikaner zeigt ein Sender in Mali, der seine Hörer morgens mit »Guten Morgen, ihr korrupten Minister und Beamten« begrüßt. Es gibt ein anderes Afrika als das korrupte. *Dieses* Afrika müssen wir unterstützen.

Zu den Kernaufgaben für den Leiter einer Botschaft oder seinen Stellvertreter gehört die Antwort auf die Frage, ob die Unternehmen seines eigenen Landes an seinem Standort investieren sollen. Warum sich so wenige Unternehmen in Afrika südlich der Sahara – mit Ausnahme Südafrikas und Nigerias – engagieren, kann ich am Beispiel Kamerun erläutern: Die Bürokratie ist überbordend, die Korruption endemisch, das Fiskalsystem behindernd. Wie fast alle afrikanischen Staaten hat Kamerun ein Problem mit häufigen Stromausfällen. Die mangelnde Versorgungssicherheit ist ebenfalls ein Hindernis für Investoren. Große multinationale Unternehmen aus Europa und Nordamerika, deren Investitionen den höchsten Nutzen durch Technologietransfer, intensive Nutzung lokaler Ressourcen und hohe Gehälter bedeuten, halten sich immer mehr zurück. Stattdessen findet man unter den Neuankömmlingen mehr und mehr Firmen aus Schwellenländern, vor allem aus Asien. Diese bieten jedoch oft nur einen schwachen Technologietransfer und nutzen lokale Ressourcen wenig. Bis 2009 war nur eine größere deutsche Firma in Kamerun tätig: die Brauerei Warsteiner, die in Duala unter dem Namen Isenbeck sehr erfolgreich Bier herstellte. Doch am Anfang hatte die Firma große Probleme. Die Ursache war ein kamerunischer Geschäftsführer, der seine Position zur Selbstbereicherung nutzte und das Unternehmen binnen kurzer Zeit herunterwirtschaftete. Warsteiner hat unter Aufbietung enormer Kräfte erfolgreich die Situation gemeistert. Vorher musste der deutsche Generaldirektor allerdings handstreichartig mit Hilfe der kamerunischen Gendarmerie die Brauerei zurückerobern. In letzter Zeit scheinen die Erwartungen sich jedoch nicht erfüllt zu haben. 2009 wurde die Brauerei in Duala an die französische Castel Gruppe verkauft.

Fast 80 Prozent des deutschen Wirtschaftsengagements in Afrika entfallen auf nur zwei Länder: Südafrika und Nigeria. Erfreulicherweise hat die deutsche Wirtschaft ab 2008 zahlreiche neue Delegiertenbüros in Afrika eingerichtet, z.B. in Nigeria, Angola, Kenia, Tansania und Ghana. Deutsche Mittelständler versuchen aber auch immer wieder, auf eigene Faust Geschäfte zu machen. Die allgegenwärtige Korruption und das undurchsichtige Gewirr der Formalitäten kann einem das rasch verleiden. Man kann sich auf die Echtheit von Urkunden nicht verlassen. Zur Erlangung von Genehmigungen sind immer Sonderzahlungen notwendig. Die Gesetzgebung ist voller Mängel und Widersprüche und zudem intransparent. Das betrifft Unternehmensanmeldung, Steuern, Grunderwerb u.ä. Die zuständigen Behörden kombinieren mangelnde Sachkenntnis mit einem grundsätzlichen Misstrauen gegenüber dem Investor. Dazu braucht man einen alteingesessenen Partner, der mit »Lokalfürsten« gut vernetzt ist. Der muss über die notwendigen Hintergrundkenntnisse, Kontakte und Beziehungen verfügen. Damit fängt man sich nicht selten einen Wolf im Schafspelz ein, der den Investor kräftig ausnimmt. Ohnehin muss jeder Investor oft Pionierarbeit leisten.

Das Bildungssystem in Afrika südlich der Sahara ist oft schlecht. Das bedeutet, dass es auf allen Ebenen schwierig ist, Mitarbeiter mit den nötigen Fähigkeiten zu finden. Erfolgreiche ausländische Unternehmen haben ihr afrikanisches Management mit Führungsqualitäten selbst ausgebildet. Es ist schwer, im Ausland ausgebildete Manager und geschultes Personal ins Land zurückzuholen. Die afrikanische Diaspora zählt vermutlich 100 Millionen Menschen. Sie sind eine Quelle von Wissen und Talent. Die Rückkehr der Diaspora könnte neue Ideen und Kapital für den Start neuer Unternehmen bringen. Sie hätten das Expertenwissen und Geschäftsmodelle aus der industrialisierten Welt. Bessere Business Schools können wichtige Werkzeuge sein, die zum Wirtschaftswachstum in den afrikanischen Staaten beitragen. Zurzeit gibt es nur etwa 100 Wirtschaftshochschulen für den ganzen Kontinent. Ein Versäumnis der Machteliten, weil ihre eigenen Kinder ohnehin in Europa oder der USA studieren sollen.

Hervorragend ist die Initiative der Deutschen Wirtschaft SAFRI, vom Afrika Verein, dem Bundesverband der Deutschen Industrie und dem Deutschen Industrie- und Handelstag die im südlichen Afrika junge Unternehmer und Manager in moderner Unternehmensführung ausbildet. So werden die Verbesserung von Organisation und Leistung, unternehmerisches Know-how, Wettbewerbsfähigkeit und regionale Integration gefördert. Es ist die Aufgabe der Afrikaner, die Entwicklung voranzutreiben, aber es ist unsere Aufgabe, dort, wo Eigenverantwortung im Vordergrund steht, daran teilzuhaben.

Den richtigen Weg weist auch das »10000 Frauen Programm« von Goldman Sachs, das benachteiligten Frauen aus Entwicklungsregionen eine betriebswirtschaftliche Ausbildung finanziert.

Ich verkenne nicht, dass es eine Besserung gibt. Die Zahl der autoritären Regime hat sich seit 1990 leicht verringert. Ein friedlicher Machtwechsel nach knappem Wahlausgang wie in Ghana im Januar 2009 war früher undenkbar. In Ghana wurde er schon zum zweiten Mal geschafft. Freedom House, eine amerikanische Organisation, die jährlich den Stand der bürgerlichen und politischen Freiheiten misst, zählt heute acht der 54 Staaten in Afrika zu den Demokratien (Mali, Ghana, Benin, Südafrika, Namibia, Botswana, Lesotho und Mauritius) in denen faire Wahlen durchgeführt werden und Regierungswechsel möglich geworden sind. Die Bereitschaft, Niederlagen bei demokratischen Entscheidungen hinzunehmen, scheint noch nicht weit entwickelt zu sein. Wir wissen, dass ein freiheitliches Regierungssystem eine tiefe kulturelle Verankerung in der Gesellschaft benötigt. Die über Generationen hinweg wachsen muss. Das müssen wir uns bei der Debatte über den Aufbau von Demokratien in Afrika vor Augen führen.

Nach Ende des Ost-West Konflikts fiel die Rückendeckung der Blöcke für afrikanische Diktaturen weg. Fortan mussten Wahlen abgehalten werden, um an westliche Hilfsgelder zu kommen. Auch autoritäre Regime singen das Lied, das wir hören wollen, damit unser Geld fließt. Immerhin, in den meisten Staaten genießen die Bürger mehr Freiheiten als vor 1989. Afrikas Bevölkerung forderte ihre Regierenden heraus und die Mächtigen versprachen Mehrheitsparteiensysteme. Es entstanden so genannte Zivilgesellschaften, die heute weniger gegängelt werden als noch vor 20 Jahren. Das ist ein unbestreitbarer Fortschritt, auch wenn die Demokratisierung kaum wirtschaftliche Verbesserungen gebracht hat.

Gefährdet sind diese Fortschritte durch die Neigung einiger Staatschefs, ihre Söhne mit Hilfe ihres Clans als Nachfolger aufzudrängen. Im Kongo, in Togo und in Gabun wurde jeweils der Sohn nach dem Vater Präsident. Selbstverständlich wurde das demokratische Mäntelchen einer Wahl gewahrt. Jeweils gab es eine klare Mehrheit, aber nicht die berüchtigten 99 Prozent der autoritären Regime. Die größten Rückschritte sieht die Organisation in Mauretanien, dem Kongo, Nigeria und Zimbabwe. Die Liste der umstrittenen Urnengänge ist lang. Sie reicht von Togo, Nigeria, Kamerun, beiden Kongos, Kenia, Äthiopien, Zimbabwe bis Gabun. Im Dezember 2009 nutzte die komplette Fußballmannschaft von Eritrea einen Aufenthalt in Kenia um zu fliehen. Eritrea gehört zu den besonders repressiven Staaten in Afrika. EU-Kommissar für Entwicklungspolitik de Gucht sprach anlässlich einer Konferenz der EU mit dem Kongo im Dezember 2009 von einem enormen Trümmerhaufen, der aus dem Kongo entstanden sei. »Ein Land, in dem alles wieder neu aufgebaut werden muss, zu allererst der Staat. Denn dessen Abwesenheit bildet den Kern des Problems.«

Der ghanaische Wirtschaftswissenschaftler George Ayittey hat ein treffendes Bild gefunden. Er bezeichnet die Jugend Afrikas als »Geparden-Generation«, weil sie sich schneller bewegt als die »Flusspferdgeneraton«, die vielerorts noch an der Macht ist. »Flusspferde beklagen sich noch über den Kolonialismus und Imperialismus, während die schnellen Geparden Demokratie, Transparenz und ein Ende der Korruption forderten«.

Nicht nur weil die Bevölkerung Afrikas immer jünger wird sollten wir uns künftig mehr für Geparde interessieren. Die Gepardengeneration zeigt sich nach meinem Empfinden mehr und mehr entschlossen, eine gerechtere Verteilung des Reichtums zu erzwingen.

Die Jugend bedient sich mit größter Selbstverständlichkeit moderner Kommunikationstechnologie, und wenn sie glaubhafte

Führungsfiguren findet, wird es den alten Regimes schwer fallen, sie noch lange zu unterwerfen. Die Volksaufstände in Arabien könnten eines Tages die Jugend in Afrika beflügeln, sich gegen das Chefpersonal aufzulehnen. Im Gegensatz zum arabischen Frühling fehlen derzeit aber einige Voraussetzungen: Afrikaner leben vor allem auf dem Land; es gibt nur eine winzige Mittelschicht, noch gibt es breite Debatten über Bürgerrechte. Die Opposition ist schwach organisiert. Schließlich leben in den Ländern meist sehr viele Völker, die sich nicht immer einer gemeinsamen Nation verpflichtet fühlen. In den meisten Staaten Afrikas gibt es eine breite Palette zivilgesellschaftlicher Organisationen, getragen von hochmotivierten, findigen, mutigen, zumeist jungen Leuten. Diese haben keine Angst den Mächtigen zu widersprechen. Die Durchschlagskraft dieser Interessenvertretungen ist bis heute aber eher überschaubar geblieben. Ihr Einfluss auf die Machtzentren ist überall gering. Die Flusspferdgeneration oder Krokodilgeneration (wie sie von den Bevölkerungen gerne genannt werden) wird das Misstrauen in die Rechtsstaatlichkeit nicht mehr beseitigen, um z.B. die Diaspora zu einem Engagement und zu Investitionen anzuregen. Das geht nicht ohne Eigeninitiative, ernsthaftes Bemühen, Verantwortungsbewusstsein und Gemeinsinn. Das kann von einer Führungsschicht, die die Wahlen zu ihren Gunsten fälschen lässt und sich unverfroren aus der Staatskasse bedient und bislang nicht das notwendige Engagement für die Entwicklung des Landes gezeigt hat, kaum erwartet werden.

Mein US-Kollege in Jaunde erregte großes Aufsehen, als er einen Vortrag vor kamerunischen Unternehmern mit der Frage begann, ob er eine Million Dollar in Kamerun investieren würde, wenn er weltweit wählen könne. Die Antwort war ein klares Nein, nicht unter diesen Bedingungen. Kamerun verfügt über großen natürlichen Reichtum, aber eine Geschäftsgründung dauert durchschnittlich 444 Tage, fast das Doppelte des afrikanischen Durchschnitts. Der Export eines Containers dauert durchschnittlich zehn, der Import 51 Tage. Neben dem undurchsichtigen Gewirr zu erledigender Formalitäten ist die allgegenwärtige Korruption das Haupthindernis. Warum sollte ein Unternehmen diesen Hindernislauf auf sich nehmen? Da geht man doch lieber nach Asien, wo die Rahmenbedingungen kalkulierbarer und die Gewinnmargen größer sind. Wer sich dennoch auf das afrikanische Wirtschaftsleben einlässt, muss eine Vielfalt trickreicher Aktivitäten entwickeln. Sonst funktioniert es nicht. Viele ausländische Geschäftsleute, meist kleinere und mittlere Firmen, arbeiten deshalb mit einem persönlichen Beziehungsgeflecht, das sich wenig um die Prinzipien von Transparency International schert. Diese Firmen sind oft vital, pfiffig und voller Optimismus. Dieser Art von Geschäftsleuten, darunter auch Deutschen, gelingt es dann zuweilen, auf eine Firmengeschichte von über 30 Jahren zurückzublicken.

Unter den gegebenen Umständen wird das Investitionsklima in diesem Land jedenfalls schlecht bleiben. Das ändert sich nur, wenn die Korruption durch Einführung und Durchsetzung empfindlicher Strafen bekämpft wird. Die Öffentlichkeit muss über Rolle und Bedeutung eines funktionierenden Rechtswesens aufgeklärt werden. Die Rechtsvorschriften verhindern Investitionen. Sie müssen geändert werden. Und nicht zuletzt müssen die für die Umsetzung dieser Vorschriften zuständigen Beamten intensiv geschult werden, damit überhaupt eine kohärente Rechtsanwendung möglich ist. Solange das nicht passiert, sind viele afrikanische Länder als High Risk Location zu bewerten. Ohnehin bleibt die Frage, warum man in einem Land investieren soll, wo das Chaos ausbricht, nur weil der Präsident eine Wahl verliert, wie etwa in Kenia, Simbabwe oder der Elfenbeinküste.

Es geht hier nicht darum zu kritisieren um der Kritik willen oder gar europäische Kategorien der Entwicklung unterschiedslos auf Afrika zu übertragen. Es geht darum, die Farben dieses tristen Bildes zu ändern. Ich will aufzeigen, wie manche Dinge besser gemacht werden könnten. Wahre Freundschaft gegenüber Afrika muss in Zukunft kritische Zusammenarbeit bedeuten. Korrupte Eliten müssen nicht nur von außen, sondern auch von ihren eigenen Völkern im Zaum gehalten werden. Das Problem von Korruptionskultur und Amtsmissbrauch können die Afrikaner nur selbst lösen, aber wir können sie sinnvoll dabei unterstützen.

Wir sollten endlich auf die Afrikaner hören, die die Entwicklung ihrer Länder vorantreiben wollen und die uns sagen: »Entwicklungshilfe ist in vielen Ländern nicht die Lösung, sondern das Problem.« Wir sollten auch auf Menschen wie den amerikanischen Schriftsteller Paul Theroux hören, der eine Weile in Malawi als Lehrer für das Peace Corps gearbeitet hat: »Es scheint Afrikas Los zu sein, als Bühne für hohle Phrasen und theatralische Gesten herhalten zu müssen. Immer mehr Geld in die alten Kanäle zu pumpen, ist nicht nur vergeblich, sondern unüberlegt und schädlich. Afrika ist ein wunderbarer Kontinent – viel schöner, friedlicher und regenerationsfähiger, als er allgemein dargestellt wird. Er wäre, auch wenn er gewiss nicht reich ist, sehr wohl in der Lage, für sich selbst zu sorgen. Doch weil Afrika so anders zu sein scheint als der Rest der Welt, zieht es wie ein Magnet Mythomanen an – Menschen, die die Welt von ihrem persönlichen Wert überzeugen wollen. Afrika bietet denen eine Projektionsfläche, die sich selbst als Persönlichkeit neu erfinden wollen. Diese Spezies Mensch gibt es in den unterschiedlichsten Ausprägungen und in großer Zahl. Besonders weiße Prominente, die sich in Afrika großtun, lauern an allen Ecken und Enden.« Wir sollten bei der zukünftigen Programmplanung der deutschen Entwicklungshilfe noch größeren Wert als bisher darauf legen, dass wir unsere Hilfe mit nachvollziehbaren Zwischenschritten verknüpfen, die mit festen Zielvorgaben verbunden sind. Wenn die Zielvorgaben nicht erfüllt werden, muss das spürbare Konsequenzen haben, notfalls den Ausstieg. Wir sollten das Prinzip der Hilfe zur Selbsthilfe ernst nehmen und vor allem Eigenverantwortung und Eigeninitiative stärken.

Die wirtschaftliche, soziale, politische und kulturelle Entwicklung und Zukunft eines Landes hängt in hohem Maße von der schulischen Grundbildung der dort lebenden Menschen ab. Lesen, schreiben und rechnen zu können ist die Voraussetzung dafür, die eigene Zukunft zu gestalten. Ohne Grundbildung sind die Menschen nicht in der Lage, ihre Lebensverhältnisse langfristig zu verbessern und sich für ihre Interessen einzusetzen. Wenn die meisten Erwachsenen eines Landes nicht einmal eine Grundschule besucht haben, wie z. B. im Niger, dann greift jede Entwicklungshilfe zu kurz. Am Anfang von Entwicklung und Armutsbekämpfung steht Grundbildung für alle. Mit 70 Millionen Euro im Jahr – die jetzt für einen Deutschen Freiwilligendienst eingesetzt werden – könnten wir in diesen Ländern 35 000 einheimische Lehrer finanzieren.

Doch sollten wir das nur tun, wenn wir auf der anderen Seite auch dafür sorgen, dass Eigenverantwortung eingefordert wird. In vielen Ländern Afrikas verkommen die Universitäten. Die Studierenden werden schon lange nicht mehr so gefördert, dass die Begabten zu der ihnen angemessenen Leistung finden können. Der Platz, den die Verantwortlichen dem Geist, dem Geistigen, dem Intellekt, der Gelehrsamkeit und der Forscherenergie zuweisen, ist unwürdig. Bildungsförderung ist aber die Voraussetzung für Entfaltung und Entwicklung und gleichzeitig eine Frage der Selbstachtung. Viele Afrikaner haben große Vermögen bei Banken der Industrieländer akkumuliert. Warum tun sie sich nicht in einer Stiftung zusammen, um Lehre und Forschung in ihren Heimatländern zu unterstützen, z. B. über die Malaria – ein vorwiegend afrikanisches Problem? Wohlhabende Afrikaner schicken ihre Kinder nach Frankreich, England oder in die USA zu Schule und Studium. Schulen und Universitäten in Afrika zu schaffen, die die Jugend mit Stolz besuchen kann, das wäre die eigentliche Aufgabe.

Wir sollten vor allem die Frauen fördern. Die Entwicklungschancen Afrikas sind zu einem guten Teil in den Entwicklungschancen der afrikanischen Frauen begründet. Was der Friedensnobelpreisträger Muhammad Yunus mit seiner Grameen Bank schon längst festgestellt hat, dass Frauen ein besonderes Geschick und Ehrgefühl bei Geschäften haben, gilt auch für Afrika. Frauen bearbeiten das Land, Frauen ernähren die Familien, Frauen machen Geschäfte. Einige starke Frauen in Togo, Ghana und Nigeria haben bereits vor Jahrzehnten begriffen, dass »Frauen, die nicht fordern, beim Wort gekommen werden. Sie bekommen nichts« (Simone de Beauvoir). Durch exklusiven Stoffhandel sind sie wohlhabend geworden. Nach den Mercedes-Karossen werden sie »Nana-Benz« genannt. In Ghana wird niemand Präsident ohne das Wohlwollen der Marktfrauen. In Togo und Benin gehört ein großer Teil der Fischfangflotte den Fischhändlerinnen des Landes.

Ein gutes Beispiel sind die Bamiléké-Unternehmerinnen in Kamerun. Die Bamiléké halten sich gewollt oder ungewollt von der politischen Macht fern. Ihr Machtinstrument sind wirtschaftliche Aktivitäten. Jeder Bamiléké muss einen Beruf ausüben, z. B. Bauer, Handwerker, Händler, Unternehmer jeder Art. Sie sind führend im Transportwesen, im Handel, in der Industrie, in der Landwirtschaft ebenso wie im Dienstleistungsbereich. Nichts zu tun gilt als ein großer Makel. Durch hohen Arbeitseinsatz und Fleiß schaffen sie sich Kapital, das umgehend wieder investiert wird. Ein Bamiléké-Sprichwort lautet: »La vraie richesse est le fruit d'un effort personnel« (Wahrer Reichtum ist die Frucht eines persönlichen Einsatzes). Eine Bamiléké-Bäuerin ist um vier Uhr auf dem Weg zu den Feldern. Der Arbeitstag ist intensiv und lang, sie hackt, pflanzt, jätet und erntet. Die Bamiléké-Frauen sind mindestens 16 Stunden an der Arbeit. Gehen sie nicht aufs Feld, verkaufen sie ihre Produkte auf dem Markt. Auf dem Markt heißen sie »bayam-sellam«. Dies ist ein Ausdruck aus dem Pidgin-English, der aus »I buy and sell« entstanden ist. Die Angebote dieses Kleinhandels decken fast im ganzen Land den täglichen Bedarf der Bevölkerung. Die Bamiléké-Frauen (sie stammen aus der Westprovinz) haben meine größte Hochachtung. Sie sind dynamisch und setzen sich im Wirtschaftsleben durch, sei es als Unternehmerinnen oder im Kleinhandel. Sie erwerben sich damit Anerkennung und Bedeutung und erklimmen ohne den Neid ihrer Stammesangehörigen zu erwecken die soziale Leiter. Außerhalb ihres Stammes erwecken sie damit allerdings viel Missgunst.

Sie haben nur einen »großen Fehler«: Bis heute haben sie keine besondere Hilfe benötigt und lehnen Förderung von außen auch ab. Sie helfen sich selber. Während in Kamerun allgemein der Abstand zwischen reicher Oberschicht und armer Unterschicht stetig wächst, basiert die Bamiléké-Philosophie auf der Grundlage, dass sich jeder durch Einsatz und Fleiß den Aufstieg in der Gesellschaftsstruktur schaffen kann und muss. Es ist kein Zufall, dass 70 Prozent der 5500 kamerunischen Studenten in Deutschland Bamiléké sind. Ein Bamiléké-Sprichwort lautet: »Man wäscht niemandem den Körper, der sich nicht selbst wäscht.« Keine Zuwendung von außen und keine Beratung durch Freunde erspart es einem, eine andere politische Elite heranzuziehen, moderne Institutionen aufzubauen und für die eigene Nation auch geistige Grundlagen zu schaffen. Das können die Länder Afrikas mit ihren unglaublich kreativen, gewitzten, überaus sprachbegabten und lebensbejahenden Bevölkerungen. Wir sollten ihnen diese Potenziale nicht durch falsch eingesetzte Gelder nehmen.

Kritik der reinen Unvernunft

Der Kolonialismus ist nicht die Ursache des Elends

Ohne Zweifel war die Versklavung und gewaltsame Kolonialisierung von mehreren Millionen von Afrikanern ein großes Verbrechen in der Geschichte. Dieses Verbrechen kann nicht relativiert oder beschönigt werden. Doch verantwortlich für das heutige Elend des Kontinents sind nicht mehr die Sklaverei und 80 Jahre Kolonialherrschaft (1880–1960). Ein Satz wie »Der afrikanische Kontinent wird vom Rest der Welt arm gehalten« des schwedischen Schriftstellers Henning Mankell erscheint heute wie ein Freibrief für afrikanische Herrscher, die ihre Staaten rücksichtslos geplündert haben oder immer noch plündern. Axelle Kabou beklagte schon 1991 in dem bereits erwähnten und immer noch aktuellen Buch ›Weder arm noch ohnmächtig‹, dass sich die Afrikaner weigern, die Ursachen für ihren Rückstand bei sich selbst zu suchen anstatt bei Sklavenhandel, Kolonialismus und Neokolonialismus. Die koloniale Vergangenheit kann nicht mehr als Entschuldigung für das Versagen in der Gegenwart herhalten. Sonst gäbe es nicht Länder wie Benin, Botswana, Mauritius, Mosambik und neuerdings Ruanda, das wegen seiner Bildungs-, Gesundheits- und Wirtschaftspolitik zu den Topreformern zählt.

Die Lebensbedingungen vieler Afrikaner in den afrikanischen Klassengesellschaften, in denen die einstige Mittelschicht schon vor Jahrzehnten weggebrochen ist, die Oberschicht sich Privilegien verschafft hat und die Mehrheit der Bevölkerung ausbeutet, sind heute schlechter als zu Beginn der Unabhängigkeit. Weiße Kolonialherren wurden durch schwarze Kolonialherren ersetzt. Eine neue Feudalklasse hat sich in den letzten 50 Jahren gebildet. Als Ghana 1957 unabhängig wurde, war die ehemalige Goldküste nicht nur schuldenfrei, sondern verfügte sogar über Auslandsguthaben. Das Bildungswesen galt als vorbildlich, das Land hatte eine gut erschlossene Infrastruktur, einen relativ unbestechlichen Staatsapparat sowie unabhängige Gerichte. Im Jahr 1957 war das Pro-

Kopf-Einkommen so hoch wie in Spanien. Ghana war der weltgrößte Kakaoproduzent. Daneben wurden Gold und Tropenhölzer exportiert. An den Ressourcen hat sich nichts geändert. Doch heute leben trotz der hohen Hilfszahlungen mehr als die Hälfte der 17 Millionen Ghanaer in Armut. Die Zahl der Analphabeten liegt immer noch bei 43 Prozent. Die Verwaltung ist aufgebläht und die Infrastruktur mangels Wartung heruntergekommen. Es waren einige selbstherrliche Führer, die das Land systematisch ruiniert haben. Inzwischen ist Ghana wieder eine Demokratie und gilt im Vergleich zu anderen afrikanischen Ländern als Musterbeispiel für die Entwicklung einer mutigen Zivilgesellschaft, die Durchführung fairer und transparenter Wahlen, gute Regierungsführung und eine rührige Wirtschaftsentwicklung. Doch was in Jahrzehnten zerstört wurde, muss erst mühsam wieder aufgebaut werden. Selbst das vielgescholtene kolonialistische Belgien hatte dem Kongo exportorientierte Landwirtschaft und Bergbau hinterlassen. Trotz des mitleidlosen belgischen Ausbeutungssystems (exemplarisch vorgeführt in Mark Twains Buch ›König Leopolds Selbstgespräch‹) hatte der Kongo – so groß wie ganz Westeuropa – zum Zeitpunkt seiner Unabhängigkeit einen höheren Industrialisierungsgrad als Brasilien. Es gab Straßen, Eisenbahnlinien und Schiffsverkehr. Der Schulunterricht war kostenlos. In den 60er Jahren hatten Staaten wie Nigeria, der Kongo oder Ghana bessere Entwicklungsindikatoren als etwa Südkorea.

Die Freiheit nach dem Kolonialismus brachte nicht den erhofften bescheidenen Wohlstand. Sie brachte Elend für die meisten Bewohner des Kongo und die meisten Afrikaner. Es gibt heute kaum noch eine befahrbare Überlandstraße oder belastbare Eisenbahnlinien. Schulen, Krankenhäuser, Universitäten, Hochspannungsleitungen und Verwaltungsgebäude müssen wieder oder neu errichtet werden. Das ölreiche Angola hat es bis heute nicht geschafft, für die fünf Millionen Einwohner seiner Hauptstadt Luanda einen öffentlichen Nahverkehr einzurichten. Es ist nicht zu verkennen, dass die Mehrheit der Afrikaner nicht nur von Weißen, sondern aus ethnischer Verblendung auch von anderen Afrikanern erniedrigt wurde und täglich erniedrigt wird. Rassismus und Chauvinismus existieren nicht nur zwischen Weißen und Schwarzen, nein, Trennlinien werden oft noch schärfer, verbissener und erbarmungsloser zwischen Menschen schwarzer Hautfarbe gezogen. Im Kongo leben ca. 300, in Nigeria und Kamerun jeweils ca. 250 Völker. In weiteren vier Staaten leben jeweils mehr als 100 Ethnien auf einem Staatsterritorium zusammen. Spätestens seit dem Völkermord in Ruanda wissen wir, wie gnadenlos sie sich bekämpfen können. Wie der südafrikanische Erzbischof Desmond Tutu sagte: Afrikaner werden von Afrikanern »fast noch schlechter behandelt als jemals unter tollwütigen Rassisten«. Die traurige Wirklichkeit in Südafrika ist, dass seit dem Ende der Apartheid die Kluft zwischen Reich und Arm noch tiefer geworden ist. Aber die Regierungspartei ANC deutet jede Kritik an ihrem Führungsverhalten als Rassismus.

Europäische Medien sprechen oft abwertend vom Hungerkontinent Afrika. Doch Afrika ist reich: Sechzig Prozent des Kaffees weltweit, siebzig Prozent des Kakaos, mehr als die Hälfte des Goldes, neunzig Prozent des Kobalts, fünfzig Prozent der Phosphate, vierzig Prozent des Platins kommen aus Afrika. Die seltene Erzsorte Coltan findet sich weltweit fast nur im Kivu, dem Grenzgebiet von Kongo, Burundi und Ruanda/Uganda. Coltan ist unverzichtbar für die Herstellung von Mobiltelefonen, Laptops und Lenksystemen von Raketen und entsprechend kostbar. Hinzu kommen reiche Schätze an Diamanten, Saphiren, in einigen Gegenden fruchtbare Böden und ein gewaltiges Potenzial für Touristen (Traumstrände, Wildparks, mitreißende Dorffeste, kleine Museen). Die Sehenswürdigkeiten sind ein wichtiger Rohstoff für den Tourismus. Doch die Regierungen schaffen es nicht, etwas daraus zu machen. Immer wieder werden die Probleme angesprochen, aber dann tut sich nichts. Politik in Afrika besteht oft nur aus Zeremonien, Selbstdarstellung, Propaganda in den Staatsmedien. Leistungen ausländischer Geber werden als große politische Leistungen der Regierung ausgegeben. Es gibt für jedes Problem einen Geber. Wozu da noch Eigeninitiative? Bei alledem lebt die Mehrheit der Bevölkerung trotz harter Arbeit in oft bitterer Armut.

Immer wieder heißt es, die afrikanische Armut sei auch die Folge eines skrupellosen wirtschaftlichen Verdrängungswettbewerbs, der auf kolonialistischen Prinzipien beruht. Ins Treffen geführt werden dafür etwa die Handelsbarrieren gegenüber Waren aus dem Süden. Der niedrige afrikanische Anteil am Welthandel gehe darauf zurück, dass Afrika ein Opfer der Globalisierung sei. Man kann aber am Welthandel nur teilnehmen, wenn man etwas zu verkaufen hat. Viele Länder des Südens sind gar nicht in der Lage, in wesentlichem Umfang Exportgüter zu erzeugen. Dabei könnte fast jedes afrikanische Land mit Ehrgeiz, Zielorientiertheit und harter Arbeit, zumal wenn es vom Norden Unterstützung erhält, eine befriedigende Entwicklung nehmen. Dann könnten endlich nach den asiatischen Tigerstaaten auch die afrikanischen Löwen an der Reihe sein. Alle, die es mit Afrika gut meinen, wünschen sich doch nichts sehnlicher, als dass die Löwen so kräftig werden wie die Tiger und endlich den Sprung schaffen.

Aber das ist nur möglich, wenn sich gutes Regieren als Geisteshaltung durchsetzt, wenn es eine transparente Haushaltsführung, eine effiziente Verwaltung, eine vorausschauende Planung gibt. In den Ländern, in denen sich die politisch Verantwortlichen in diesem Sinne bewähren, macht auch die Transformation zu sozial verantwortlicher Marktwirtschaft und rechtsstaatlicher Demokratie Fortschritte. Staatliche Institutionen sind dann schwach, wenn sie nicht die Fähigkeit haben, lokale Ressourcen, insbesondere Steuern, zu mobilisieren. Von Steuern abhängige Regierungen brauchen die Zustimmung ihrer Bürger. Die Art des Steuereinzugs und der Steuerpolitik muss verantwortungsvoll sein: »Wenn die Regierungen auf Steuern angewiesen sind, wird kein Afrikaner mehr akzeptieren, dass die Politiker unser Geld stehlen« (James Shikwati). Doch viele Regierungen ruhen sich heute wie in der Vergangenheit auf den leicht verdienten Rohstofferlösen aus, zumal wenn sie – ohne etwas dafür tun zu müssen – diese in die eigenen Taschen fließen lassen können. In ihren Ländern ist das Vertrauen in die Demokratie und ihre Institutionen erschreckend gering, der Rechtsstaat oft eine Farce, die soziale Ungleichheit skandalös. Hier könnten und sollten die Geber deutlichere Zeichen setzen, damit sich die Armen in den Entwicklungsländern von uns nicht länger mit solchen Zuständen alleingelassen fühlen. Nach meiner

Erfahrung kann auch deutsche Politik in Afrika auf lange Sicht nur dann erfolgreich sein, wenn wir ehrlich und standhaft auftreten. Je kritischer ich mich zu fehlenden Menschenrechten und zur formalen Anerkennung der demokratischen Spielregeln (Mehrheitsprinzip, Gewaltenteilung, Rechte der legalen Opposition, Mandat auf Zeit) äußerte, je interessanter wurde ich als Gesprächspartner. Das Paradox bestand darin, dass ich durch die deutliche Sprache in den Augen der Regierungen plötzlich als gleichberechtigter Gesprächspartner empfunden wurde.

Beteiligung der Bevölkerung am politischen Prozess, Rechtssicherheit, Menschenrecht, marktfreundliche Wirtschafts- und Sozialordnungen sowie staatliche Entwicklungsorientierung in den afrikanischen Ländern werden in entwicklungspolitischen Überlegungen seit Jahren nicht nur von Deutschland gefordert. Seit dem Jahr 2000 gibt es das Cotonou-Abkommen zwischen der EU und den AKP-Staaten (Afrikanische, Karibische und Pazifische Staaten Gruppe), größtenteils ehemaligen europäischen Kolonien. Darin verpflichten sich die afrikanischen Partnerregierungen zur Stärkung der Rechtsstaatlichkeit mit konkreten Maßnahmen. Seitdem wird darüber – manchmal widerwillig – ein Dialog geführt. Aber er wird meist wie eine Formalität behandelt, wie eine lästige Pflichterfüllung. Wenn vorbereitete Statements verlesen sind, dann ist die lästige Pflicht erfüllt. So habe ich es erlebt. Die Verletzung der Kriterien – z. B. keine wirklich unabhängigen Wahlkommissionen – hat keinerlei Sanktionen zur Folge. Deshalb werden sie auch nicht ernst genommen. Die wörtliche und übertragene Blauäugigkeit der Geber, die nichts mehr fürchten als den vielstrapazierten Vorwurf des Rassismus und Kolonialismus und deshalb im Namen der »Political Correctness« auf eine »Politik der Zurückhaltung« setzen, führt zwangsläufig dazu.

Doch in Wahrheit ist gerade dies politisch unkorrekt. »Afrika muss sich sein Leben selbst verdienen, durch eigene Wirtschaftskraft, durch Produktion von Gütern, die auf dem Weltmarkt verkauft werden können. Warum sollten afrikanische Staaten dazu nicht in der Lage sein, das zu tun, was asiatischen und lateinamerikanischen Entwicklungsländern immer mehr gelingt: Produkte zu ersinnen und herzustellen, mit denen sich auf dem Weltmarkt Geld verdienen lässt? Ihnen das nicht zuzumuten, nicht zuzutrauen ist verkappter Rassismus.« So der ARD-Korrespondent und Entwicklungsexperte Kurt Gerhardt (WDR Morgenecho, 14.3.2007).

Wettlauf der Wohltäter

Entwicklungshilfe hat für Regierungen und viele Menschen im Norden noch immer den Charakter von Ablasshandel, bei dem es vor allem darauf ankommt, Altruismus, Mitleid und Großzügigkeit zu zeigen. Eine florierende Hilfsbranche gibt Geld, zeigt christliche Nächstenliebe und vermeidet damit, sich wirklich mit den Ursachen der Misere auseinanderzusetzen. Politiker zeigen Betroffenheit, ihre Wähler tun es auch. Moralisch überlegen und ethisch unangreifbar ist derjenige, der immer mehr Geld für Entwicklungsländer fordert. Emotionale Aufwallung verhindert das Denken. Die Retter der Menschheit und die nicht immer integren Empfänger der Hilfe kennen die Klaviatur dieser Debatten sehr genau. Die Täter sind immer die anderen, die Opfer immer die Afrikaner. Dieses »Ritual des Beschönigens und Beschuldigens verbindet schwarze Eliten und weiße Helfer« (Axelle Kabou). Daher überrascht auch die Idee afrikanischer Meinungsführer nicht, dass die USA und Europa, die vom Sklavenhandel profitierten, eine offizielle Entschädigung zahlen sollten, um den wirtschaftlichen Schaden wieder gutzumachen und den Staaten zu helfen, ihre Wirtschaft aufzubauen. Merkwürdigerweise schlägt aber niemand vor, die arabischen Staaten ebenfalls zu einem Schadensersatz aufzufordern, obwohl ihr Anteil sehr viel höher ausfallen müsste. Schon Reichtum und Macht des einstigen Königreiches Dahomey stammten vor allem aus dem Sklavenexport. Ohne die bereitwillige Kooperation von afrikanischen Häuptlingen wäre ein Sklavenhandel in dem bekannten Ausmaß nicht möglich gewesen. Dieser Sklavenmarkt bestand schon Jahrhunderte vor dem Sklavenhandel der Europäer, und der Menschenhandel mit arabischen Staaten kam auch mit der Abschaffung der Sklaverei nicht zum Erliegen.

Wir sollten erkennen, wann eine habsüchtige Staatsfunktionärsklasse – in Südafrika heißen sie »Fat Cats« (fette Katzen) – uns Schuldgefühle einredet, um weitere Finanzspritzen zu bekommen.

Lange nahm ein schuldbewusster Westen mit dem Hinweis auf Sklavenhandel und Kolonialismus fast alles auf sich. In Wirklichkeit werden viele Staaten mittlerweile von den einheimischen Oligarchien kolonialisiert. Welches Land außer den paar »üblichen Verdächtigen« wie Botswana hat seine Geschichte selbstkritisch aufgearbeitet, sein Bildungswesen modernisiert, ein Sozialsystem aufgebaut und Zugeständnisse in Sachen Frauenrechte gemacht? Bis zum Fall der Berliner Mauer haben wir Hilfe an korrupte Regime gezahlt, um diese dem Westen gegenüber freundlich zu stimmen. Jetzt, fast fünfzig Jahre nach der Unabhängigkeit und 20 Jahre nach dem Zusammenbruch des Kommunismus, kann die Misswirtschaft, Korruption und der Mangel an Verantwortung gegenüber dem Schicksal der eigenen Bevölkerung nicht mehr mit der Vergangenheit beschönigt werden. Die Bigotterie des selbsternannten Sozialarbeiters, mit der das Thema »arme Afrikaner« bei uns behandelt wird, gleicht immer noch dem Diskurs des 19. Jahrhunderts, als gäbe es keine elitären Clans, bei denen der Reichtum Afrikas versickert, als hätten es die Länder Afrikas nicht versäumt, in den ersten Jahrzehnten ihrer Unabhängigkeit die Grundlage für eine bessere Zukunft zu legen. Henryk M. Broder schrieb bei ›Spiegel Online‹: »Verglichen mit Nigeria ist die Schweiz ein armes Land. Nur wird die Schweiz ein wenig besser gemanagt als das reiche Nigeria, weswegen es den meisten Schweizern gut und den meisten Nigerianern schlecht geht.« Nigeria, sechstgrößter Ölexporteur der Welt, gehörte noch vor 25 Jahren zu den 48 reichsten Ländern der Welt und heute zu den 25 ärmsten. Wie ruiniert man ein reiches Land? Grundübel sind Misswirtschaft, Bestechlichkeit und Raffgier. »Die Schweiz war noch im 19. Jahrhundert das Armenhaus Europas, ein Drittweltland mit nur wenigen natürlichen Rohstoffen. Auch sie wurde nicht dank Entwicklungshilfe wohlhabend, sondern weil sie eine funktionierende Marktwirtschaft und einen intakten Rechtsstaat schuf.« (Hernando de Soto)

Von rockenden Millionären (darunter ein zum »Sir« geadeltes »One Hit Wonder«), die sich für die Armen der Welt engagieren, wird der Eindruck erweckt und die Hoffnung geschürt, die Armut lasse sich mit zusätzlichen Milliarden aus den Steuergeldern der westlichen Welt besiegen. Richtig ist, dass mit dem Schuldenerlass und noch mehr Geld die bisherigen Irrwege nicht nur akzeptiert, sondern auch weiter subventioniert werden. Wie sagte schon Helmut Schmidt: »Ich bin misstrauisch, wenn Leute so tierisch große Anliegen haben.« Die vermeintlich rosigen Aussichten für die Armen Afrikas eignen sich sicherlich hervorragend für die Wiederbelebung darniederliegender Karrieren. Aber wir stehen mit unseren Methoden mit dem Rücken zur Wand. Und die gibt verdächtig nach.

Mit gut gemeinten milden Gaben erreicht man keine Änderung gesellschaftlicher Grundprobleme. Der Motor eigenständiger Entwicklung und Selbsthilfe springt nicht an. Während die Politiker in Afrika ihre eigene Wirklichkeit herstellen, wachsen im Volk Unzufriedenheit, Deklassierungsgefühle, Verzweiflung und Hass. Da das Vertrauen in die Entscheidungskompetenz der Politiker ebenso dahingeschwunden ist wie der Glaube an ihre persönliche Integrität, darf die Verwendung der Hilfsgelder nicht nur an feierliche Absichtserklärungen gebunden sein. Hilfen dürfen nur noch mittelfristig an Erziehung, Bildung, Ausbildung, Aufbau von demokratischen Institutionen, an Kleinstkredite sowie arbeitsintensive Beschäftigungsprogramme für öffentliche Aufgaben gebunden werden. Das Programm AGETUR in Benin sorgt zeitweise für die Beschäftigung von bis zu 20000 Menschen. Diese Arbeiten sind zwar gering bezahlt, aber sie geben den Menschen die Möglichkeit, ihre Familien mit Würde zu ernähren.

Irrgarten Entwicklungshilfe

Ab Januar 2011 wurden GTZ (Gesellschaft für Technische Zusammenarbeit), DED (Deutscher Entwicklungsdienst) und INWENT (Internationale Weiterbildung und Entwicklung) als GIZ (Deutsche Gesellschaft für Internationale Zusammenarbeit) in Bonn und Eschborn neu formiert. Die neue Gesellschaft hat 19000 Mitarbeiter. Die KfW (Förderbank der deutschen Wirtschaft und Entwicklungsbank für die Transformation von Entwicklungsländern) und CIM (Personalvermittlung der deutschen Entwicklungsarbeit) konnten nicht einbezogen werden. Zahlreiche Ministerien im Bereich Umwelt, Landwirtschaft, Forschung und Bildung machen eine Nebenentwicklungspolitik und arbeiten weiter in überflüssigen Doppelstrukturen. Die Strategie wird kaum abgestimmt. Immerhin werden jährlich über 6 Milliarden Euro Steuergelder ausgegeben. Schon länger fordert der Bundesrechnungshof eine Reform. Er fordert auch, dass das BMZ, das Bundesministerium für Wirtschaftliche Zusammenarbeit und Entwicklung, messbare Ziele der Entwicklungshilfe formulieren muss. Ein politisches Argument ist die Stabilität. Das ist jedoch, wie Kenia oder Kamerun zeigen, ein äußerst zweischneidiges Argument. Wie viele Diktatoren – von Mobutu angefangen – wurden mit diesem Argument unterstützt? Vor allem Frankreich liebt das Stabilitätsargument in Verbindung mit der eher zynischen Bemerkung »Wir sind eben Realisten«. Anschauungsmaterial lieferte der Tschad im Februar 2008. Wie französische Medien berichteten, konnte sich das Regime Deby dank der Unterstützung durch französische Truppen einmal mehr an der Macht halten. Die chaotische Situation während und nach den Kämpfen nutzte das Regime, um Oppositionspolitiker und Bürgerrechtler, die sich für eine stärkere Achtung der Menschenrechte und Grundfreiheiten einsetzten, zu verhaften. Stabilität ist auf Dauer ohne Vorwärtsbewegung nicht zu haben und die neuen, nicht zuletzt demographischen Herausforderungen schaffen neue

Realitäten, denen man nicht mit den alten Rezepten des alimentierten Stillstands begegnen kann.

Der Entwicklungsausschuss (DAC) der Organisation für Wirtschaftliche Zusammenarbeit und Entwicklung (OECD) überprüft turnusmäßig auch die deutsche Entwicklungszusammenarbeit. Bemängelt wird vor allem, dass es an klaren »Handlungsorientierungen« fehle. Besonders das in öffentlichen Reden immer wieder betonte Hauptziel einer wirksamen Armutsbekämpfung geht in der Praxis fast völlig unter. Für das viele »Klein-Klein« mit 57 Partnern hat die OECD ebenfalls wenig Verständnis. Das System der Mittelvergabe muss überdacht werden. Eine stärkere Ausrichtung auf die unmittelbare Armutsbekämpfung – sprich: Förderung von Bildung, Gesundheitsversorgung, ländliche Entwicklung – ist dringend nötig. Sie wird bereits seit Jahren »angestrebt«. In der Entwicklungspolitik muss es darum gehen, alle denkbaren Faktoren, die staats- und wirtschaftstragende Bedeutung haben, wirklich zu verstehen. Die Kernfrage ist, warum sich bestimmte Kulturen wirtschaftlich dynamisch und politisch stabil entwickeln, während andere stagnieren und unstabil bleiben.

Trotz einiger positiver Entwicklungen in Subsahara-Afrika bleibt der Kontinent das Sorgenkind der Weltgemeinschaft. Dabei werden die meisten Länder mit Hilfsofferten überschwemmt. Allein die Vorschläge zu bearbeiten, stellt die einheimischen Verwaltungen oft vor unlösbare Probleme. Vor dem Hintergrund solcher Erfahrungen wirkt die Frage, wann die staatliche deutsche öffentliche Entwicklungshilfe endlich die Marke von 0,7 Prozent des Bruttosozialprodukts erreichen wird, absurd. Die lärm- und reklamefreudige Lobby befeuert mit Verve die Diskussion. »Gott ist längst auf die Knie gegangen und bittet uns inständig, diesen Supertanker der Gleichgültigkeit zu stoppen.« Dies teilte uns der Popstar Bono (FAZ, 15.10.2006) mit. Vielleicht glaubt er daran oder will daran glauben. Das hat etwas Komisches an sich, gleichzeitig aber auch etwas Rührendes. Mit solchen Verlautbarungen hatte sich Bono für manche sogar für den Posten des Präsidenten der Weltbank qualifiziert. Kein Wort zum skandalösen Reichtum der Paladine der meisten afrikanischen Regime im Vergleich zur

Masse des Volkes. Während die Eliten Politik ohne Verantwortung am Volk vorbei machen und ihre Länder vernachlässigen, fordern die unerschütterlichen Retter der Armen weitere Milliarden Entwicklungshilfe. Die Wohltätigkeitsaktivisten machen sich unfreiwillig zu willigen Helfern der Regime, wenn sie fordern, dass die Weltgemeinschaft neben den derzeit jährlich 68 Milliarden Dollar, die nach Afrika fließen, noch zusätzliche 50 Milliarden aufbringen soll. Die Unterstützer des Bündnisses »Global Call to Action against Poverty« halten diese Aktionen denn auch für eine noble Geste und für eine gute Sache. Die Komplexität des Themas wird völlig außer Acht gelassen. Dabei ist die klassische linke Erklärung »Sie sind arm, weil wir reich sind« weniger plausibel denn je.

Gute Taten sind nicht nur Balsam fürs soziale Gewissen, sondern auch Mittel, um das eigene Image aufzupolieren. Der Betroffenheitskult ist daher heute zum moralischen Vademekum geworden: Beim Elends-Sightseeing wird Betroffenheit gezeigt, zumindest, während die Kameras laufen. Es ist eine Wachstumsbranche der professionellen Aufrüttler entstanden. Immer mehr wohlstandsmüde Prominente zieht es nach Afrika. Sie lassen sich mit sorgenvollem Gesichtsausdruck werbewirksam beim Besuch eines Flüchtlingslagers oder beim Schütteln von Kinderhänden ablichten. Sprechen über Themen, zu denen sie sachlich keinen Zugang haben. Auch Bilder mit AIDS-Waisen auf dem Arm sind für Publicity sehr hilfreich. Nach dem medialen Großangriff geht es rasch wieder zurück ins Luxusleben. Andere reisen nach Afrika, um dort mit berühmten Künstlern Lieder einzuspielen und missbrauchen sie als Staffage für ihre vermeintliche Weltläufigkeit. Für die einheimische Musik und Kultur interessieren sie sich nicht.

All diese Prominenten setzen sich mit Leichtigkeit für etwas ein, das gerade in Mode ist. Idealisten, Aussteiger und Berühmtheiten fühlen sich berufen, Afrika zu retten. Sie vermarkten damit das Stereotyp von Afrika als einem Kontinent von Krankheit, Leid und Armut. Bono macht in der Politik, was er in der Musik gelernt hat: mit simplen Rezepten enormen Effekt zu erzielen. Offenbar praktiziert er weiter, was er 2002 nach einer Papstaudienz, bei der er dem Papst eine Sonnenbrille geschenkt hat, erklärte: »Ich bin ein furchtbarer Angeber, aber das Recht, mich lächerlich zu machen, bedeutet mir sehr viel.«

Thomas Scheen beschreibt in der FAS vom 1.3.2009 anschaulich und treffend die Ausbeutung der Afrikaner durch westliche Prominente. Auch Maxeiner & Miersch berichten in ihrer Kolumne in der Welt Online am 13.3.2009: »Ein Schauspieler erzählte uns von einer prominenten Kollegin, die von ihrer Agentin einen Katalog diverser Hilfsorganisationen vorgelegt bekam. Mit der dringenden Bitte, sich endlich eine passende auszusuchen. Es ginge nicht, in der Öffentlichkeit ohne karitatives Engagement dazustehen. Wohltätigkeit und eine tadellose Gesinnung gehören zum unverzichtbaren Zubehör. Sie haben Pelzmantel, roten Porsche und die Villa in Malibu abgelöst. Ohne ein afrikanisches Waisenkind auf dem Arm ist man heute nicht mehr gesellschaftsfähig.« Andere, wie Sönke Wortmann, helfen diskret. Sein Dokumentarfilm ›Deutschland – ein Sommermärchen‹ spielte mehrere Millionen ein. Ohne sein karitatives Engagement in der Öffentlichkeit breitzutreten, kam der Erlös den SOS Kinderdörfern zugute. SOS Kinderdörfer sind übrigens eine Organisation, deren Verwaltungskosten unter 5 Prozent liegen.

Afrikanern wird oft ein heiteres Gemüt attestiert. Es bleibt ihnen nichts anderes übrig als zu lachen. Sonst müssten sie weinen. Das Lachen verdeckt mühsam die Empörung über die Ungerechtigkeit und Absurdität einer Welt, in der die Regierenden es nicht verstehen, die Männer, Frauen und Kinder, für die sie verantwortlich sind, mit vernünftigen staatlichen Einrichtungen und ehrlicher Regierungsführung vor Erniedrigung und Elend zu schützen. Ich kenne einige Afrikaner, die die Vorschläge der Popstars amüsiert betrachten, weil diese eine poetische Vorstellungskraft verraten, die sich souverän über alle Tatsachen hinwegsetzt. Kürzlich haben junge Afrikaner in einem Moment des Übermuts den »Verein zur Abwehr der Überschätzung von Prominentenbesuchen in Elendsvierteln« gegründet.

Wenn Hilfe lähmt

Die Länder unseres Nachbarkontinents haben sich mit wenigen Ausnahmen daran gewöhnt, dass für die Entwicklung das Ausland zuständig ist. Armutsbekämpfung und Schaffung von Arbeitsplätzen finden zwar als politische Ziele in jeder Rede von Regierungsmitgliedern pflichtgemäß Erwähnung, werden jedoch bevorzugt ausländischen Projekten überlassen. Hilfsgelder heizen in vielen Ländern die Korruption an und halten Afrika in Abhängigkeit. Ohne Rechtsstaatlichkeit, gute Rahmenbedingungen für die Privatwirtschaft und natürlich Frieden und Sicherheit kann die beste Hilfe nicht fruchtbar werden. Das Modell der westlichen Entwicklungshilfe mit Hilfsgeldern und regelmäßigem Schuldenerlass seit Beginn der 60er Jahre ist gescheitert. Der in Washington lehrende ghanaische Wirtschaftswissenschaftler George Ayittey hat ausgerechnet, dass seit 1960 die Summe von sechs Marshallplänen nach Afrika gepumpt wurde – »ohne erkennbares Ergebnis«. Der Ruf nach einem Marshallplan für Afrika ist nicht neu. Es lohnt, dazu auf eine ein Vierteljahrhundert alte Analyse zurückzugreifen. Sie ist unverändert gültig. So schreibt Jürgen Jeske in einem Artikel ›Mehr Geld – Zum Mythos Marshallplan‹, in der FAZ vom 4.7.1987: »Die bittere Wahrheit ist, dass sich der Erfolg des Marshallplans nicht wiederholen lässt, wenn man damit lediglich ein großes Kreditprogramm ins Auge fasst. Marshall hat später erklärt, es sei ihm darum gegangen, die latente ökonomische Macht Europas wieder zu wecken und sie zu bündeln. Das sei mehr wert gewesen als jede Subvention, obwohl die Amerikaner von 1948 bis 1952 … dem zerstörten Westeuropa, darunter auch dem besiegten Deutschland, rund 13 Milliarden Dollar Kaufkraft zur Verfügung stellten, weitgehend als Geschenk. Dass die Marshallplan-Hilfe so schnell und nachhaltig wirkte, war jedoch den Europäern selbst zu danken … Sie besaßen die für eine Industriegesellschaft notwendigen wirtschaftlich-technischen Erfahrungen und Begabungen, Kräfte, die nach dem Krieg nur wieder angestoßen werden mussten … Hinzu kam, dass Hilfe im Falle Deutschlands … mit einer wirksamen Therapie verbunden wurde. (Erhards liberale Wirtschaftspolitik.)« Nicht fehlende Mittel und kolonialistische Spätfolgen hemmen den Fortschritt, sondern mangelnder politischer Wille der Regierungen, mangelndes Verpflichtungsbewusstsein und mangelnde Leistungsbereitschaft, ungenügende Konzepte, eine träge und unzuverlässige Verwaltung und das für die »res publica«, die Gemeinschaft unerlässliche Zusammengehörigkeitsgefühl aller Bürger, das in vielen afrikanischen Staaten nach wie vor fehlt. Die Eliten fühlen sich offenbar in ihrer Würde nicht beschädigt, wenn das Geld für die Projekte, für die sie eigentlich verantwortlich sind, und die Helfer dafür aus dem Ausland kommen. Je länger das geschieht, desto mehr schwinden nach meiner Beobachtung Kreativität, Eigenverantwortung und die Nachhaltigkeit des Engagements.

Statt die Ärmel hochzukrempeln, um aufzuholen, stilisieren sich die afrikanischen Führer als Opfer des Kolonialismus, Rassismus, der Globalisierung etc. So können sie die Schuldgefühle der Weißen manipulieren und Zuwendungen und Vorteile herausschlagen. Auch in Gesprächen mit jüngeren Presseleuten einer gut ausgebildeten Generation mit internationaler Erfahrung überrascht es oft, wie sehr ihr Denken vom Ballast der kolonialen Vergangenheit bestimmt ist und wie wenig sie den Blick nach vorne richten, um Fortschritte zu erreichen. Alle Probleme werden durch weißen Rassismus usw. erklärt, niemals werden die Ursachen für die Rückständigkeit bei sich selbst gesucht.

Nehmer- und Geberländer halten wider besseres Wissen an dem Glaubenssatz fest, dass mehr finanzielle Hilfe eine Entwicklung beschleunigt und weniger Armut nach sich zieht. Die Eigeninitiative tendiert gegen null. Im Wettlauf um die Entwicklungshilfemittel bleiben die Armen die Verlierer. Darüber soll jedoch nicht gesprochen werden. Der französische Staatssekretär für Kooperation und Frankophonie, Jean-Marc Bockel, der ein Ende der paternalistischen Politik (FrancAfrique) Frankreichs angekündigt und alle afrikanischen Staatschefs dazu aufgerufen hatte, sich ihrer Verantwortung für ihre Länder selbst zu stellen, musste nach nur zehn Monaten im März 2008 seinen Posten räumen. Das satirische Wochenblatt ›Le Canard enchaîné‹ vermutet, dass der französische Staatspräsident Sarkozy dem Druck der Staatschefs aus Gabun und Kongo (Brazzaville), die die Aussagen von Bockel als Zumutung empfanden, stattgegeben hat. Wir sollten mit der Schönfärberei endlich aufhören.

Die Europäische Union ist heute schon der weltweit größte Geldgeber: Die Mitgliedstaaten und die Europäische Kommission leisten 56 Prozent der öffentlichen Entwicklungshilfe. 2010 waren das 53,8 Milliarden Euro. Das heißt, dass jeder europäische Bürger mehr als 100 Euro pro Jahr an Entwicklungshilfe gezahlt hat. Jetzt macht Brüssel Druck, damit die Budgethilfe auf 50 Prozent dieser Zahlungen aufgestockt wird. Das ist auch in Ordnung, wenn die afrikanischen Partner ernsthafte Anstrengungen im Sinne einer wirtschaftlichen und transparenten Haushaltsführung nachweisen können. Doch verantwortungsvolles Handeln darf nicht nur mit schöner Regelmäßigkeit angemahnt, es muss auch überprüft werden. Eine echte Partnerschaft zwischen Europa und Afrika wird es erst dann geben, wenn aus der Krise Afrikas auf beiden Seiten ein echtes Problembewusstsein erwächst. Die politisch Verantwortlichen in Afrika müssen sich den kritischen Fragen ihrer eigenen Landsleute stellen und auch entsprechend *handeln*. Eine echte Partnerschaft verlangt Vertrauen.

In den Ländern, in denen ich tätig war, verging keine Woche, in der nicht ein Projekt eines ausländischen staatlichen oder privaten Gebers eingeweiht wurde und gleichzeitig als große Anstrengung der Regierung gewürdigt wurde. Offenbar glauben die Regisseure ihren eigenen Inszenierungen. Unverblümt werden diese Projekte über staatliche Medien als große Leistung der Regierung ins kollektive Unbewusste eingehämmert. Viele Eliten gehen selbstverständlich davon aus, dass Ausländer die Entwicklung quasi im Alleingang in die Hand nehmen. Die Unterstützungsforderungen werden anhand der Kriterien der Internationalen Organisationen und bilateralen Geber für die Vergabe von Fördergeldern ausgerichtet. Es gibt mittlerweile zwischen Sahara und Südafrika kaum eine neu errichtete Straße, die nicht von der Entwicklungshilfe bezahlt wurde. Die zugesagte Kostenbeteiligung des Empfängerlandes wird meist nicht erbracht, weil erfahrungsgemäß der ausländische Geber letztlich doch einspringt. Da wundert es nur die Theoretiker ohne Ortskenntnis in den Hauptstädten der Geber, dass kaum etwas für den Straßenunterhalt getan wird. Irgendein Geberland wird nach einiger Zeit die vernachlässigten Straßen wieder reparieren.

Es sollte uns nicht mehr genügen, dass wir das Spiel mitmachen, wenn ein Regime versucht, den Schein zu wahren, und Reformen inszeniert. Dies sind oft nur vage Versprechungen, die sich, wenn es nötig ist, auf geschönte Statistiken stützen. Wenn es hingegen ein reales Risiko der Verhängung von Sanktionen gibt, dann sind die Eliten durchaus sehr besorgt, weil die Fleischtöpfe in Gefahr geraten. Ohne die Gebermittel hätten die Marktgesetze afrikanische Regierungen nämlich schon längst gezwungen, von ihrer klassischen Klientelpolitik Abstand zu nehmen. So aber wird nur das vermeintliche Anrecht auf Entwicklungshilfe kultiviert. Damit fungieren wir als praktischer »Geldautomat« für staatliche Hilfe, für internationale Nichtregierungsorganisationen (auch hier kommen größere Summen aus dem europäischen Steueraufkommen) und unzählige UN-Agenturen oder Consultants.

Nur pragmatisches Handeln und Diskussion ohne Zurückhaltung und Ängste bezüglich der »politischen Korrektheit« können mittelfristig die Demokratie, d. h. Transparenz und Machtkontrolle, sichern. Wir sollten uns nicht weiter damit begnügen, dass wir bei Bedarf lediglich einen weiteren Feuerlöschzug zur Verfügung stellen. Es reicht nicht aus, ab und an die Korruption anzuprangern, scharfe Auflagen gegenüber offen undemokratischen Regimen aber meistens zu vermeiden. Ich kritisiere die allgemeine Nachsicht mit dubiosen Herrschaftsstrukturen, die das Recht auf politische Mitbestimmung und Wahlfreiheit missachten. Dazu gehören freie Medien, die Versammlungsfreiheit und geheime Wahlverfahren. Wir sollten zu unseren Prinzipien stehen und den universellen Anspruch auf Freiheit und Gleichheit nicht aufgeben. Hier stößt die interkulturelle Toleranz an ihre Grenzen. Andernfalls lassen wir zu, dass die Demokratie und die zugrunde liegenden Menschenrechte weiter unterminiert werden.

Afrika ernst nehmen

»Wir brauchen mehr Geld«, ist seit Jahren von den Entwicklungspolitikern der westlichen Welt zu hören. Aber warum geht es jenen Entwicklungsländern am schlechtesten, die die meiste Entwicklungshilfe bekommen? Warum sickert die Wohlstandsdividende in den meisten Ländern nicht nach unten durch? Warum gibt es keinen echten Willen zum Wandel? Warum werden mit den Entwicklungsmilliarden jene politischen Missstände und jene Lethargie zementiert, die der Hauptgrund des afrikanischen Elends sind?

Obwohl mit bloßem Auge zu erkennen ist, dass Entwicklungsziele wie Demokratie, Korruptionsbekämpfung, wirtschaftliches Wachstum und Herausbildung effizienter politischer Strukturen nicht erreicht werden, werden Entwicklungsprojekte wie z. B. eine auf politische Partizipation ausgerichtete Dezentralisierung in fast 20 Ländern Afrikas unbeirrt weiter verfolgt, und dies auch, wenn keine Strategie der Betroffenen vorliegt, die das echte Interesse des Empfängerlandes belegt. Für eine solche Strategie, die eine Dekonzentration von Verwaltungstrukturen beinhaltet, hat Benin unter dem alten Regime elf (!) Jahre gebraucht. Es ist eine beunruhigende Mischung aus Durchhalteparolen und autosuggestivem Wirklichkeitsverlust festzustellen. Die gute Absicht entbindet nicht davon zu prüfen, ob die afrikanischen Führer zum Vorteil ihrer Bevölkerung arbeiten. Dazu reicht es nicht, ständig neue, umfangreiche Schriftstücke, Gutachten und Aufklärungsmaterial auszustoßen. Die Verfassungen und Gesetze der jeweiligen Länder helfen auch nicht weiter: Auf dem Papier findet sich dort fast alles, was das Herz eines Demokraten höher schlagen lässt.

Zu viel Zeit und Energie geht in den Geberländern für Reisen in die Entwicklungsländer verloren. Zwischen 500 und 1000 Missionen (nicht Personen) in einem Jahr in einem Empfängerland sind keine Seltenheit. Geld und Studien, die später als Tischstützen dienen, sind für die Entwicklungsadministration das Allheilmittel für alle Nöte Afrikas. Diese Therapie ist Gift für die Armen. Sie verhindert demokratischen Fortschritt und längst fällige Reformen. Solange die Mächtigen für sich selbst eine »Kultur der Straffreiheit« als festen Bestandteil des täglichen Lebens pflegen, werden die Armen ihnen weiterhin ausgeliefert sein.

Wir müssen Afrika ernst nehmen und an die Reformierbarkeit Afrikas glauben. Im Rahmen der Neuen Partnerschaft für afrikanische Entwicklung (NEPAD) sollten wir das afrikanische Selbstbewusstsein und die gleichzeitige Anerkennung der Eigenverantwortung – auch für Fehler der Vergangenheit – fördern. Wer keine Reformanstrengung in Richtung Demokratie und Rechtsstaat unternimmt, sollte künftig auch nicht mehr gefördert werden. Stattdessen bedürfen Erneuerungskräfte der Anerkennung und Unterstützung.

Wer es mit der »Hilfe zur Selbsthilfe« ernst meint, will irgendwann das messen, was sich als Resultat der Hilfe an Wohlstand ergibt – und zwar daran, was die Empfänger davon haben, und nicht daran, was die Geber aufwenden. Die westlichen Geber müssen künftig noch mehr das demokratische Ehrgefühl und die politisch-wirtschaftliche Integrität der handelnden Entscheidungsträger einfordern. Die Sorge um die Nöte der Bevölkerung darf nicht weiter nur den Industrieländern überlassen bleiben. Ändern muss sich der Regierungsstil und -wille. Es ist kein westlicher Kulturimperialismus, wenn der Westen für Afrika individuelle Freiheit für das Volk und persönliche Integrität und politische Legitimation ihrer Führer fordert. Die afrikanische Oberschicht könnte auch für Glaubwürdigkeit sorgen, indem sie Aufklärung im Sinne vor allem der Unabhängigkeit des Denkens, von Religion, von Mythologie und Aberglauben betreibt.

Die Verantwortung für Afrika liegt zunächst bei den Afrikanern selbst. Gleichwohl ergibt sich aus der Partnerschaft mit Afrika eine Mitverantwortung Europas. Wir müssen auf den Abbau der allseits bekannten Defizite drängen. Europäische Afrikapolitik muss mehr an konkrete Kontrolle der Mittelverwendung und bestimmte gemeinsame Wertvorstellungen wie Menschenrechte gekoppelt werden. Es sollte uns nicht mehr ausreichen, wenn afrikanische Regierungseliten nur so tun als ob.

Armut ist weder Schicksal noch gottgegeben, sondern vor allem anderen die Folge menschlichen Handelns und Unterlassens. Ob Bildung, Gesundheit, Infrastruktur oder Zugang zu Trinkwasser: Afrika fällt als einziger Kontinent immer weiter zurück. Was kann Afrika von Asien lernen? Südkorea, Taiwan z. B. und andere haben in Bildung und Gesundheitswesen investiert. Sie haben alles Mögliche ausprobiert, bis sie den richtigen Weg gefunden hatten. Afrikanische Regierungen könnten viel daraus lernen. »Wenn du einen Freund hast, schenke ihm einen Fisch. Wenn du ihn wirklich liebst, lehre ihn fischen«, sagt ein chinesisches Sprichwort. »Kein Volk der Welt darf auf Dauer zum Hilfsempfänger herabgewürdigt werden«, sagt der ehemalige deutsche Bundespräsident Horst Köhler.

Budgethilfe

»Budgethilfe ist ein Instrument der Entwicklungszusammenarbeit, das vom Ansatz her große Vorzüge hat: Es erlaubt Entwicklungspolitik aus einem Guss. Regierung und Entwicklungspartner einigen sich auf ein Investitionsprogramm, das von der Regierung eigenverantwortlich durchgeführt wird. Die Partner beschränken sich auf Erfolgskontrolle auf der Basis gemeinsam festgelegter Kriterien. ›Ownership‹ und ›Partnership‹ werden auf einen gemeinsamen Nenner gebracht. So gesehen, gibt es eigentlich keinen besseren Ansatz für ein erfolgreiches Vorgehen. Soweit die Theorie. Die Kritik setzt in der Praxis an. In vielen, wenn nicht in den meisten Fällen wird vergessen oder bewusst übersehen, dass Voraussetzungen erfüllt sein müssen, um dieses Instrument erfolgreich einsetzen zu können.« (Sigurd Illing, ehemaliger EU-Botschafter in Uganda)

Direkte Zuschüsse zum Staatsbudget werden heute u.a. Programmorientierte Gemeinschaftsfinanzierung genannt und als zentrales Instrument einer »modernen« Entwicklungspolitik gepriesen. Auch der zuständige EU-Kommissar Louis Michel hatte inzwischen entschieden, dass künftig 50 Prozent der EU-Hilfe als Budgethilfe gezahlt werden sollen. Michel wurde 2009 ins Europaparlament gewählt. Seit Februar 2010 ist der Lette Andris Piebalgs EU Kommissar für Entwicklung. Die deutsche KfW stellt seit 2008 jährlich ca. 400 Millionen Euro für die finanzielle Zusammenarbeit und Budgethilfe bereit. Solche Zuschüsse gibt es auch als Sektoransatz, als finanzielle Unterstützung eines einzelnen Bereichs, z.B. in der Holzwirtschaft, in einem Empfängerland. Budgethilfe ist verbunden mit dem Prinzip der sogenannten Ownership. Dies bedeutet, dass die Hauptverantwortung für die Verteilung bei den Regierungen der Empfängerstaaten liegt, selbst wenn die Zuweisung mit Konditionen verbunden ist. Theoretisch können solche Konditionen, eine Rechenschaftslegung oder eine Evaluierung, den Finanztransfer ins Stocken bringen. In der Praxis wälzen die

Geber unter dem Deckmantel der Ownership jede Verantwortung für eine ordnungsgemäße Verwendung der Mittel auf die Empfänger ab.

Nochmals Sigurd Illing: »Auf der Empfängerseite muss sichergestellt sein, dass kompetente Institutionen existieren, die in der Lage sind, komplexe Programme durchzuführen. Das betrifft nicht nur technische Ministerien und nachgeordnete Behörden, sondern auch nationale Kontrollinstanzen, die dafür sorgen müssen, dass Mittel vereinbarungsgemäß eingesetzt werden. Auf der Geberseite muss das Prinzip der Eigenverantwortlichkeit ernst genommen werden. Budgethilfe darf nicht dazu genutzt werden, den ganzen Haushalt eines Landes auf die Vorstellungen ausländischer Organisationen zu trimmen, auch wenn dies in bester Absicht geschieht. Die meist noch schwachen nationalen Institutionen werden von einem Schwarm von Experten überrannt, deren Aufgabe es ist, diese von der Richtigkeit von Vorhaben zu überzeugen, die weit entfernt vom betroffenen Land ausgeheckt wurden. Eine weitere, möglicherweise noch größere Gefährdung der Wirksamkeit von Budgethilfe besteht darin, dass Geber dazu übergegangen sind, dieses Instrument pauschal und ohne ernsthafte Prüfung der Aufnahmefähigkeit eines Landes einzusetzen.«

Deutsche Budgethilfe darf nicht direkt zweckbestimmt werden. Reformpolitik und transparentes Finanzmanagement werden nach meinen Beobachtungen nur auf dem Papier zur Voraussetzung für Entwicklungshilfe gemacht. Anders als man etwa in der Entwicklungshilfebürokratie glauben will, begrenzen Sektoransätze und Budgethilfe die Möglichkeiten der Geber, auf die Mittelverteilung Einfluss zu nehmen.

Eine Infragestellung ist nicht erwünscht. Jede Kritik an diesem gefährlichen Instrument, das meist die Netzwerke der Herrschenden alimentiert, wird als »Budgethilfe-Bashing« diffamiert. Kritische Analysen der Experten oder der EU-Kommissionsdelegierten vor Ort werden unwillig aufgenommen. Kamerun erhält auch Budgethilfe. Ein Blick in den Haushalt 2008 und folgende genügt, um zu erkennen, dass von einem entwicklungspolitisch orientierten Kurs nicht die Rede sein kann. Stattdessen kann man nachlesen, dass für das Präsidialamt im Jahre 2008 ca. 80 Millionen Euro veranschlagt sind. Das ist mehr als für Parlament, Verfassungsgericht, das Amt des Premiers und das Außenministerium zusammen. Das Budget für Bildung ist hingegen um sechs Millionen auf jetzt 467 Mio. gesunken. Ausgerechnet im Grundschulbereich wurde erheblich gekürzt. Dies wird nicht als Problem gesehen. Ich habe sogar von einem Verantwortlichen gehört, dass man Kindern auch Geld geben müsse – selbst wenn die Gefahr besteht, dass sie es manchmal verschwenden –, damit sie lernen, mit Geld umzugehen. Diese Aussage ist eine Beleidigung der Afrikaner und ein unerträglicher Paternalismus. Wir dürfen den Kontinent nicht länger mit dieser Art von Herablassung strafen.

Der stetige Ausbau der Budgethilfe wird damit begründet, dass man mehr Effizienz und bessere »Ownership« herstellen will. De facto führen zu viel Geld und der Mangel an Kontrolle zu fatalen Ergebnissen. Die Mittel müssen nämlich auch ausgegeben werden. Was dann geschieht, kann man am Beispiel Kenia sehr gut illustrieren. Die EU-Kommission zahlte 2007 an Kenia 40,6 Millionen Euro Budgethilfe aus Mitteln des Europäischen Entwicklungsfonds, und zwar einen Tag nach der kenianischen Präsidentschaftswahl am 27. Dezember, zu einem Zeitpunkt, als sich Unregelmäßigkeiten bei der Abstimmung bereits abzeichneten. Das Geld musste vor Jahresende noch rasch abfließen. Eine politische Steuerung etwa durch die Botschaft ist nicht erwünscht. Im entwicklungspolitischen Dialog mit den Partnerregierungen zur Budgethilfe »unterstützen« künftig Auslandsvertretungen das BMZ nur noch. Ich war bisher der offenbar irrigen Meinung, dass die politische Verantwortung beim Leiter einer Botschaft liegt.

Wie ist die Aussage eines Entwicklungspolitikverantwortlichen in Nairobi zu werten, dass gerade korrupte Länder Budgethilfe erhalten sollen? Die hohen Aufwüchse an Entwicklungsgeldern (ohne Finanzkrise wäre der Entwicklungshaushalt dreimal so stark gewachsen wie der Bundeshaushalt 2009) führen dazu, dass unseren Institutionen die Möglichkeiten fehlen, die Programmhilfe zu steuern. So wird das Instrument der Budgethilfe zur Beseitigung der Mittelabflussprobleme genutzt, statt die Mittel in den Haushalt zurückzugeben. Als Folge werden die Konditionen aufgeweicht, um den Mittelabfluss zu verbessern.

Vernünftige Budgethilfe setzt in den Empfängerländern hohe Eigenverantwortung bei gutem Regierungsmanagement voraus. Weder dies noch die angestrebte Transparenz der Mittelverwendung ist in vielen Entwicklungsländern überhaupt gegeben. Untersuchungen der Weltbank von 2006 haben gezeigt, dass sich die »Regierungsführung« (Effizienz, Leistung und Verantwortlichkeit) in den zehn Jahren seit Beginn der Messungen kaum verbessert hat. Darüber wird in der Öffentlichkeit selten gesprochen, wenn von Entwicklungshilfe die Rede ist. Es gibt in vielen dieser Länder keine eigene »Kultur der Kontrolle«. Jeder Sachkenner vor Ort wird bestätigen, dass das Engagement zurückgeht, sobald der Druck durch Kontrolle fehlt. Die Rechenschaftspflicht der Behörden gegenüber ihren Bürgern wird nicht eingefordert. Es gibt deshalb nur wenige Budgethilfeländer, in denen ein zufriedenstellendes öffentliches Budgetmanagement erfolgt und das Parlament sein Haushaltsbewilligungsrecht auch wirklich ausüben kann. Dort und nur dort kann Budgethilfe ein wirksames Mittel der Entwicklungshilfe sein. Dass man durch Budgethilfe ohne Kontrolle den Druck auf Partner erhöht, für größere Transparenz auf der Ein- und Ausgabenseite zu sorgen und somit die Rechenschaftsfähigkeit gegenüber den Gebern sowie die Rechenschaftspflicht gegenüber der Bevölkerung zu erhöhen, ist Wunschdenken. Budgethilfe ist fragwürdig, wenn die an die Mittelvergabe geknüpften Ergebnisse nicht kontrolliert werden.

Aber allgemeingültige verifizierbare Mindestbedingungen für die Budgethilfe wurden noch nicht definiert. Da sich unter der Zielgruppe nur wenige Länder finden, die die Kriterien von Reformländern erfüllen, weisen die Geberorganisationen meist darauf hin, dass gute Regierungsführung nicht Voraussetzung, sondern Ziel programmbasierter Budgethilfe sei. Damit wird der Zugang zu Budgethilfe beliebig. Mehr oder weniger jedes Land kann sie bekommen. Wenn in Kamerun das Parlament in der Haushaltssitzung über den Etat abstimmt, dann werden ein paar abstrakte Zahlen genannt. Die wesentliche Information für eine echte parlamentarische Entscheidung fehlt jedoch, denn die genaue Aufgliederung der einzelnen Haushaltsposten bleibt geheim. Nur wenn Investitionsprojekte im Einzelnen bekannt wären, könnten Parlament, Opposition und Zivilgesellschaft die Umsetzung der Projekte überprüfen. Anderenfalls geraten Machtkontrolle und öffentliche Ausgabensteuerung durch das Parlament zur Farce. Um erst mal an das Geld zu kommen, übernehmen die Empfänger selbstverständlich auf der deklaratorischen Ebene in der Regel die vom Geber vorgegebene Sicht der Entwicklungsprobleme und versichern, dass die Wege zu deren Lösung beschritten würden. Dann lassen sie die Überprüfungen ins Leere laufen und die Akteure kommen mit dieser unglaublichen Chuzpe immer wieder ungestraft davon. Oder es findet sich ein anderer Weg, um an die Mittel zu kommen. So wie es Peter Molt, Professor für Politikwissenschaften an der Universität Trier, in seinem Gutachten für den Bundestag im November 2007 beschreibt: »Dort, wo Kürzungen der Budgethilfe wegen massiver politischer Mängel verfügt wurden, wie z. B. in Uganda, wurden die nicht ausgezahlten Mittel von den Gebern der Regierung für extrabudgetäre Zwecke zur Verfügung gestellt, was die Wirkung der Sanktion erheblich minderte, wenn nicht sogar ganz aufhob.« Mit gutem Grund hatte der Deutsche Bundestag 2008 eine Haushaltssperre für Budgethilfen ausgesprochen.

Ein sehr erfahrener EU-Beamter, der lange in Ostafrika gearbeitet hat, sagt: »Budgethilfe in Afrika ist Korruptionsförderung auf direktem Wege.« So wurde von der tansanischen Regierung für Dienstreisen 2011 mehr als die gesamte Budgethilfe aller 12 Budgethilfegeber ausgegeben. Für die Geberländer hingegen ist es zur fixen Idee geworden, dass die Regierungen der afrikanischen Staaten generell entwicklungswillig sind. Das Vorhandensein von funktionsfähigen internen Rechenschaftsstrukturen in den Entwicklungsländern wird ohne ernsthafte Prüfung vorausgesetzt oder man hat Vertrauen, dass deren Aufbau, Entwicklung und Ausgestaltung angepackt wird. Dies umso mehr, da Brüssel, Washington und Bonn mit Macht darauf drängen, dass rasch die Voraussetzungen für eine Budgethilfe als gegeben angesehen werden können. Auch die Weltbank bekennt sich zur Budgethilfe und hat keinerlei Probleme damit. Ganz im Gegenteil, man ist optimistisch und erwartet gerade als Folge der Budgethilfe Aufhellungen der düsteren Szenarien. Für die einen ist also der Good Performer das Argument und für den anderen der Bad Performer.

Da ist eine ungeschminkte Berichterstattung nicht hilfreich. Ich kenne Insider, die zwei verschiedene Ansichten haben – eine politisch korrekte Meinung für Arbeitgeber und Öffentlichkeit, und ihre persönliche Meinung, die nicht zitiert werden darf. Und manche kritischen Afrikaner entwickeln aufgrund der Situation sogar Verschwörungstheorien. Der kamerunische Philosoph Marcien Towa etwa erklärte in einem Interview mit der Zeitung ›Le Messager‹ im November 2007, die Europäer würden die Korruption mit Absicht unterstützen, damit sie die Afrikaner weiter ausbeuten können.

Der britische Ökonom Paul Collier vergleicht in seinem Buch ›Die unterste Milliarde‹ Entwicklungshilfe mit Öl. Insbesondere wenn ein Land Budgethilfe bekomme, ähnele dies den relativ einfachen Einkünften aus Bodenschätzen, die meist direkt in die Staatskasse fließen. Das Problem sei, dass dieses leichte Geld im Allgemeinen die Situation verschlechtere. Als Beispiele nennt er Angola, Sierra Leone, Liberia, Nigeria, Tschad. Öl führe zur »Rentenwirtschaft«, zur Korruption. Überdies zementierten ausländische Hilfsgelder die bestehenden Strukturen, einerseits indem sie – wie im Tschad – in die Armee fließen, mit der sich das Regime schütze, andererseits indem sie die Patronage förderten, durch die Autoritäten nicht mehr demokratisch, sondern durch vielfältige Zahlungen abgesichert seien. Für produktive Investitionen bleibe wenig übrig.

Die Geberländer müssen ihre Politik ändern. Es darf keinen offensichtlichen Missbrauch geben, der nicht durch echte Sanktionen, z.B. durch das Aussetzen von Zahlungen, bestraft wird. Die afrikanischen Verwaltungen müssen dazu gebracht werden, das aus meiner Sicht oft absichtlich erzeugte Chaos bei der Mittelverwendung abzustellen. Das Vorhandensein demokratischer Kontrollinstanzen muss Kernelement der Budgethilfe sein. Budgethilfe sollte nur an einen sehr kleinen Kreis von Musterstaaten gegeben werden. Für die restlichen Staaten muss gelten, dass sie erst einmal verlässliche und evaluierbare Rahmendaten für direkte Hilfszahlungen vorlegen. Stärkere diplomatische Einmischung im Rahmen des politischen Dialogs nach Artikel 8 des Cotonou-Abkommens ist dringend vonnöten. Die Parlamente und das Gerichtswesen, der Aufbau von Rechnungshöfen müssen gefördert werden. Kirchen und politische Stiftungen müssen stärker unterstützt werden. Man braucht sich keine Sorgen zu machen, dass die Armen und Bedürftigen unter einer solchen Politik leiden. Das Gegenteil ist der Fall. Erst dann werden sie von der Budgethilfe überhaupt profitieren können.

Entschuldungsinitiative

Ein Schuldenerlass sollte ursprünglich den überschuldeten Partnerregierungen die Möglichkeit verschaffen, die durch die Entschuldung verfügbaren zusätzlichen Mittel im Kampf gegen die Armut und für die Entwicklung ihres Landes einzusetzen. Im Prinzip ist ein Schuldenerlass an Bedingungen geknüpft: höhere Investitionen in Bildung und Gesundheit, Bekämpfung von Korruption als integraler Bestandteil von schwacher Regierungsführung. Damit diese segensreiche Wirkung eintritt, müsste das Handeln der Partnerregierungen allerdings konsequent überprüft werden. Das ist nicht der Fall. Kamerun etwa kam in den Jahren 2000, 2006 und 2007 in den Genuss eines Schuldenerlasses in Höhe von insgesamt drei Milliarden Euro. In all den Jahren hat sich an der Günstlingswirtschaft, den schlechten Rahmenbedingungen und der allgegenwärtigen Armut kaum etwas geändert. Nach übereinstimmender Einschätzung der Geber kam höchstens ein Drittel der freigewordenen Mittel überhaupt bei den Bedürftigen an. Ein großer Teil der Gelder wird für laufende Personalkosten der Ministerien, vor allem für Zahlungen von Tagegeldern bei Missionen und von Benzinkosten, verwendet. Gibt es Kritik der Geber, dann erfolgen ein paar exemplarische Sanktionen. Danach läuft alles weiter wie gehabt. Die Erwartung der Geber, dass die staatlichen Ausgaben sich auf wachstumsfördernde und effiziente armutsreduzierende Maßnahmen fokussieren, hat sich auch in anderen Ländern nicht erfüllt.

Dabei gibt es eine Menge Geld in Afrika. Das wandert allerdings woanders hin. Im September 2007 hat die UNCTAD, die Welthandels- und Entwicklungshilfe-Konferenz der UNO, einen Bericht über die wirtschaftliche Entwicklung Afrikas vorgelegt. Darin geht es auch um die Kapitalflucht aus den Entwicklungsländern. Insgesamt handelt es sich um 400 Milliarden Dollar, die ins Ausland gehen. Demgegenüber stehen 215 Milliarden Dollar Schulden.

Janvier Nkurunziza von UNCTAD beschreibt, dass jährlich bis zu 13 Milliarden Dollar Afrika verlassen. Nicht zuletzt vor dem Hintergrund, dass die Machteliten und die Entwicklungshilfe-Industrie nach immer mehr Finanzmitteln für Afrika rufen, ist das eine bemerkenswerte Summe.

In vielen Ländern Afrikas ist eine Regierungsform entstanden, die zwar aussieht wie eine Demokratie, mit Parlament, Parteienstaat und Wahlen, in der aber die Willensbildung einer Gesellschaft und die Organisation von Interessen nur simuliert werden. Afrikanische Politiker, auch die in der Opposition, denken selten in Regierungsprogrammen. Schuldenerlasse sind für Politiker ein Grund sich zu brüsten. Sie messen ihren persönlichen Erfolg daran, wie viel Schulden in ihrer Amtszeit erlassen worden sind. Den einen werden die Schulden erlassen, den anderen nicht. Das sind oft diejenigen, die mühevoll Rate um Rate getilgt haben. So schafft Schuldenerlass auch Ungleichheit unter Entwicklungsländern. Es genügt nicht mehr, den Regierungen ins Gewissen zu reden, um die mangelnde Entwicklungsorientierung staatlichen Handelns zu verändern. Haushalte, die zu großen Teilen aus Steuergeldern des Nordens gespeist werden, sollten wie beim Defizitverfahren der EU unter Aufsicht gestellt werden.

Grundübel bleiben die korrupten, inkompetenten Eliten, das völlige Fehlen von Unrechtsbewusstsein und eine beunruhigende Achtlosigkeit gegenüber der Bevölkerung. Es mangelt meist am Verstehen und am Mitleid gegenüber anderen. Es fehlt bei den Machteliten am Gefühl für ein anständiges Verhalten, besonders gegenüber Schwächeren. Oft bekommen die Eliten alles, die breite Masse jedoch nichts. Kürzlich habe ich ein sehr aufschlussreiches Interview des SPD-Linken und damaligen Leiters des DED Büros in Nairobi, Klaus Thüsing, mit der Frankfurter Rundschau wieder gefunden. Er sagte bereits am 1.7.1992: »In vielen Ländern kamen Regierungen an die Macht, die nach unseren Rechtsbegriffen geradezu kriminelle Vereinigungen sind, die die Länder zu ihrem Vorteil ausplündern … Wenn man die Lebenslage der Bevölkerungsmehrheit ansieht, ist Kenia heute zweifellos ärmer als vor 25 Jahren … Jede Mark, die ankommt, kann dann beim Empfänger nämlich sehr leicht verschwendet werden, weil Planung und Kontrolle fehlen.« Thüsing hat also schon vor 20 Jahren festgestellt, dass die Hilfe am Menschen vorbeigeht. Selbstverständlich sind nicht alle korrupt, die in Afrika führende Positionen haben und Entwicklungshilfe-Leistungen verwalten. Aber viele sind es und sie können erfolgreich verbergen, dass genügend Geld vorhanden ist für die elementaren staatlichen Aufgaben zum Wohl des gesamten Volkes. Möglicherweise hat der eine oder andere Machthaber in Afrika Interesse an der Aufrechterhaltung chaotischer Zustände, weil er davon am meisten profitiert. Das Land wird arm gehalten, weil es nur dann weiterhin die üppigen Gelder gibt, die so bequem abgeschöpft werden können. Dass es auch anders geht, zeigt Albert Tévoedieré, der ehemalige Planungsminister von Benin. Er plädiert in seinem Buch ›Armut – Reichtum der Völker‹ nicht nur für einen bescheidenen, den heimischen Verhältnissen angepassten Lebensstil und kritisiert das Konsumverhalten der prassenden afrikanischen Staatsklasse, er hält sich auch selbst an das Motto seines Buches und wohnt in einem einfachen Haus in Cotonou.

Auch die Schuldentragfähigkeit gerade entschuldeter Länder ist keineswegs abgesichert und muss mit Besorgnis betrachtet werden. Durch unkonditionierte Kredite neuer Geber wie China können sie erneut in Überschuldung geraten. Ghana, gerade entschuldet, hat 2008 einen Kredit von einer Milliarde US-Dollar erhalten. Dem Kongo wurden von China fünf Milliarden zugesagt. Muhammad Yunus hält den kompletten Schuldenerlass für Entwicklungsländer für schädlich, weil dies die Politiker aus ihrer Verantwortung entlasse. Statt auf Almosen setzt Yunus auf Marktwirtschaft und Selbsthilfe und widerspricht damit entschieden der gängigen Logik von Entwicklungshilfe.

Potemkinsche Dörfer

Jeffrey D. Sachs, amerikanischer Wirtschaftswissenschaftler, Leiter des Earth Institute der Columbia University in New York und Direktor des UN-Millenium-Projekts zur globalen Armutsbekämpfung, ist der Ansicht, dass Afrika unbedingt mehr Geld braucht. Dies erläutert er in seinem Buch ›Das Ende der Armut‹. Es enthält einen hochfliegenden Plan zur Verbesserung der Welt, der darauf beruht, dass sich Gerechtigkeit und Fairness mit der Zeit von selbst einstellen. Sachs und seine Anhänger sind der Ansicht, dass das Ausmaß der Korruption in Schwarzafrika maßlos überschätzt werde. Folglich bezieht sich kein einziges Milleniumziel auf rechtsstaatliche Bedingungen wie Grundprinzipien einer gefestigten Gewaltenteilung, verantwortliches Regieren, Regierungswechsel, Transparenz staatlichen Handelns, Kontrollorgane, gerechtes und leistungsfreundliches Steuersystem oder gar auf Menschenrechte. Alle wollen dort nur das Beste für den Staat und die Bevölkerung. Ein Blick ins Lexikon unter dem Eintrag »Autosuggestion« würde sich lohnen. Sachs hat unter anderem die Idee, 79 Modelldörfer für 400 000 Menschen zu schaffen. Der Afrika-Spezialist der Columbia University wohnt in einem Haus in New York, das sein Arbeitgeber für acht Millionen Dollar (New York Times: »A town house fit for a king«) gekauft hat. Er hat nie in Afrika gelebt und mit den Armen – statt mit den Mächtigen – zu reden, kommt ihm nicht in den Sinn. Sonst wäre ihm vielleicht doch klar, dass er mit einer solchen Idee ganze Regionen aus dem Gleichgewicht bringen und erhebliche Feindseligkeiten auslösen könnte. James Shikwati hält Sachs für gefährlich, wenn nicht gar für einen Menschenfeind, weil er die Afrikaner entmündigt. Selbstverständlich setzt sich Sachs nicht mit den Thesen Shikwatis auseinander, denen fast alle Praktiker in Afrika zustimmen. Wie könnte auch ein Afrikaner besser wissen, was für Afrika gut ist, als ein Professor, der ein in den USA erfolgreiches Buch geschrieben hat? Die Verharmlosung der Korruption schadet den Menschen in Afrika. Solche mit schönen Versprechungen ausgeschilderten Irrwege sind schädlich.

Wie das viele neue Geld zielgerichtet verwendet werden soll, verrät Sachs nicht. Er stachelt lediglich den Erwartungsdruck in den Entwicklungsländern an. Wenn Jeffrey Sachs, Bono oder Bob Geldof Millionen im Namen sozialer Gerechtigkeit oder zu Entwicklungszwecken in Afrika ausschütten, erfährt man wenig über die Wirksamkeit ihrer sieben- oder achtstelligen Gaben. Sie reisen nach Afrika, werden mit abgemagerten Kindern fotografiert und finden sich zu Konferenzen ein, um über ihre Menschenfreundlichkeit zu berichten. Wenn unabhängige Untersuchungen unbefriedigende Resultate aufweisen, fordert der führende Berater der Philanthropen mehr Milliarden. Nie ist er enttäuscht oder ratlos über schlechte Resultate des bereits ausgegebenen Geldes; immer liegt es daran, dass es nicht reichte. Nie sind Leute wie Sachs findiger als beim Versuch zu beweisen, warum die Wirklichkeit sich nicht nach ihnen richtet.

Wo das viele neue Geld herkommen soll, dafür gibt es einige Ideen. Die Internationale Konferenz »Solidarität und Globalisierung: innovative Finanzierungsquellen für die Entwicklung und gegen Pandemien« in Paris im Frühjahr 2006 war eine gute Gelegenheit für den damaligen französischen Präsidenten Jacques Chirac, den ehemaligen UNO-Generalsekretär Kofi Annan und den amtierenden Präsidenten der Afrikanischen Union Denis Sassou Nguesso, neue Mittel für die Armen in Afrika zu fordern. Nguesso hatte, wie bekannt geworden war, gerade für eine Woche in einem Hotel in New York 280000 Dollar ausgegeben. Ein Leichtes für einen Präsidenten, der – wie französische Medien im Februar 2009 berichteten – in Frankreich 18 Anwesen und 112 Bankkonten benötigt. Die UNO verlangt 50 Milliarden Dollar für den Kampf gegen die Armut und fordert »innovative Finanzierungsinstrumente«. Eine Geldquelle soll die Einführung einer gesonderten Flugsteuer sein. Da der Aufschlag zu Gunsten der Ärmsten erhoben werden soll, wird die Zustimmung in der Bevölkerung sicherlich groß sein.

Das Geld, das bis heute nach Afrika geflossen ist, hat praktisch keine Verbesserung der dortigen Lebensumstände bewirkt. Kein einziges Land in Schwarzafrika wird nach dem gegenwärtigen Stand die Milleniumsziele der UN zur Armutsbekämpfung bis 2015 erfüllen. Bis dahin wollte die internationale Gemeinschaft eigentlich die Zahl der Armen in Afrika halbieren. Doch nur in Asien und Südamerika ging die Zahl der Armen in den vergangenen 20 Jahren stark zurück. Die Hilfsgelder haben vielen genutzt, aber meist nicht den bitterarmen Menschen in Afrika. Das Schicksal Afrikas entscheidet sich nicht auf Konferenzen in New York, Gleneagles mit hochgestochener Rhetorik über das Dilemma der Armen oder bei Popkonzerten in London. Die Wirklichkeit spielt sich in Lagos, Duala, Soweto, im Südsudan oder im Ostkongo ab. Dort interessiert sich niemand für die pompösen Ideen irgendwelcher Entwicklungstheoretiker. Die Armen in den Entwicklungsländern sehen nur, dass ihre Unmündigkeit mit viel Geld von außen zementiert wird.

Ich habe in Afrika immer wieder den guten Willen vieler Entwicklungshelfer erlebt, die sich jedoch dann von den afrikanischen Realitäten völlig überrumpelt fühlten. Ich habe hohe Achtung vor unbekannten Menschenfreunden, die sich der schwierigen und oft entmutigenden Probleme ihrer Arbeit in Afrika bewusst sind und Publizität scheuen. Aber ich habe etwas gegen Menschen, die für schlechte Regierungsführung gegen das Volk Verständnis aufbringen. Echtes Wachstum speist sich vor allem aus Privatkapital, Produktion und regem Handel. Wirtschaftswachstum in Afrika kommt nicht von den Staatschefs der Industriestaaten oder Schauspielern oder Rockstars. Verantwortlich für das Wohlergehen ihrer Völker sind zuvorderst Afrikas Führer selbst. Afrika befindet sich nicht in der Armutsfalle, wie William Easterly, ein anderer amerikanischer Wirtschaftswissenschaftler, in seinem Buch ›Wir retten die Welt zu Tode‹ eindrucksvoll belegt. Er zeigt auf, dass es in der jüngeren Geschichte zahlreiche Länder gibt, die es ohne Entwicklungshilfe geschafft haben, und ebenso viele, die es trotz Hilfe nicht geschafft haben. Die Falle, in der sich Afrika befindet, sind verantwortungslose Regierungen, die sich nicht um Menschenleben scheren und nur in die eigene und in die Tasche ihrer Anhänger wirtschaften. Die Falle, in der es sitzt, sind Organisationen und Institutionen, die aus Unkenntnis oder anderen Motiven verhindern, dass solche Regierungen zur Verantwortung gezogen werden.

Offizielles Ziel der Entwicklungshilfe ist die Armutsbekämpfung. »Viele der führenden afrikanischen Politiker vermitteln nicht den Eindruck, sie hätten dies begriffen und beherzigt. Die unbescheidene Art ihres Auftretens ist symbolisch und legt diese Vermutung nahe. Die Attitüde, mit der sie, in schwarzen Limousinen chauffiert, als Vertreter Ärmster-Schlucker-Staaten z. B. bei internationalen Konferenzen aufkreuzen, sagt viel. Fordern, nicht Dienen scheint die Devise zu sein.« (Kurt Gerhardt) Kein noch so gut gemeinter Solidarzuschlag wird das Grundproblem der Verwaltung und gerechten Verteilung der Gelder aus der Entwicklungshilfe beheben können. Auch wenn das auf den ersten Blick zynisch klingt: Sogar Nahrungsmittellieferungen sollten wir in Zukunft in Frage stellen, denn sie verstärken die Not. Die Bauern der Entwicklungsländer werden durch ausländische Nahrungshilfe ruiniert und ziehen sich auf die reine Subsistenzwirtschaft zurück. Sie bauen also nur für ihren eigenen Bedarf an. Das heißt, sie haben kein zusätzliches Einkommen mehr durch den Verkauf ihrer Produkte, versorgen den örtlichen Markt nicht mehr, verarmen selbst und vergrößern die Elendsbevölkerung in den großstädtischen Slums, denn durch die gängige Form der Entwicklungshilfe findet auch keine nachhaltige Arbeitsplatzpolitik statt.

Behauptungen in Politik und Medien

Es gibt eine Gerechtigkeitslücke.

Dass es eine Gerechtigkeitslücke gibt, wird von Politikern ständig behauptet und von den Medien aufgegriffen. Dabei richtet man das Augenmerk starr auf eine statistische Größe. Es ist die Zahl 0,7. 0,7 Prozent am Bruttonationaleinkommen soll der Anteil der öffentlichen Ausgaben für Entwicklungshilfe betragen. Bereits 1970 haben die Industrieländer eine entsprechende Absichtserklärung abgegeben. Seitdem gelten diese 0,7 Prozent als magische Zahl für eine erfolgreiche Entwicklungszusammenarbeit. Diese Zahl wurde bisher von keinem Geberland erreicht. Eine Steigerung auf diese magischen 0,7 Prozent wird regelmäßig eingefordert. Nur wenn diese Selbstverpflichtung erfüllt sei, werde die Gerechtigkeitslücke geschlossen. Nur dann könne Afrika seinen Entwicklungsrückstand überwinden. In der Praxis ist es aber so, dass oft für die bereits zur Verfügung stehenden Mittel die sinnvollen und praktikablen Projekte fehlen und dass in den Entwicklungsländern die administrativen Kapazitäten fehlen. Es hat keinen Sinn, erst über Beträge zu diskutieren und dann über die Aufgaben, die damit finanziert werden sollen. Insbesondere, wenn es in den Ländern an Verantwortlichen fehlt, die dafür sorgen, dass das Geld tatsächlich in sinnvoller Weise bei den richtigen Leuten und für den gedachten Zweck ankommt.

Es gibt in der Tat eine Gerechtigkeitslücke. Aber sie ist nicht mit der Fixierung auf diese magische Zahl zu schließen. Diese Gerechtigkeitslücke besteht vor Ort in vielen Ländern Afrikas, die in Willkürherrschaft, Korruption und Günstlingswirtschaft versinken, in denen die Zahl der Reichen und sozial unangemessen Privilegierten stetig wächst und die Zahl der Armen ebenso, in denen sich die Kluft zwischen der Oberklasse und allen, die am Reichtum nicht teilhaben, ständig vertieft. Die Vorstellung, man könne diese Situation allein durch die Erhöhung des Geldflusses ändern, hat nichts mit der Realität zu tun. Sie ist absurd.

Wenn wir die Ausgaben für Entwicklungshilfe nicht ständig steigern, machen wir uns der unterlassenen Hilfeleistung für Afrika schuldig.

Diese These ist die Grundlage für das gängige Modell der Entwicklungshilfe. Mit Denkverbot wird belegt, wer anderer Ansicht ist. »Schon der Ausdruck Entwicklungshilfe entwaffnet die Kritiker, trübt den Blick für Realitäten und nimmt Ergebnisse vorweg. Er ermöglicht den Lobbyisten der Entwicklungshilfe, das Monopol für Mitleid zu beanspruchen und Kritiker als ignorant oder gar unmenschlich zu verunglimpfen«, sagte Lord Peter Bauer, vor seinem Ruhestand Professor für Volkswirtschaft an der London School of Economics.

Dieses klassische Modell der Entwicklungshilfe wurde bereits im letzten Jahrhundert, unter anderem von dem kenianischen Ökonom James Shikwati (siehe Einführung) scharf kritisiert, vor allem deswegen, weil die Methoden der Entwicklungshilfe oder, wie es heute so schön heißt, der Entwicklungszusammenarbeit (EZ) Transparenz verhindern und vorrangig die Korruption fördern. Es wäre schön, wenn sich seine Kritik inzwischen erledigt hätte. Doch das ist nicht der Fall. Und das wird sich auch nicht ändern, solange die Empfängerländer nicht belegbar nachweisen müssen, dass Strategien gegen Armut und Not umgesetzt werden.

Wer Budgethilfe gewährt, sorgt dafür, dass das Geld nicht unkontrolliert fließt.

Budgethilfe ist ein direkter Beitrag zum Staatshaushalt des jeweiligen Landes. Theoretisch wird sie durch die Parlamente und die Rechnungshöfe der Empfängerländer kontrolliert. Dadurch soll sichergestellt sein, dass sie im Sinne der Geberländer eingesetzt wird. Dies ist in der Regel nicht der Fall, auch wenn es – oft wider besseres Wissen – gebetsmühlenartig wiederholt wird, um die Öffentlichkeit in Europa zu beruhigen.

Es gibt kaum ein Land in Subsahara-Afrika, wo ein Parlament den verantwortungsvollen Umgang mit Einnahmen oder Hilfsgeldern wirklich überprüfen kann. Von unabhängigen Rechnungshöfen ganz zu schweigen. Wer prüft, analysiert und wertet, stößt auf ein gereiztes Misstrauen und gar Feindschaft. Um eine wirksame Kontrolle zu haben, müssten die Parlamente ihre Macht anders ausüben können und vor allem eine andere Einstellung entwickeln. In Nigeria zeichnet sich derzeit eine solche begrüßenswerte Eigendynamik des Parlaments ab. Die Volksvertretung emanzipiert sich und ist dabei, eine Finanzkontrolle aufzubauen. Aber das ist nicht die Regel.

Korruption ist ein Erbe der Kolonialzeit.

Diese Aussage könnte nur als Entschuldigung gelten, wenn es sich bei Korruption um eine Art genetischen Defekt handelte. Das Ende der Kolonialzeit liegt bekanntlich ungefähr 50 Jahre zurück. Und es gibt afrikanische Länder, die die Korruption erfolgreich bekämpfen. In der Tat wird in Afrika der persönliche Korruptionsanteil viel zu häufig als naturgegeben betrachtet, aber die Ursachen dafür wird man woanders als im Kolonialismus suchen müssen.

Der Kolonialismus kann nicht mehr als Begründung dafür herhalten, dass heute noch in fast allen Staaten die Zirkel von präsidialen Vertrauten der Regime ihren Einfluss im öffentlichen wie privaten Sektor zur persönlichen Bereicherung nutzen, in kurzer Zeit ungeheure Vermögen erwerben und damit oft ein Klima der politischen Intrigen und der Resignation der Bevölkerung schaffen. Das würde sich ändern, wenn sich Politiker, Richter und Beamte am Allgemeinwohl orientierten und nicht an der eigenen Tasche.

Hilfe hilft – Afrika und uns.

Das klingt großartig. Wenn es denn wahr wäre. Richtig ist, dass nicht nur die Länder, die in den Genuss von Entwicklungshilfe kommen, sondern alle Welt davon profitiert, wenn es in Afrika funktionierende politische, wirtschaftliche und soziale Systeme gibt. Kein Hunger, kein Krieg, kein Terror, kein Elend und Wirtschaftsbeziehungen, aus denen alle Beteiligten ihren Nutzen ziehen können. Der Bertelsmann Transformation Index zeigt, dass eine von sozialer Marktwirtschaft flankierte nachhaltige politische Entwicklung unabhängig von allen Kulturen und Regionen überall möglich ist (www.bertelsmann-transformation-index.de). Dieser Effekt kann aber nur eintreten, wenn die Nehmerländer den entsprechenden Reformwillen und die Fähigkeit haben, die zur Verfügung gestellte Unterstützung zum Wohle ihrer Gesamtbevölkerung einzusetzen. Das ist in Afrika bisher mehrheitlich nicht der Fall und es kann auch durch Entwicklungshilfe nicht »erkauft« werden. Nicht, solange die »Eliten« ein Interesse daran haben, ein Land arm zu halten, weil nur dann die Hilfsgelder, die so bequem abgeschöpft werden können, weiter fließen.

Richtig ist auch, dass zahllose Entwicklungshilfe-Organisationen davon profitieren, wenn immer mehr Gelder für Afrika eingesetzt werden. Denn mit diesen Geldern werden Projekte und Personal finanziert. In Afrika hat sich eine Art von Entwicklungshilfe-»Industrie« entwickelt, die längst zum Selbstläufer geworden ist. Es ist von keiner dieser Organisationen zu erwarten, dass sie sich freiwillig selbst abschaffen, obwohl das ja letztlich das Ergebnis sein sollte, wenn ihre Bemühungen erfolgreich sind. Stattdessen entstehen immer neue Organisationen, die von den reichlich fließenden Mitteln ein Stück abhaben wollen. Vom Mitleid zu leben, kann sich richtig lohnen. Die Lobbyarbeit ist sehr professionell geworden, ebenso die PR-Kampagnen. Sie finden nicht mehr im vegetarischen Restaurant statt, sondern der Hunger in der Welt wird im Fünf-Sterne-Hotel bekämpft.

Erfolgsgeschichte: 34 Millionen Kinder wurden in Afrika zusätzlich eingeschult.

Das sind beeindruckende Zahlen und es wäre ein sehr positives Zeichen, wenn Bildung für alle Regierungen Afrikas zu einem zentralen Anliegen geworden wäre. Leider ist es nur die halbe Wahrheit. Es ist keineswegs die behauptete Erfolgsgeschichte – die dazu dient die Öffentlichkeit bei uns zu mehr Entwicklungshilfe zu überzeugen –, denn afrikanische Staaten südlich der Sahara geben nach UNESCO-Angaben nur 10 bis 15 Prozent des Weltdurchschnitts für staatliche Bildungseinrichtungen aus. Weil die Eliten ihre eigenen Kinder auf Privatschulen schicken, haben sie noch immer nicht erkannt, dass Bildung eine große Chance ist, um der Armut zu entkommen und ihre Lebensverhältnisse langfristig zu verbessern und sich für ihre Interessen einzusetzen. Die übrige Bevölkerung wächst hinter einer Mauer von Unwissenheit und Armut auf. Besser gebildete Frauen heiraten später, bekommen weniger und gesündere Kinder. Sie lernen sich zu wehren und sich vor Krankheiten wie Malaria und HIV/Aids zu schützen.

In vielen Ländern sind Schulen kostenfrei, aber es wird verschwiegen, dass es Klassen von 100 Kindern sind, denen oft ein miserabel ausgebildeter und schlecht bezahlter Lehrer vorsteht. Die Kosten für Schuluniform, Bücher und Lehrmittel können Eltern aus ärmsten ländlichen Regionen selten aufbringen. Der Unterricht findet meist auf sehr engem Raum – auch schon mal ohne Schulbänke oder Tische – statt. Auch in neuester Zeit habe ich Schulen besucht, wo Kinder auf dem Boden unter einem Baum unterrichtet wurden. Besonders benachteiligt sind Mädchen. Sie haben in ländlichen Gebieten z. B. im Niger weniger Chancen eingeschult zu werden, und man nimmt sie oft wieder aus der Schule – damit sie in der Landwirtschaft ihrer Eltern mitarbeiten können – bevor sie die notwendigen Grundfertigkeiten erworben haben.

Nur dort wo die Regierung Bildung als Grundvoraussetzung für eine positive Zukunft sieht und für ein gutes Lernumfeld sorgt (z. B.

Ruanda) haben die Jugendlichen eine reele Chance der Armut zu entkommen. Andernorts sind es vor allem die Kirchen, Stiftungen (z.B. Siemens) oder kleinere private Initiativen (z.B. Makaranta e.V.) die gezielt Schulen fördern und auch behinderten Kindern eine Chance geben.

Prinzip Verantwortung

Das Chefproblem

Herausragende Staatspräsidenten sind in Afrika selten geworden. Es fehlen Persönlichkeiten wie Leopold Senghor (Senegal), Julius Nyerere (Tansania), Nelson Mandela (Südafrika), Thomas Sankara (Burkina Faso) oder Jerry Rawlings (Ghana), die Autorität und Ausstrahlung hatten. Nur Mali hat mit Amadou Toumani Touré (liebevoll ATT genannt) und Alpha Oumar Konaré zwei überragende Führungspersönlichkeiten, die auch jenseits der afrikanischen Grenzen gehört werden und positive Zielsetzungen haben. ATT wurde allerdings im März 2012 wenige Tage vor dem Ende seiner Amtszeit aus dem Amt geputscht. Er lebt inzwischen im Senegal. Der ehemalige UN-Generalsekretär Kofi Annan ist besonders nach der Vermittlung zwischen Präsident Kibaki und der Oppositionspartei in Kenia ebenfalls eine hohe moralische Autorität in Afrika.
Der Präsident von Ruanda, Paul Kagame, hat eine Vorstellung von der Zukunft seines Landes und davon, wie Wachstum und Jobs geschaffen werden. Die erheblichen Fortschritte in Ruanda werden nicht wegen sondern trotz der Entwicklungshilfe gemacht. Ruanda ist keine Demokratie im westlichen Sinne, es gibt keine Zivilgesellschaft, keine Opposition. Aber es ist ein Staat, der aufgrund von stabilen Rechtsregeln für die Wirtschaft und der Förderung der Frauen wesentlich besser vorankommt als die meisten anderen Staaten in Afrika. Im afrikanischen Maßstab ist es einmalig: es gibt Sicherheit in allen Teilen des Landes, die Schulpflicht und eine allgemeine Krankenversicherung wurden eingeführt. Verglichen mit anderen afrikanischen Staaten ist Ruanda wenig korruptionsanfällig. Sogar die Ökologie gehört zu den Prioritäten der Regierung. Die in Afrika so beliebten Plastiktüten wird man in Ruanda vergeblich suchen. Solaranlagen werden mehr und mehr gefördert. Die Wirtschafts- und Bildungsreformen haben die Armut abgebaut. Der wachsende Wohlstand wird nach und nach die

tiefen Wunden des Völkermordes heilen. Es herrscht Aufbruchstimmung. Kagame hat erkannt, dass bessere Bildung die einzige Möglichkeit ist, den Sprung aus der Dritten Welt zu schaffen und das Leben zu ändern. Das Land ist politisch stabil und hat alle Chancen auf lange Sicht wirtschaftlich unabhängig zu werden. Es entsteht eine moderne IT-Infrastruktur mit Glasfaserkabel. Das investitionsfreundliche Klima zieht mehr und mehr Unternehmen an. Strabag, Bilfinger und Berger sowie SAP sind bereits in Ruanda aktiv. Kagame betont, dass sein Land kein Opfer sondern Partner sein möchte. Es mag unwichtig sein, aber er ist einer der ganz wenigen afrikanischen Staatschefs, die pünktlich zu Verabredungen erscheinen.

Die meisten afrikanischen Staaten repräsentieren heute – nach der Definition von Gero Erdmann – eine typische »neopatrimoniale Herrschaft«. Politische Macht speist sich aus der Nähe zum Präsidenten, nicht aus demokratisch legitimierenden Verfahren. Der neopatrimoniale Klientelismus nährt sich aus dem Austausch von Dienstleistungen und Ressourcen zwischen Patron und Klient. Eine Unterscheidung zwischen privaten und öffentlichen Mitteln wird dabei nicht gemacht. Zahlreiche Staaten in Afrika werden seit der Unabhängigkeit von einer Oligarchie regiert, die den Reichtum des Landes ungestört unter sich aufteilt. Die Chefs kümmern sich vorrangig um Details des Protokolls. Die Rituale um Präsidenten erinnern an Höfe der Feudalzeit. Die Höflinge denken nicht an die Zukunft des Landes, sondern setzen alle Energien daran, dem Chef zu schmeicheln, Titel zu ergattern und Kabinettsposten zu übernehmen, die wenig Arbeit machen, aber viele Möglichkeiten bieten, an Staatsgelder zu kommen.

Für zahlreiche Führer in Afrika ist ein politisches Grundmuster erkennbar: Die Chefs isolieren sich vom Volk und agieren in einer mehr oder weniger imaginären Welt eigener Schöpfung. Sie sind argwöhnisch und haben eine Form von Herrschaft entwickelt, die sich auf nur dem Machthaber persönlich verantwortliches Militär- und Verwaltungspersonal stützt. Wirklich bedrohliche Opposition entsteht in Afrika meist nur durch ehemalige Teilhaber der Macht. Das System wird aus sich selbst heraus gestürzt.

»Mancher machtverliebte Autokrat hat wenig Fortschritt vorzuweisen und nach mehreren Jahrzehnten Machterhalt lebt er nur noch als sein eigenes Museum fort. Er regiert nicht, sondern herrscht im vordemokratischen Häuptlingsstil. Er rast in Großlimousinen mit Blaulicht und Eskorte durch das Land, ohne einen Blick auf die Armut seiner Bevölkerung zu werfen. Kaum eine herausragende Aktivität ist erinnerungsfähig. Sein Land wird nicht von den Ereignissen der Gegenwart zusammengehalten, sondern von der Vergangenheit. Die Unabhängigkeit ist oft Errungenschaft genug. Mit den Symbolen ›Präsidentenpalast, Flagge und Hymne, Roter Teppich und Militärkapelle, schwarze Mercedes-Limousine und Motorradeskorte, Flughafenempfangsgebäude und dieses mit dem Präsidentenpalast verbindende Prachtstraße‹ wurde eine Fassade eines postkolonialen Entwicklungsstaates errichtet«, so Ulrich Menzel in seinem Buch ›Der Zerfall der postkolonialen Staaten‹. Ein Paradebeispiel dafür ist Staatspräsident Mugabe von Simbabwe. Die Unabhängigkeit, die er als Person symbolisiert, ist ihm Errungenschaft genug. Dass das Land existiert, reicht ihm zu seiner Rechtfertigung. Die Tatsache, dass er nur noch über einen Trümmerhaufen regiert, spielt keine Rolle. Von den übrigen afrikanischen Staatschefs wird er nicht geächtet. Im Gegenteil, er wird auf Konferenzen gefeiert. Es gibt eine perverse Art von Stolz auf seinen Ruf. Je eifriger der Norden seine Verurteilung fordert, desto mehr wird Mugabe bewundert und respektiert.

Moeletsi Mbeki schreibt in seinem Buch ›Architects of Poverty‹, dass die meisten Länder im südlichen Afrika noch von Parteien regiert werden, die gegen die Kolonialmacht gekämpft haben. Sie seien überzeugt davon, dass sie der Freiheitskampf berechtigt, das Land für immer zu regieren. Auch würden sie nicht akzeptieren, dem Volk gegebenüber rechenschaftspflichtig zu sein.

Unsere Vorstellungen von Demokratie und Rechtsstaat treffen in Afrika oft auf Unverständnis. Viele Afrikaner haben sich verwundert die Augen gerieben, als im Zusammenhang mit straf- und zivilrechtlichen Verfahren Büros und Privaträume des ehemaligen französischen Premierministers Dominique de Villepin durchsucht wurden und der frühere Staatspräsident Jacques Chirac 2011 wegen Vorteilsnahme und Veruntreuung öffentlicher Mittel zu zwei Jahren Haft auf Bewährung verurteilt wurde. Selbstverständlich ging das strikt nach Recht und Gesetz. Aber manche afrikanischen Chefs glauben nicht an Gewaltenteilung. Politische Parteien in Afrika sind kein Instrument der politischen Willensbildung von unten. Sie bilden sich um eine prominente Persönlichkeit, zumeist auf ethnischer Grundlage, und organisieren sich straff von oben nach unten. Sie vermitteln oft weder eine ideologische Grundorientierung noch ein Programm für die Regierungsarbeit. Die »Opposition« in Kamerun nimmt ohne jeden Protest hin, dass die jeweilige Tagesordnung der Parlamentssitzungen vom Staatspräsidenten vorgeschrieben wird. Das Ducken vor Autoritäten ist zur Gewohnheit geworden und wird fatalistisch hingenommen. Die Chefs argumentieren mit einer Selbstherrlichkeit, die jede kritische Selbstreflexion vermissen lässt. Auch die Afrikaner berufen sich immer wieder auf die Demokratie. Auf einen ihrer wesentlichen Bestandteile, eine offene, kontroverse, demokratische Parlamentsdebatte, verzichten sie. Eine echte parlamentarische Opposition ist nicht vorgesehen. Wie es auch bei Gerhard Polt heißt: »Ich brauche keine Opposition, weil ich bin bereits Demokrat.«

Es war eine Sternstunde der amerikanischen Außenpolitik, als US-Präsident Barack Obama in Ghana im Juli, seine Außenministerin Hillary Clinton in Kenia, Angola, Kongo (Kinshasa) und Nigeria im August 2009 afrikanischen Regierungen in aller Klarheit ins Gewissen geredet haben. Beide erklärten unmissverständlich, dass Fortschritt verantwortungsvolle und Resultate hervorbringende Regierungen, demokratische Mitwirkung des Volkes, Ablehnung von Korruption und Verlass auf Rechtsstaatlichkeit voraussetze. Afrika brauche keine autoritären Führer, sondern starke Institutionen. Obama räumte ein, dass sich der Westen in der Vergangenheit nicht immer partnerschaftlich verhalten habe. »Aber der Westen ist nicht verantwortlich für die Zerstörung der simbabwischen Wirtschaft im vergangenen Jahrzehnt, oder für Kriege, in denen Kinder als Soldaten eingezogen werden«. Am 24. September 2009 wurde der amerikanische Unterstaatssekretär und Afrikabeauftragte Johnnie Carson noch deutlicher. Er schrieb 15 kenianischen Ministern, Abgeordneten und hohen Beamten, ohne ernsthaften Kampf gegen Korruption werde es künftig für die USA keine Visa mehr geben. Das trifft die Herren noch mehr als Obamas Rede. BBC nannte die Äußerungen Obamas »Tough love from a brother«. »Tough love« bedeutet, dass man jemanden etwas härter anfasst, um ihm oder ihr längerfristig zu helfen. Ich schließe nicht aus, dass der »Obama-Effekt« auch bei uns ein Umdenken bewirkt und künftig nur noch dort geholfen wird, wo die Regierungen sich ihren Bevölkerungen verpflichtet fühlen.

Autoritäre Herrschaftsstrukturen sind ein Hauptmerkmal vieler afrikanischer Staaten. Öffentliche Gewalt und die Person des Staatschefs (eine Staatschefin gibt es bislang nur in Liberia und Malawi) werden nicht auseinandergehalten. Staatliche Institutionen verschwinden hinter der Person des Staatschefs fast völlig. Die autoritären Regime schüchtern die Menschen ein. Selbst Minister erfahren ihre Ernennung oder Absetzung erst aus den Medien. Oft doziert der Staatschef, danach dürfen die Minister seine Worte in Reden an das Volk bekräftigen. Ein kluger Mann hat einmal gesagt: »Der Bürger eines europäischen Staates kann sagen: Der Staat bin ich, in Afrika ist man Untertan.« Noch ist Unrechtsbewusstsein oder Selbstzweifel bei afrikanischen Machthabern höchst selten. Sie setzen fest, was Recht ist, und haben infolgedessen, in Übereinstimmung mit sich selber, ein gutes Gewissen. Ihr Machtsystem beruht auf berechnender Verteilung von Gefälligkeiten und nicht auf einem gemeinschaftlichen Wohl. Es sind oft erfahrene Schauspieler, die raffiniert politische Komödie spielen. Sie beherrschen die hohe Kunst der Täuschung und Schmeichelei. Dabei sind sie selbstgewiss oder – noch schlimmer – von bemühter Ernsthaftigkeit. Das konnte ich oft mit eigenen Augen beobachten.

Autoritäre Regime schaffen missmutige Beamte und Angestellte. Eine Bürokratie, die sich aufs Quälen versteht. Warteschlangen sind bis heute ein Stück Alltag. Und so etwas prägt. Es prägt nicht nur den Antragsteller, der, zur Demutshaltung gezwungen, es nicht wagt aufzumucken. Es prägt auch den Bediensteten, der, in die Position des Mächtigen versetzt, seine Stellung gegebenenfalls auch zur Korruption ausnutzt.

Ob afrikanische Führer letztlich unsere Normen und Werte – die wir ja so gerne als global ansehen – übernehmen, bleibt abzuwarten. Für sie besteht vor allem die Gefahr, dass sie mit demokratischen Werten wie einer effektiven Opposition und regelmäßigen Regierungswechseln bei Wahlen vom Zugang zu den Ressourcen abgeschnitten werden. Doch wenn wohlmeinende westliche Wissenschaftler behaupten, dass nur wohlhabende industrialisierte Gesellschaften demokratiefähig seien, dann wird das den Afrikanern nicht gerecht. Es gibt auch in Afrika Beispiele dafür, dass es möglich ist, gegenüber politisch Andersdenkenden tolerant zu sein und echte Kompromisse zu schließen. Der ermordete Staatspräsident von Burkina Faso (1983–1987), Thomas Sankara, hat spektakulär bewiesen, dass es ein Motivations- und Mobilisierungspotenzial afrikanischer Verwaltung gibt. Er vervielfachte sicht- und messbar den Ertrag seiner Minister und Mitarbeiter allein dadurch, dass er gelegentlich überraschend und ohne protokollarischen Prunk in Büros und an Arbeitsplätzen erschien, ermunterte, kritisierte, positiv und negativ sanktionierte. Er lebte Nüchternheit vor, zwang seine Minister, in der Touristenklasse zu fliegen, und propagierte das Fahrrad und den Kleinwagen R4 als Verkehrsmittel.

Viele afrikanische Staaten sind nicht im entwicklungspolitischen Sinne, sondern politisch unterentwickelt. Die Machteliten nehmen ihre Verantwortung nicht wahr. Sie fragen sich nicht, warum ihr rohstoffreiches Land deutlich geringere Wachstumsraten ausweist als viele rohstoffarme Länder (das sogenannte Paradox of plenty). Schon Cicero wusste, dass es schlecht für den Staat steht, in dem die Bestverdienenden für die Besten gehalten werden. Demokratie und Elite schließen sich auch in Afrika nicht aus, vielmehr bedürfen sie einander wechselseitig, um gedeihen zu können. Aber es muss eine Leistungs-, eine Verdienst-Elite sein. Ein französischer Freund hat mir erzählt, dass er in Kinshasa, der Hauptstadt des Kongo, von dem Vater des Oppositionsführers eingeladen wurde. Während der Gastgeber von Lauterkeit und Anstand sprach kredenzte er mehrere Flaschen Chateau Pétrus, den Lieblingswein der Reichen und Schönen dieser Welt. Eine Flasche Pétrus kostet durchschnittlich 4000 Euro.

Marc Dugge, Leiter des ARD-Hörfunkstudios Nord- und Westafrika, hat im März 2011 unter dem Titel ›Kaviar in Afrika‹ den Reichtum auf dem Kontinent des Hungers untersucht. Er schätzt dass in Afrika 100000 Millionäre und zehn Milliardäre leben. Warum immer mehr zusammengerafft wird, erläutert der Präsidentenberater im Senegal, Mamadou Bamba N'Diaye: »Alles steht meistens auf tönernen Füßen. Jemand kann sehr reich sein – und wenn er stirbt, fällt alles in sich zusammen. Wir sind eine Konsumgesellschaft. Es fällt uns nicht leicht etwas aufzubauen. Alle die sie umgeben konsumieren. Sie müssen viel produzieren, um das auszugleichen. Der Reichtum hält meist nicht lange an.«

»Der Kongo hat nur dann eine Chance auf eine bessere Zukunft, wenn die internationale Gemeinschaft nicht versagt.« Diese Aussage von UN-Funktionären ist fatal, weil sie einmal mehr die zuständige Regierung von der Verantwortung für das Elend der Bevölkerung befreit und diese Verantwortung der internationalen Gemeinschaft zuweist. Der Kongo ist von der Natur verwöhnt und mit all seinen Bodenschätzen potenziell das reichste Land Afrikas. Der Kongo wird mit Hilfsgeldern regelrecht überflutet. Die Budgets der Weltbank und der Europäischen Union für dieses von Korruption und Inkompetenz ruinierte Land belaufen sich auf je ca. eine Milliarde Euro. Die Anarchie im Kongo perpetuiert unsägliche Armut. Da wird kaum ein Cent investiert, jedenfalls nicht in Straßen, Schulen, Krankenhäuser, sondern in privaten Überfluss, protzige Repräsentationsbauten oder Waffen. Die Kämpfe nicht nur im Kongo gingen und gehen in erster Linie um die enormen Rohstoffvorkommen. Eine Industrie vor Ort aufzubauen und die Menschen an den Rohstoffen verdienen zu lassen, würde den Konflikten die Grundlage entziehen. Das Land braucht eine Zentralregierung, die ein Gewaltmonopol durchsetzen kann und gleichzeitig den Willen hat, das Land zu entwickeln.

Es ist lächerlich, die Leistung der Entwicklungshilfe an den Ausgaben zu messen. Die Entwicklungshilfe-Industrie sollte an ihren Resultaten gemessen werden. Im Kongo und anderen Nehmerländern: Wie vielen armen Menschen ist zu einem besseren Leben verholfen worden? Experten in den Hauptstädten haben mangels differenzierter Ortskenntnis oft ein falsches Bild. Sie erliegen Fehleinschätzungen, weil sie das eng gewobene Geflecht von handfesten Interessen, politischen Machtansprüchen, rigorosem Durchsetzungsvermögen, korrumpierten Clanverpflichtungen und traditionellen Wertvorstellungen nicht durchschauen.

Die Staatsbesuche des ehemaligen Bundespräsidenten Horst Köhler in Afrika waren deshalb so erfolgreich, weil er seinen Aussagen, man müsse den Afrikanern in Augenhöhe entgegentreten, äußerst glaubhaft Ausdruck verlieh. Er sprach Probleme deutlich an, besuchte wie 2008 in Uganda die Richter des High Court und würdigte die Unabhängigkeit der höchsten Richter und ihren Beitrag zur Rechtssicherheit und damit zur Entwicklung des Landes. Das war für die Ugander etwas völlig Neues. Afrikanische Herrscher legen großen Wert auf Abstand zum Volk. Vom ehemaligen französischen Präsidenten François Mitterrand berichtet Jacques Attali in seinem Buch ›Verbatim I‹, er habe, als er danach gefragt wurde, welches die wichtigste Eigenschaft des Politikers sei, geantwortet: »Ich hätte gerne gesagt – die Wahrhaftigkeit; in Wirklichkeit ist es die Gleichgültigkeit.«

Diese Eigenschaft haben afrikanische Herrscher bis zur Perfektion kultiviert. Es gibt vielleicht keine Sonnenkönige mehr, doch in Afrika gibt es immer noch einige Chefs, die glauben, die Sonne drehe sich um sie. Wie sonst könnte ein Präsident, der seit Jahrzehnten an der Macht ist, glauben, es gehe nicht ohne ihn. Solche Menschen zehren davon, dass Afrikaner traditionell hohe Ehrerbietung für das Alter haben und dies auf die Politik übertragen. Sie setzen weiße Haare mit Weisheit gleich, mit Ehrlichkeit und Führungsstärke. Ronald Lauder, Erbe des Kosmetikkonzerns Estée Lauder, hat eine drastische Formulierung für den unbedingt turnusmäßigen Wechsel gefunden: »Politiker sind wie Windeln. Sie müssen regelmäßig ausgewechselt werden, und zwar aus dem gleichen Grund.«

African Ownership

Das Ownership-Prinzip, das bedeutet, dass Entwicklungsländer sich mit den jeweiligen Maßnahmen identifizieren und Eigenverantwortung übernehmen, steht in der Entwicklungshilfe heutzutage im Vordergrund. Es wird zu Lasten projektorientierter Hilfe bevorzugt. Aber wer die Leute in Afrika zum Lachen bringen will, muss nur von African Ownership sprechen. Ja, ja, Ownership gebe es schon, aber die sei vorrangig »private« und weniger »African«. Wir sollten das Gelächter der Armen in Afrika nicht länger überhören. Jeder wisse doch, dass das Chefpersonal über Dutzende von feinsten Immobilien in Europa, Kanada, USA, Hongkong und sogar Brasilien verfüge. Im teuersten Viertel von Paris heißt die Avenue Foch im afrikanischen Volksmund auch »Avenue des dictateurs« (Straße der Diktatoren).

In der Entwicklungshilfe-Administration gibt es fünf Kriterien für die Zusammenarbeit auf der Basis von Ownership:

1. Achtung der Menschenrechte
2. Rechtsstaatlichkeit und Rechtssicherheit
3. Beteiligung der Bevölkerung an politischen Prozessen
4. Marktfreundliche und sozial orientierte Wirtschaftsordnung
5. Entwicklungsorientierung des staatlichen Handelns

Aber die Situation in vielen Ländern Afrikas stellt sich folgendermaßen dar:

1. Steht auf dem Papier, und Papier ist bekanntlich geduldig.
2. Wird durch allgegenwärtige Korruption und einen schwerfälligen, unterbezahlten und wenig motivierten bürokratischen Apparat verhindert.
3. Findet allgemein nur auf Druck der Geber statt.
4. Ownership wird wörtlich genommen. Die Wirtschaftssysteme

arbeiten de facto auf eine Bereicherung der Eliten hin. Partnerleistungen werden nur zum geringen Teil und oft auch nur auf beharrlichen Druck der Geber erbracht. Zollfreiheit für Hilfsgüter muss unter diesen Umständen schon als Erfolg betrachtet werden.

5. Desinteresse am Wohlergehen der eigenen Bevölkerung herrscht vor. Der mangelnde politische Wille verhindert Fortschritte in der Armutsbekämpfung. Vorhandene oder zugesagte Mittel werden aufgrund mangelnder Kapazitäten nicht genutzt. Verwaltungsposten werden nicht nach Kompetenz, sondern nach Verwandtschaftsgrad besetzt. Schwerpunkte bei öffentlichen Ausgaben werden falsch gesetzt.

Das ist keine gute Bilanz. Sie bedeutet, dass die Gewährung von Hilfen in den meisten Ländern Afrikas zu keinem messbaren Erfolg führt. Die derzeit praktizierte »Ownership« erinnert an den berühmten Satz von Georg Christoph Lichtenberg von einem »Messer ohne Klinge, dem der Griff fehlt«. Wenn wir das nicht ändern, strafen wir die Bevölkerung für das mangelnde Interesse ihrer Regierungen an Armutsbekämpfung und Entwicklung und wir verlieren unsere Glaubwürdigkeit gegenüber der afrikanischen Administration und Politik. Die größte Herausforderung in den kommenden Jahren wird sein, die Entwicklungshilfe – dort wo notwendig und sinnvoll – so zu gestalten, dass nicht Gewinnmaximierung für wenige, sondern soziale Gerechtigkeit für alle das Ziel ist. »Diktatoren sollte der Geldhahn zugedreht werden«, so Prinz Asfa-Wossem Asserate, Großneffe des letzten Kaisers von Äthiopien. Es darf nicht so bleiben, wie es Dominic Johnson, der Afrika-Redakteur der ›taz‹, 2007 beschrieb: »In keinem Land der Region hat die aufstrebende junge Generation einen zufriedenstellenden Platz im politischen System gefunden. Vielmehr hat sie vielerorts den Eindruck, eine alte Generation verscherbele den nationalen Reichtum, um sich selbst zu retten.«

Der Kampf gegen Armut und Korruption sollte für jede Regierung oben auf der Agenda stehen. Erst wenn grassierende Probleme von Korruption und Amtsmissbrauch quasi als Vorleistung ernsthaft angepackt wurden, darf es noch mehr materielle Hilfe geben. Dazusitzen und auf Hilfe zu warten darf nicht mehr genügen. Es muss etwas getan worden sein, um zu zeigen, dass das Land Unterstützung verdient. Gute Regierungsführung bedeutet Rechenschaftspflicht und Transparenz des staatlichen Handelns. Der Respekt für universelle Menschenrechte und Rechtsstaatlichkeit sollte nicht verhandelbar sein. Heutzutage werden die Eliten von der Großzügigkeit des Westens fortgerissen. Sie wollen das, was ihnen angeboten wird, auch haben. Sie bekommen es und verharren in Gesellschaft allzu vieler Gleichgesinnter in Bequemlichkeit und Selbstzufriedenheit. Wir müssen aber in Zukunft den politischen Willen und die Einsicht der Staaten in ihre eigenen vitalen Interessen fördern.

Es spricht nichts dagegen, dass die Afrikaner ihren eigenen Weg finden, um die Art des Parlamentarismus, die Art des Regierungsaufbaus zu bestimmen. Es müssen ja nicht immer 65 Minister wie im Kongo und in Kamerun, 70 wie in Uganda, 75 wie in Ghana oder gar 94 wie in Kenia sein. Der Präsident von Kenia Mwai Kibacki erwartet Entwicklungshilfe und genehmigt sich gleichzeitig ein Jahresgehalt von 427 900 US Dollar. In Nigeria bekommt ein Senator jährlich sogar 1 Million Dollar. (Zum Vergleich: US Präsident Barack Obama verdient 400 000 Dollar). Niemand würde den »afrikanischen Weg« kritisieren, wenn sich die Regierungen an den Bedürfnissen der Armen orientierten und den Lebensstandard der Bevölkerung verbesserten. Es heißt oft, dass die afrikanische Vorstellung von Demokratie auf Konsens (»Palaver«) beruht, während wir den Mehrheitsentscheid bevorzugen. Bisher haben sich die autoritären Regime und kleptokratischen Herrscher weder um unsere Demokratievorstellungen noch die »afrikanischen Wertevorstellungen« gekümmert. Demokratie sollte auch in Afrika bedeuten: völlige Ehrlichkeit der Mächtigen gegenüber den Schwachen und radikale Sanktionen gegen Machtmissbrauch. Westliche Demokratien müssen nicht das einzig mögliche politische Modell in Afrika sein. Aber die führenden Politiker sollten eine Vorstellung von der Zukunft ihres Landes haben und davon, wie sie Wachstum und Jobs schaffen. Wenn ein gutes Wirtschaftsklima, transparente

Gesetzgebung und Zuverlässigkeit vorhanden sind, werden die Landeskinder stolz auf die Fortschritte schauen. Was dann zählt, ist die Leistung, die Initiative, der Elan, die Kreativität, mit der sich jeder Einzelne in die Interessen des Gemeinwesens einbringen kann. Jeder, der nach Afrika geht, um dort zu arbeiten, braucht eine gehörige Portion Optimismus und darf den Glauben an Veränderungen nicht verlieren. Alle, die in Afrika tätig sind, müssen aber auch etwas dafür tun, dass es nicht nur beim Glauben bleibt.

»Babysitting Africa«

Die Deutschen sind hilfsbereit und spenden gerne. Wer zu Spenden für notleidende Völker und Regionen, z. B. in Afrika, aufruft, kann sicher sein, dass er auf offene Ohren stößt. Man ist erschüttert von dem Elend, über das berichtet wird, und will helfen. Umso erstaunlicher ist es, dass die Frage, ob und wie Entwicklungshilfe wirklich hilft, auf so wenig Interesse stößt. Entwicklungshilfe wird ja ebenfalls durch die Bevölkerung finanziert, und sie wird ständig erhöht. Doch die schlechten Nachrichten aus Afrika werden nicht weniger. Da liegt es eigentlich auf der Hand nachzufragen, was mit diesem Geld geschieht, wofür es eingesetzt wird und was damit erreicht wird. Doch wer nach möglichen Fehlsteuerungen fragt, gerät unvermeidlich in einen Wirbelsturm der Erregungen, weil er die angeblich knappen Mittel gefährde, und muss sich zudem den üblichen Vorwürfen der Herzlosigkeit, des Rassismus usw. aussetzen. Offenbar gilt auch hier das Wort des Fußballphilosophen Fredi Bobic: »Man darf jetzt nicht alles so schlechtreden, wie es wirklich war.« Doch eine Inventur ist unvermeidlich.

Die Entwicklungshilfe, wie wir sie heute kennen, lädt zum Missbrauch ein. Korruption als private Vorteilsnahme auf Kosten des Gemeinwohls ist mir in fast allen Entwicklungsländern begegnet. Die Hoffnung, dass von den Geberländern, der Weltbank oder dem Internationalen Währungsfonds wirksam gegengesteuert werden kann, hat sich bisher nicht erfüllt. Aus diesem Grund ist es angebracht, gegenüber einigen Staaten in internationalen Foren die Gewährung von Entwicklungsleistungen zu behandeln, eine harte Sprache zu wählen und Entschiedenheit zu demonstrieren, Verstöße gegen Konditionen wie Rechtsstaatlichkeit und gutes Regierungsmanagement nicht weiter hinzunehmen. Schluss mit den schwarzen Limousinen und luxuriösen Domizilen in Europa für die Eliten und »Schluss damit, dass Schulen und Krankenhäuser nur auf dem Papier gebaut werden« (Maître Jean de Dieu Momo,

Jaunde). Die massive Korruption der Eliten bedeutet die Vernachlässigung der Entwicklung, verlängert das menschliche Elend und forciert den Niedergang Afrikas. Verpflichtende und nachprüfbare Auflagen müssen den Transferempfängern konsequent abverlangt werden.

Das Samariterverhalten des Nordens schwächt oder zerstört die Anreize der Empfänger zu eigenen Anstrengungen. Mit unserem Dauermitleid verstärken wir nur eine Sozialhilfementalität, die in manchen afrikanischen Staaten schon chronisch ist. Theorien wie die der Benachteiligung Afrikas wegen der Tropenlage sind wenig stichhaltig, andere Kontinente mit ähnlichen Problemen haben den Sprung geschafft. Die Entwicklung in Asien und Südamerika hat gezeigt, dass mangelnde Mittel nicht das Hauptproblem bei der Entwicklung Afrikas sind. Bei nüchterner Analyse müssen wir feststellen, dass es unrealistisch ist, die Verwendung von europäischen Steuergeldern ausschließlich der Willensbildung der Regierungen afrikanischer Länder zu überlassen. Ohne Druck der Geberorganisation geht es offenbar nicht. Der Begriff der Entwicklungs*zusammen*arbeit verschleiert, was in der Realität passiert. Trotz aller Partnerschaftsrhetorik endet die Zusammenarbeit bereits, wenn es um die Verpflichtung zur Einbringung von Eigenleistungen (contrepartie) geht. In 95 Prozent aller Fälle wird das jahrelange Ausbleiben der Beiträge (meist Sachleistungen) toleriert und dann schließlich als nicht eintreibbar abgeschrieben. Warum sollten sich die Empfängerländer also anstrengen? Solange man zulässt, dass sie keine Eigenleistung erbringen müssen, können solche Programme nicht von Erfolg gekrönt sein. Wenn man zulässt, dass Projekte viel zu lange Laufzeiten haben, bevor die zugesagten Mittel verloren sind, dann bleibt auch viel Zeit für Untätigkeit. Es kann auch nicht sein, dass immer nur die Geber auf die drängendsten Problemfelder wie die desolaten Gesundheits- und Bildungssysteme hinweisen.

Das bisherige System unserer Mittelvergabe sollte überdacht werden und in Zukunft an nachprüfbaren Kriterien der entschlossenen Eigenanstrengung und des »guten Regierens« ausgerichtet werden. Bürgerrechte und Demokratie sollten auch in Subsahara keine Fremdwörter mehr sein, die mühsam übersetzt werden müssen. Dabei geht es nicht darum, anderen Völkern formale Demokratiekriterien »aufzuzwingen«. Es geht darum, dass die Bevölkerung eines Landes darüber entscheiden können muss, ob sich seine Machthaber skrupellos oder verantwortungsvoll verhalten. Für ein undemokratisches Regime, das nicht die Unterstützung der Bevölkerung hat, ist das Risiko von Reformen viel zu hoch. Es wird sie vermeiden, um den Status quo nicht zu gefährden. Es ist nicht wichtig, ob die Regierungsform »Demokratie« genannt wird. Entscheidend ist, ob es »eine Kultur von Debatten, zulässiger Kritik, von zivilen Rechten und die Sorge über Ungleichheit jeder Art gibt«, wie es der britische Politikwissenschaftler Colin Crouch ausdrückt.

Regierungen, die in diesen Punkten Defizite haben, empfinden die Frage danach natürlich als Einmischung. Doch diese Haltung muss von den Geberländern nicht willfährig übernommen werden, nach dem Motto »Bloß niemandem wehtun!«. Auch auf anderen Politikfeldern wird es als selbstverständlich erachtet, den Einsatz und die Wirkung von Steuergeldern zu überprüfen. Die Geber haben durchaus das Recht zu sagen, an wen das Geld fließen soll und welche Politik damit verbunden werden soll. Ganz abgesehen davon, dass es Afrika erwiesenermaßen nicht hilft, wenn im Dienste einer guten Sache über die Wahrheit hinweggesehen wird. Nach 50 Jahren vergeblicher Entwicklungshilfe, die es nicht vermocht hat, die Entwicklungsländer auf ein angemessenes Wohlstandsniveau zu führen, ist es an der Zeit, dass die afrikanischen Regierungen endlich ihr Schicksal selbst in die Hand nehmen. Wie Rupert Neudeck in einem Interview mit dem Deutschlandfunk erklärte: »Wir sind nicht schuld am Elend Afrikas. Das sind zunächst einmal die Regierungen, und wir müssen die Regierungen wirklich am Portepee packen, damit sie endlich damit anfangen, für ihre Bevölkerungen das zu leisten, wozu Regierungen verpflichtet sind.«

Damit dies geschieht, muss auch eine Veränderung in den vielen Fassadendemokratien stattfinden. Machtversessenheit und Machtvergessenheit sind wahrhaftig keine rein afrikanischen Phänomene. Doch die Generation afrikanischer Politiker, die in den neunziger Jahren noch als Hoffnungsträger galten, beschäftigte sich vor allem damit, wie sie sich durch eine verfassungskonform gedrechselte Amtszeitverlängerung an der Macht halten konnte. Sie wollen ihre Macht ausbauen und ihren Reichtum mehren. Nach dem Ende des Kalten Krieges wurde auf Druck westlicher Geber, die ihren Hilfstransfer nun endlich an Bedingungen knüpfen konnten, eine Zeitbegrenzung in viele Verfassungen aufgenommen. Es gibt 54 afrikanische Staaten. 12 Staatschefs in Afrika sind mehr als 20 Jahre an der Macht. Den Rekord hielt der im Oktober 2011 verstorbene Muammar al-Gaddafi mit 42 Jahren. Drei Länder sind ohnehin Monarchien (Lesotho, Marokko, Swaziland). In neun Ländern gibt es für den Regierungschef keine Begrenzung der Amtszeit mehr (Ägypten, Äquatorialguinea, Gabun, Gambia, Kamerun, Tschad, Togo, Tunesien und Uganda). In 40 Ländern enthält die Verfassung eine Begrenzung der Amtszeit des Regierungschefs. Je näher die Staatschefs allerdings an das Ende ihrer Amtszeit kamen, umso mehr fürchteten sie den Verlust der Macht und sannen über die Aufhebung ihrer Begrenzung nach. Die Staatschefs von Burkina Faso (Blaise Compaoré), Gabun (Omar Bongo Ondimba), Guinea (Lansana Conté), Kamerun (Paul Biya), Uganda (Yoweri Museveni), Tschad (Idriss Déby Itno), Tunesien (Zine el-Abidine Ben Ali, von der sogenannten Jasmin-Revolution im Januar 2011 ins Exil gejagt) und Algerien (Abdelaziz Bouteflika) haben die Verfassungen entsprechend ändern lassen.

Ende August 2009 ließ sich der Sohn von Omar Bongo (siehe oben) Ali Bongo – nach dem Muster der Eyadema Familie in Togo – zum Nachfolger wählen. Er erhielt 41,7 % der Stimmen. Die Wahl war von Manipulationsvorwürfen überschattet. Die Pariser Tageszeitung ›Libération‹ schrieb am 4. 9. 2009 zu der hässlichen Seite der Macht in Gabun, die die Erneuerung der Eliten behindert: »Wird Frankreich abermals diesen Demokratie-Mummenschanz akzeptieren und die Betrügereien des Bongo-Clans gutheißen? Wie kann französische Diplomatie in dieser Weltregion, die dem Neokolonialismus entkommen will, noch glaubwürdig sein, wenn Paris Betrug und Gewalt schluckt?« Kamerun ist ein Schwerpunkt deutscher Entwicklungshilfe und bekam allein von Deutschland 1,4 Milliarden Schulden erlassen. Sein Präsident Paul Biya verbrachte im

September 2009 mit dem »erforderlichen Personal« seinen Urlaub in Frankreich. Der dreiwöchige Aufenthalt in 43 Suiten und Zimmern kostete nach französischen Medienberichten 900 000 Euro.

Auch der Staatschef des Niger Mamadou Tandja (71) hielt sich für unersetzlich. Er hatte jeden Widerstand gegen eine Verfassungsänderung gebrochen. Das Parlament hatte versucht, sich dem Projekt des Staatschefs zu widersetzen – es ist aufgelöst worden. Der Verfassungsgerichtshof hatte das Dekret über das Referendum für ungültig erklärt – seine Mitglieder wurden entlassen. Am 18. 2. 2010 wurde Tandja nach einem gewaltsamen Militärputsch festgesetzt. Die Verfassung wurde ausgesetzt und alle Verfassungsorgane aufgelöst. Das nigrische Militär hielt Wort und übergab im April 2011 dem legitimierten Präsidenten die Macht. Mahamadou Issoufou war als oppositioneller Kandidat gewählt worden. Nationale und internationale Beobachter bestätigten, dass die Wahl friedlich und fair verlaufen ist. Auch in Guinea besteht endlich Hoffnung. Zum ersten Mal seit der Unabhängigkeit 1958 wurde 2010 ein demokratisch gewählter Präsident vereidigt. Alpha Condé war vom ersten Präsidenten Sekou Touré (1958–84) zum Tode verurteilt und vom anschließenden Militärmachthaber Lansana Conté, der das Land bis 2008 regierte, 2 Jahre ins Gefängnis geworfen worden. Auch der Machtwechsel im Senegal im April 2012 ist erfreulich weil der Wahlverlierer noch in der Wahlnacht seine Niederlage zugab. Erwähnenswert ist es zudem, dass der Senegal bislang in seiner Geschichte ohne Militärputsch auskam.

Eigentlich bräuchten Politiker sich nicht so große Sorgen um den Amtserhalt zu machen. Ehrgeizige Nachwuchspolitiker können in Afrika immer wegen Korruptionsvorwürfen von öffentlichen Ämtern ferngehalten werden. In den Augen der Bevölkerung ist ohnehin keiner der Politiker frei von Korruption. Viele Afrikaner verstehen ihre Politiker schon lange nicht mehr. Viele haben aufgehört zu glauben, dass die Politiker ihre Probleme lösen können oder wollen. Auch daran muss sich etwas ändern, wenn eine echte Entwicklung stattfinden soll. Wenn die Verfassung nicht respektiert wird, gibt es auch keine Grundlage für die langfristige Stabilität einer Demokratie.

Bei Spiegel online fand ich im Jahr 2006 eine interessante Meldung: »Weil die Afrikaner selbst nichts dagegen unternehmen, hat die Boston University vor drei Jahren – und zwar ganz ohne sarkastischen Hintergedanken – eine Seminarreihe gegen die Tyrannei aufgelegt. Emeritierte afrikanische Diktatoren wurden aufgerufen, im Rahmen des ›Lloyd G. Balfour African Presidents in Residence Fellowship‹, Vorlesungen über die Staatskunst zu halten. Die Regierung in Washington hatte auch generelle Straffreiheit zugesichert. Nach den Teilnahmebedingungen durften aber nur solche Dozenten ans Pult, die ihre Diktaturen freiwillig beendet hatten. Das Echo war schwach. Als erster und einziger Gastprofessor qualifizierte sich Kenneth Kaunda, der langjährige Alleinherrscher von Sambia (1964 – 1991). Nur, er war einer von den sanfteren Diktatoren. Er hatte 27 Jahre regiert, dann demokratische Wahlen genehmigt und sie prompt verloren. Charles R. Stith, der Gründervater des Programms, sagte damals, man müsse Kompromisse schließen. ›Wir betreiben nicht die Kanonisierung von Heiligen.‹ Stith hätte auch Castro und Kim Jong-Il einen Lehrauftrag gegeben, obwohl sie geografisch und denkartlich beide nicht ins Programm passen. Nur auf die wichtigste Voraussetzung für die Erteilung des Lehrauftrags wollte er nicht verzichten: den freiwilligen Verzicht auf die Machtausübung.« Immerhin hatte Kenneth Kaunda die Einsicht des Verlierers in die Niederlage. Eine in Afrika seltene Tugend.

Korruption

In Kamerun sind die Reichen nicht die Unternehmer, sondern die Günstlinge des Regimes. Die miserable Platzierung des Landes auf dem Korruptions-Index von Transparency International ist nicht etwa nur eine abstrakte Zahl, sondern wird bei jeder Bewegung im Alltag fühlbar. Wenn man im Geschäftsleben ohne Korruption vorgehen will, läuft man Gefahr, zum Störfaktor zu werden. Eine Unterscheidung zwischen Privatem und Öffentlichem existiert kaum. Die Ausgabenkontrolle lässt zu wünschen übrig, insbesondere angesichts der unübersichtlichen Personalausgaben und zahlreicher Ad-hoc- und Ausnahmezahlungen. Als 2008 der französische Journalist Philippe Bernard in ›Le Monde‹ über die Korruption in Kamerun berichtete, war seine Kernaussage, dass 40 Prozent der Staatseinnahmen der Korruption zum Opfer fallen. Buchführung, Datenerfassung und externe Haushaltskontrolle gehören zu den schwächsten Teilen öffentlicher Finanzverwaltung. Alle, auch »kleine Leute« wie Polizisten, Funktionäre und Soldaten leben von Bestechungsgeldern und Erpressung. Sich auch nur auf der Straße zu bewegen ist teuer und muss an jeder Straßensperre von neuem erkauft werden. Illegale Straßenkontrollen erhöhen natürlich die Transportkosten.

Noch keine kamerunische Regierung hat es vermocht, die Bürger effizient und ohne Korruption und Vetternwirtschaft mit staatlichen Dienstleistungen zu versorgen, klagen die Kameruner. Anstelle von Regeln gibt es nur Beamte, die immer beweisen können, dass der Bürger im Unrecht ist, so lange, bis er genug bezahlt. Es gibt sogar Kameruner, die sich gerne an die autoritäre Ordnung der Kolonialzeit zurückerinnern, weil sie zumindest den Schein von Gerechtigkeit bot. Viele kamerunische Politiker haben ein Sonderbudget, das jeder parlamentarischen Überprüfung entzogen ist, und begegnen den von ihnen Regierten mit der Ansage: »Schnall dir mal den Gürtel enger, während du mir den Champagner holst.«

Während zahlreiche Kameruner der trostlosen afrikanischen Realität durch Flucht übers Meer entfliehen wollen, bauen die wenigen glücklichen Profiteure des Regimes ihre Privilegien ungefährdet aus.

Zahlen werden massiv manipuliert, um eine Einstellung der Entwicklungshilfe zu verhindern. Auch über unlautere Unternehmenspolitik (überhöhte Rechnungen oder Scheinfirmen, die Straßen aufgraben und Baustellen zwar einrichten, aber den Auftrag nicht ausführen) lässt sich Geld unterschlagen. Erst bei Millionen Dollar/Euro Fehlbeträgen wird eine offizielle Prüfung der ausländischen Organisation auf den Weg gebracht. Dann stellt man Managementfehler bei eben dieser Organisation fest. Das Ergebnis wird nicht veröffentlicht. Auch illegale Überweisungen an Stiftungen hoher Staatsrepräsentanten sind beliebt, natürlich für einen guten Zweck. Wenn das aufkommt, gibt es keine Konsequenzen. Falls dann doch einmal ein Verwendungsnachweis gefordert werden sollte, wird der Bericht, z.B. an den Global Fund, von den Profiteuren der Zahlungen selbst geschrieben. Würdenträger in Nigeria sollen seit der Unabhängigkeit (1960) die unvorstellbare Summe von nahezu 500 Milliarden US Dollar unterschlagen haben. Korruptionsfahnder fordern in zwei Fällen 139 bzw. 384 Milliarden US Dollar von ehemaligen Präsidenten zurück, die nicht namentlich genannt werden. Allerdings sind Korruptionsvorwürfe gegen andere mittlerweile auch das gängigste Mittel, sich selbst oder die Seinen an die Fleischtöpfe zu befördern.

Es gibt eine US-Studie über den Zusammenhang von Falschparken und Korruption in New York. Die dreistesten Parksünder mit diplomatischer Immunität stammen aus Ländern, in denen die Korruption besonders groß ist. Die US-Forscher Raymond Fishman und Edward Miguel erklärten dies so: »Der Akt des Falschparkens passt genau zur Standarddefinition der Korruption, dem Missbrauch von anvertrauter Macht für private Zwecke.« Leute reisen mit Koffern durch die Weltgeschichte, die Bargeld in Millionenhöhe enthalten. Ich weiß von einem Minister, der schon nach zwei Jahren im Amt zahlreiche Geldkoffer im Haus stehen hat. Über den Inhalt hat er nach Aussage seiner Ehefrau keinen Überblick mehr. Da bekommt Korruption schon fast surreale Züge.

»Viele Entwicklungsländer sind arm, weil sie korrupt sind.« Dieser Satz von Peter Eigen ist leider immer noch gültig. 1993 hat Peter Eigen Transparency International (TI) gegründet, als unabhängige Kontrollinstanz gegen die weltweite Korruption. Er war damals Vorsitzender einer Consultative Group in Kenia, in der sich Geberorganisationen der Entwicklungshilfe trafen. Bei der Evaluierung verschiedener Projekte hatte man festgestellt, dass sinnlose, umweltschädliche und teure Projekte die beste Chance hatten, verwirklicht zu werden. Die Ursache war Korruption. Dabei hatten sich Unternehmervertreter aus dem Norden mit einheimischen Interessenvertretern verbündet. Das wurde als normales Geschäftsgebaren, nicht als Korruption betrachtet: »Die Beschäftigung mit dem Thema Korruption war strikt untersagt, sowohl von der Führung der Weltbank wie auch von den sie tragenden nationalen Regierungen. Mehr noch: Korruption war in vielen Ländern wie auch in Deutschland bis 1999 sogar steuerlich gefördert. Es war üblich, ›nützliche Abgaben‹ in die Auftragssumme einzuberechnen.« (Peter Eigen)

Transparency International agiert weltweit und genießt heute großes Ansehen. Korruption ist in Deutschland immerhin auch nicht mehr steuerlich absetzbar. Unverständlich, dass Deutschland zu den wenigen Staaten zählt, die die UN-Konventionen gegen Korruption (UNCAC) von 2003 noch nicht ratifiziert haben. Wesentlicher Hintergrund für die ausbleibende Ratifizierung ist die unzureichende Regelung des Strafbestandes der Abgeordnetenbestechung. Afrikanische Staaten haben fast alle unterschrieben, aber die größte Schwäche des Abkommens ist bislang die fehlende Kontrolle. Allzu häufig sind immer noch Nachrichten zu lesen wie: »Afrikanischer Präsidentensohn kauft für 35 Millionen Dollar Luxusvilla im kalifornischen Malibu, während die Bürger des Landes von weniger als einem Dollar pro Tag leben.« (Spiegel online 2006) Afrikanische Präsidenten lassen sich bei Besuchen in Europa und den USA von einer Hundertschaft begleiten und sagen dann »Mein Land hungert«. Manche Spitzenpolitiker haben während einer überschaubaren Anzahl von Jahren Privatbesitztümer im zweistelligen Milliardenbereich angehäuft. Eine Heilung der Misere ist im

Interesse eines Rechtsstaates und zum Nutzen der afrikanischen Bürger nur durch radikale Transparenz, die die Geber verlangen müssen, zu erzielen.

Die Schäden, die durch Korruption entstehen, sind erheblich. Korruption erhöht die Transaktionskosten beim Aushandeln von Preisen für Güter und Dienstleistungen, Korruption verhindert eine marktkonforme Preisbildung, die im Ergebnis Knappheitsverhältnisse widerspiegeln sollte, Korruption zementiert Machtverhältnisse und Abhängigkeiten, wo Initiative und Engagement gefordert wären, Korruption reduziert öffentliche Einnahmen zu Gunsten privater Gewinne, Korruption schafft Unsicherheit und Misstrauen statt Berechenbarkeit und Verlässlichkeit, Korruption stellt die staatliche Legitimität in Frage, Korruption untergräbt die Voraussetzungen für wirtschaftliches Wachstum. Der Sinn von Korruption ist es, Politik zu pervertieren, also falsche Entscheidungen zu kaufen. Projekte werden mit dem Hintergedanken ausgesucht, wie viele Korruptionsgelder man verdienen kann. Daher ist es keine Einmischung, wenn wir die Korruption nicht akzeptieren und ein demokratisches Grundverständnis einfordern.

Zu behaupten, dass Korruption in Afrika ein bedauerliches kulturelles Phänomen und ein nicht lösbares Problem sei, ist eine Beleidigung der Afrikaner. Viele Länder sind arm, weil sich die Eliten dort nicht verantwortungsvoll verhalten. Eine Regierung, die es mit dem Kampf gegen die Korruption ernst meint und sich ein gesamtwirtschaftliches Wachstum zum Ziel setzt, muss die emotionale und moralisierende Ebene der persönlichen Anschuldigungen verlassen und den durch Korruption verursachten Schaden schätzen, beziffern und durchschaubar machen. Viele Afrikaner, auf der Straße angesprochen, würden ohne weiteres drei oder vier überzeugende Maßnahmen zur Korruptionsbekämpfung benennen können, die, den entsprechenden politischen Willen vorausgesetzt, von jeder afrikanischen Regierung sofort umgesetzt werden könnten und ohne Zweifel Wirkungen erzielen würden.

Noch heute sprechen die Kameruner voller Hochachtung von ihrem ersten Präsidenten Ahmadou Ahidjo. 1982 musste er aus gesundheitlichen Gründen zurücktreten. Er war dafür bekannt, dass er häufig durch das Land fuhr und sich für aufwendig gebaute Villen interessierte. Wenn etwa ein Präfekt oder Gouverneur zugeben musste, dass ihm in seinem Bezirk mehrere Anwesen gehören und er nicht erklären konnte, woher die Mittel kamen, ließ Ahidjo dem Betreffenden nur die Wahl, sich ein Haus auszuwählen und die weiteren Gebäude zugunsten der Staatskasse zu verkaufen. Es ist nicht erstaunlich, dass es zu Ahidjos Regierungszeit kaum Korruption gab. Die Folge: in den zwei Jahrzehnten seiner Regierung hatte sich der Lebensstandard der Kameruner verdoppelt, während er heute bestenfalls stagniert. Die Korruption hat verhindert, dass die umfassende Entschuldung des Landes ab 2006 nicht als Initialzündung für Wirtschaftswachstum und Armutsbekämpfung genutzt wurde. Es wurde nach einer von Belgien in Auftrag gegebenen Studie versäumt, in einer Zeit drastisch gesunkener Außenverschuldung bei gleichzeitig dramatisch gestiegener Erdöleinnahmen die Basis für einen nachhaltigen Aufschwung zu legen. Dies ist ein Beispiel wie in einem eigentlich wohlhabenden Land wie Kamerun ohne Not Chancen vergeben wurden.

Mehr Waffen als Wasserhähne

Wasserverschmutzung ist für den Großteil aller Krankheiten der Menschen in wirtschaftlich wenig entwickelten Ländern verantwortlich. Der Zugang zu Wasser sollte ausdrücklich als Menschenrecht anerkannt und abgesichert werden. Der Weltwasserrat hat auf dem Weltwasserforum von Mexiko im März 2006 erstmals eingeräumt, dass es ein »Recht auf Wasser« gibt. 2008 wurde in Anwesenheit von König Juan Carlos und UN-Generalsekretär Ban Ki Moon die ›Charta von Saragossa‹ verabschiedet, die fordert, den Zugang zu sauberem Trinkwasser als Recht in die internationale Gesetzgebung und in nationale Verfassungen aufzunehmen.

Für uns ist sauberes Trinkwasser eine Selbstverständlichkeit. Nicht so in Subsahara-Afrika. Außerhalb der Großstädte ist kaum eine Wasserversorgung vorhanden, die diesen Namen verdient. Meist wird das Trinkwasser Quelltümpeln entnommen, die mit verschiedenen Krankheitserregern verunreinigt sind. Das oft über lange, gefährliche Fußwege in Eimern herangeschleppte Wasser stellt die größte Gefahr für die Gesundheit der Landbevölkerung dar. Im ländlichen West- und Zentralafrika müssen die Menschen mit täglich fünf bis 20 Litern Wasser auskommen, die von Frauen und Mädchen mühsam von Brunnen oder Flüssen herangetragen werden. Viele Stunden des Tages verbringen sie damit, Wasser zu holen. Sie können diese Zeit nicht anderen nützlichen Aufgaben widmen. Sie sind auf diesen Wegen Gefahren für Leib und Leben ausgesetzt. Zwischen konkurrierenden Gruppen, Nomaden mit Viehherden und sesshaften Bauern, besteht Konfliktpotenzial.

In den Städten ist das Wasser oft durch Fäkalien verunreinigt. Die ungestüme und nicht geregelte Urbanisierung hat zum Kollaps der sanitären Infrastruktur, die oft noch aus der Kolonialzeit stammt, geführt. In Bata in Äquatorialguinea gibt es trotz gewaltiger Öl-Einnahmen, die allen 500 000 Einwohnern des Landes ein verschwenderisches Leben garantieren könnten, keine generelle

Wasserversorgung. Dafür gibt es einen Springbrunnengarten, der von einer hohen Mauer umgeben und abgeschlossen ist. Grund: Die Armen hatten dort Wasser gestohlen. Wasser ist für die Armen in Afrika immer noch ein Luxusgut. Der ungleiche Zugang zu Wasser spiegelt auch den Abstand der Eliten vom Volk in den Entwicklungsländern wider. Die politischen Führungskräfte können sich andere Hygienestandards leisten, sie haben Wasserreservoire und Filter und verbrauchen – neben Mineralwasser – im Schnitt 160 Liter sauberes Wasser pro Tag. Auf die Wasserversorgung der Bevölkerung, für die sie zuständig sind, kommen sie gerne in Sonntagsreden zu sprechen.

Aber auch Wassermangel ist kein Schicksal, sondern das Produkt des Versagens der politisch Verantwortlichen. Die niedrige Priorität, die Wasser und Sanitärwesen in den Entwicklungsländern beigemessen wird, spiegelt sich in den jeweiligen Staatshaushalten. Hier zeigt sich oft, wenn auch gelegentlich in den Budgets versteckt, dass für Waffen mehr Geld vorhanden ist als für Bildung, Gesundheit oder eben Wasserversorgung. So gibt es zum Beispiel im von Dürre geplagten Äthiopien bislang kein Forschungsinstitut, das sich mit Wasser beschäftigt.

Auch bei der Wasserversorgung gibt es positive Beispiele: Südafrika hat eine moderne Wassergesetzgebung geschaffen. Es hat in seiner Verfassung das Recht auf Wasser verankert. Auch Uganda hat mit seinen Umweltgesetzen Standards gesetzt, an denen sich viele afrikanische Staaten ein Beispiel nehmen könnten. Erfreulich ist das erfolgreiche Wassermanagement zwischen Südafrika und Lesotho. Das wasserreiche Königreich Lesotho liefert dem Nachbarn Wasser und erhält im Gegenzug dafür Energie. Ägypten hat mit energischen Maßnahmen gezeigt, dass man die Kindersterblichkeit um 60 Prozent senken kann, wenn man die offensichtlichen Probleme anpackt. Die deutsche Entwicklungshilfe hat in einigen Ländern einen Schwerpunktbereich »Wasser«. Allerdings lässt sie bei ihrem »Wasserressourcenmanagement« und der »städtischen Wasser- und Basis-Sanitärversorgung« den ländlichen Raum aus. Der Partner ist wie immer der Staat. Die notleidende Bevölkerung auf dem Land wird dadurch nicht erreicht.

»Big Oil«

Die Reaktion von »alten EZ-Hasen« auf die Entdeckung von Erdöl in Burundi: »Furchtbar, die haben doch schon genug Probleme.« Grundsätzlich war es in der Vergangenheit so, dass in Afrika Öl und Gas selten die Triebfeder für wirtschaftliche Entwicklung waren. Öl exportierende Entwicklungsländer sind 1962 bis 2002 nur um 1,6 Prozent gewachsen. Das Wachstum sämtlicher Entwicklungsländer betrug im gleichen Zeitraum 2,2 Prozent. Allein in Angola sind laut Global Witness zwischen 1997 und 2002 1,5 Milliarden US-Dollar »verloren gegangen«. Gegenwärtig nimmt Angola nach Medienberichten durch Öl 5 Milliarden US-Dollar pro Jahr ein. Diese Zahlen werden nicht veröffentlicht. Seit 2002 gibt es die EITI (Extractive Industries Transparency Initiative). Sie soll die Transparenz der Zahlungen bei der Förderung von Öl, Gas und anderen Rohstoffen erhöhen. Diese Gelder sollen auf nachvollziehbare Weise in die öffentlichen Haushalte gelangen und zur Armutsbekämpfung eingesetzt werden. Angola ist kein Mitglied der EITI.

Mehr als zwölf Jahre nach der Hinrichtung des Schriftstellers Ken Saro-Wiwa, der friedlichen und passiven Widerstand gegen die Ölpolitik des Militärdiktators Sani Abacha gefordert hatte, bestimmen heute zwielichtige Gestalten, die sich zwischen politischem Aktivismus und Wirtschaftskriminalität bewegen, die Situation im Nigerdelta. In Nigeria sollen dem Staat rund 80 Prozent der Einnahmen aus den Ölquellen zufließen. Etwa 16 Prozent entfallen auf Betriebskosten, nur 4 Prozent gehen an die privaten Ölgesellschaften Shell, Elf, Chevron, Exxon Mobil, Agip, Total, ENI. Von diesem Anteil bauen die »Big Oil«-Firmen noch Schulen, Krankenhäuser, verlegen Stromleitungen und erschließen Straßen, weil der Staat dort kaum einen Cent investiert. Straßenbau- und Straßenerhalt sind ein besonderes Problem in Afrika. Allerdings sollten die Ölkonzerne, die in Afrika investieren, auch nicht auf eine Umweltgesetzgebung warten, um die natürlichen Lebensgrundlagen zu erhalten. Hemmungslose Umweltverschmutzung im Niger-Delta raubt den Einwohnern durch Vergiftung von Boden und Flüssen ihren Lebensraum.

In Nigeria (»democrazy« nennen die Nigerianer die dortige Mischung aus Demokratie und Wahnsinn) leben trotz der märchenhaft hohen Öl-Einnahmen noch immer etwa 70 Prozent der Bevölkerung zum Teil weit unterhalb der Armutsgrenze. Weil zu wenige Raffinerien in Nigeria funktionieren, muss der Ölgigant sogar gelegentlich Benzin aus dem Ausland einführen. Da die Bevölkerung von dem ungeheueren Reichtum nicht profitiert, haben sich im Nigerdelta gut organisierte Diebe eine lukrative Einkommensquelle erschlossen. Die Ölpipelines werden angezapft. Öldiebstahl ist in Nigeria ein weit verbreitetes Phänomen, das sich zu einer regelrechten Industrie entwickelt hat. »Bunkering« heißt diese Art des Gelderwerbs, abgeleitet von dem englischen Begriff für große Tanks. Der tägliche Schwund soll sich auf rund 50000 Barrel belaufen und wird in die Nachbarländer geschmuggelt. Diese Art von Selbstbedienung ist allerdings auch sehr gefährlich für die Diebe. Bei Explosionen gibt es von Zeit zu Zeit mehrere Hundert bis zur Unkenntlichkeit verbrannte Opfer.

Im Nigerdelta hat sich überdies eine kriminelle Geisel-Industrie gebildet. Sie hat Fiberglasboote mit leistungsfähigen Außenbordmotoren. Allein zwischen dem 1. Juni und 10. Oktober 2007 wurden laut der River State Police in Port Harcourt 60 Personen, darunter auch ein 3-jähriges Kind entführt, um Lösegelder zwischen 80000 und 1,2 Millionen US-Dollar zu erpressen. Diese Art von Erpressung wird in Nigeria als »Weißes Gold« (»white gold«) oder »Jederzeit Geld« (»Any Time Money ATM«) bezeichnet. Port Harcourt verkommt nach und nach zur Geisterstadt, weil alle Nigerianer, die es sich leisten können, aus Furcht vor den Banditen – die bekannt sind – in andere Landesteile fliehen. Ausländische Firmen haben Port Harcourt weitgehend verlassen.

Korruption und Ineffizienz haben dafür gesorgt, dass die Armut trotz der enormen Öl-Einnahmen des Landes ein Massenphänomen geblieben ist. Interessengegensätze des mächtigen Politikestablishments werden mit Geld ausbalanciert. Als British Petrolium

(BP) im Jahr 2002 auf öffentlichen Druck hin seine Finanztransfers an Angola offenlegte, drohte die Regierung in Luanda damit, die bestehenden Ölverträge zu kündigen. Dies schreckte die 34 anderen im Lande tätigen Erdölfirmen davon ab, dem Beispiel von BP zu folgen. Nicht die Ölfirmen oder das vermeintliche neoliberale Diktat der internationalen Finanzorganisationen hemmen die Armutsbekämpfung in Afrika, sondern die Nachlässigkeit und Inkonsequenz der Entwicklungshilfeorganisationen, welche nicht auf den vereinbarten Reformen bestehen und es trotz schlechter Bedingungen nicht unterlassen, Geld in das Land zu pumpen.

Fußball

In Afrika gibt es phantastische Spieler, große Individualisten, eine überwältigende Mischung aus Dynamik und Spielfreude und massenhafte Begeisterung. Der Kontinent quillt vor Talenten nur so über. Etwa 1000 Afrikaner spielen weltweit in Profi-Ligen. Dennoch sind afrikanische Mannschaften bei den bisherigen Weltmeisterschaften über das Viertelfinale nicht hinausgekommen. Was ist der Grund?

Die afrikanischen Verbände stehen unter der Kuratel ihrer Regierungen. Diese mischen sich bis in die Mannschaftsaufstellungen ein. In Kamerun hat 2007 der Sportminister gegen den Willen des Verbandspräsidenten die Einstellung des Deutschen Otto Pfister als Nationaltrainer beschlossen. Eine gute Entscheidung. Otto Pfister ist ein hervorragender Kenner des afrikanischen Fußballs, war bereits achtmal Nationaltrainer in Afrika und erreichte 2008 das Endspiel bei der Afrikameisterschaft. Er begreift die Kultur und hat keine Probleme mit der Disziplin, denn er lässt den Kamerunern ihren Spaß am Spielen. Hier verbindet sich afrikanisches Improvisationstalent erfolgreich mit deutschem Perfektionsdrang. Im Mai 2009 kündigte Pfister allerdings fristlos, nachdem der Sportminister seine beiden kamerunischen Assistenten abgesetzt hatte.

Aber Fußball ist in Afrika auch immer Staatspolitik. Auf keinem anderen Kontinent werden Politiker beim Fußball so wichtig genommen – und umgekehrt. Auch fühlen sich Politiker besonders gern zum nebenamtlichen Nationaltrainer berufen. Durch den Eingriff der Politik ist die Autonomie des Sports nicht mehr gewahrt. Die Einflussnahme der Politik verletzt die Statuten der FIFA (Artikel 17). Nach mehreren Warnungen wurde Kenia 2006 vom Spielbetrieb für mehrere Monate ausgeschlossen. Auch der ehemalige Europameister Griechenland war erst wieder aufgenommen worden, nachdem die Regierung in Athen ihren Einfluss auf die Verbandsarbeit eingestellt hatte.

Medizinische Betreuung wird oft durch Zauberkraft ersetzt. Man vergräbt einen Fetisch auf dem Spielfeld, um böse Geister zu vertreiben. Trainer werden regelmäßig geheuert und gefeuert. Auch der Fußball ist keine korruptionsfreie Zone, im Gegenteil. So beklagen beispielsweise viele afrikanische Journalisten immer wieder die unverhohlenen Plünderungen der Verbandskassen und die persönliche Bereicherung durch die Spitze einiger Verbände. Die Spieler werden um ihre Prämien betrogen. Das Geld, das durch die WM-Teilnahmen verdient wurde, wird nicht in die Sportinfrastruktur oder Jugendarbeit investiert. Die Stadien in vielen afrikanischen Staaten sind in einem erbärmlichen Zustand. Claude Le Roy (ehemaliger Trainer in Kamerun, Senegal, Kongo, Ghana) sagte im Spiegel 2006: »Es funktioniert nichts. Wir haben jedes Mal Mühe, die Visa für die Spieler zusammen zu bekommen, die Flüge zu buchen, die Hotels. Manchmal verschwindet selbst die Auflaufprämie ... Seit 1985 hat sich nichts geändert. Sobald sich die professionelle Struktur herausbildet, versinkt sie schon wieder im Chaos ... Solange korrupte Ganoven alles bestimmen, bin ich absolut pessimistisch. Ich sehe keinen Fortschritt. Es ist eine Tragödie.«

Als 2004 Winfried Schäfer als Nationaltrainer von Kamerun entlassen wurde, waren die Besorgnisse bei der kamerunischen Regierung groß, dass dies die Beziehungen zwischen Kamerun und Deutschland trüben könnte. Ich konnte dem Generalsekretär der Regierung versichern, dass unsere Beziehungen durch eine sportpolitische Entscheidung nicht beeinträchtigt würden. Der Vorfall zeigt aber, wie hochpolitisch in Afrika Fragen der Fußballnationalmannschaft sind.

Die afrikanischen Verbandsfunktionäre können oft nicht planen und nicht organisieren, schon gar nicht langfristig. Der Mangel an Professionalität ist offenbar. Das Organisationschaos sorgt z. B. für miese Mannschaftshotels ohne Wasser zum Duschen. Wer als Europäer in Afrika trainieren will, braucht Gelassenheit und er muss kämpfen. Den afrikanischen Teams fehlt die Erfahrung aus regelmäßigen Vergleichen mit den besten europäischen und südamerikanischen Mannschaften. Dies muss sich ändern. Je öfter afrikanische Nationalmannschaften auf andere Spitzenteams treffen, desto schneller wird sich das Niveau angleichen.

Bei den Funktionären besteht ein enormer Mangel an praktischer Erfahrung im Umgang mit den Sportlern. Der Begriff der positiven Motivation ist weitgehend unbekannt. Es fehlt an einem gezielten Aufbau von Breitensport und auch an leistungssportorientierten Strukturen. Daher drängen bereits Jugendliche nach Europa. Dabei erweist sich Fußball als Träger nationaler wie auch kontinentaler Identität. Fußball gibt vielen jungen Menschen die Möglichkeit, sich zu entfalten und sich zu entwickeln. Allerdings versuchen dunkle Gestalten ohne FIFA-Lizenz mitzuverdienen. Tausende von afrikanischen Fußballtalenten werden von dubiosen Spielervermittlern unter Vernachlässigung von Schule und Ausbildung nach Europa gelockt. Aber die Traumkarriere eines Profis, der die Großfamilie ernähren kann, erfüllt sich selten. Hauptsache, die Vermittler verdienen mit. Wenn die Spieler scheitern, stehen sie vor dem Nichts. Das Engagement von Red Bull Salzburg und Feyenoord Rotterdam, in Ghana in Fußballschulen zu investieren, ist daher ein begrüßenswerter Versuch, Jugendspieler zu fördern und möglicherweise an den Profifußball heranzuführen.

Demokratie und Marktwirtschaft

Demokratie und Marktwirtschaft sind grundsätzlich überall geeignet, den Fortschritt zu fördern und aus der Armutsfalle zu entkommen. Nur in einer freien Marktwirtschaft gedeiht auch eine Zivilgesellschaft, die sich gegenüber dem Staat behaupten kann. In den meisten afrikanischen Staaten werden immer noch bis zu 80 Prozent der Wirtschaft vom Staat kontrolliert. Staaten wie Mauritius und Botswana und mit Abstrichen Südafrika, Ghana, Senegal, Ruanda und Benin haben positive Zeichen gesetzt und Fortschritte beim Aufbau von Land und Gesellschaft erreicht. Das gilt auch für den Kleinstaat Kap Verde, der in den 90er Jahren ein freies Mehrparteiensystem eingeführt und seither mehrere demokratische Machtwechsel erlebt hat. Staaten wie Ghana, Tansania, Mosambik, Benin, Burkina Faso und Mali sind auf dem Weg zu »guter Regierungsführung« und damit wirtschaftlicher und sozialer Entwicklung. Hier zeigt sich, dass Demokratie eine langfristige Aufgabe ist. Zwei friedliche Regierungswechsel (»two-turnover-test«) sollten es schon sein.

Der Bertelsmann Transformationsindex hat 125 Staaten untersucht und legt Stärken und Schwächen im Bereich guter Regierungsführung offen: »Aus empirischer Sicht lässt sich ein Erfolgsgeheimnis für das Gelingen von Entwicklungs- und Transformationsprozessen aufspüren: gute Regierungsführung oder ›good governance‹.« Good governance ist ein Schlüsselfaktor jeder funktionierenden Demokratie. Demokratische Systeme können nur dann erfolgreich agieren und ihre Legitimation stärken, wenn sie die an sie gerichteten Erwartungen erfüllen. So haben die ärmsten afrikanischen Länder insgesamt kaum Fortschritte erzielen können. In etwa einem Drittel aller Länder ist der Zustand der Staatlichkeit unverändert problematisch und behindert die Transformation grundlegend (www.bertelsmann-transformation-index.de). Im jährlichen Geschäftsklima-Index der Weltbank sind unter den 25 Staaten mit den schlechtesten Geschäftsbedingungen weltweit 20 afrikanische Staaten aufgeführt. Auch wenn es im realen Afrika hoffnungslos idealistisch klingt: Gutes Regierungsmanagement – sowohl politisch als auch ökonomisch – ist die Voraussetzung für eine Reduzierung der Armut. Die verheerenden Folgen der Vetternwirtschaft, Korruption und Hierarchien sind ein lahmgelegtes Wirtschaftsleben, ein schlecht funktionierendes Schul- und Bildungssystem, eine käufliche Justiz und keinerlei soziale Absicherung. Auch die beeindruckenden Wachstumszahlen Afrikas in den letzten Jahren haben wesentlich die Entdeckung und bessere Ausbeutung der üppigen Rohstoffe zum Hintergrund – weniger eine solide Ökonomie.

Afrika, reich an Rohstoffen, Energiereserven und Arbeitskräften, bleibt auch nach 50 Jahren Unabhängigkeit in Armut gefangen, weil Korruption, Inkompetenz, Misswirtschaft und fehlende Rechtssicherheit regieren. 1960, zum Zeitpunkt der Erlangung der Unabhängigkeit der meisten afrikanischen Staaten, betrug der Anteil Afrikas ohne Südafrika am Welthandel 9 Prozent, heute liegt der Anteil Afrikas am Welthandel nur noch bei 1,6 Prozent.

Demokratisierung heißt auch offene Haushaltsführung und Fiskaldisziplin. Würde es gelingen, die privaten Guthaben der Regierenden in den armen Ländern Afrikas von europäischen und amerikanischen Konten in die lokalen Wirtschaften zu transferieren, wäre die Armut auf einen Schlag besiegt. Wirtschaftswachstum ist notwendige Voraussetzung zur Schaffung von Wohlstand. Offizielle Entwicklungshilfe kann weder Quantität noch Qualität des privaten Kapitals ersetzen. Es kommt von alleine, wenn das Investitionsklima günstig ist. Dazu würde auch beitragen, dass die Geberländer statt ständiger Finanztransfers ihre Märkte öffnen. Die am wenigsten entwickelten Länder (engl. Least Developed Countries/LDC) – immerhin in Afrika 34 Länder – können aber bereits heute alle Waren zollfrei in die EU exportieren. Allerdings gibt es aus diesen Ländern bislang keine einfachen Industrieprodukte und nur wenige Agrarprodukte, die auf dem Weltmarkt verkäuflich wären. Erfreulich ist, dass die fragwürdigen EU-Agrarsubventionen 2013 abgeschafft werden sollen. Dann werden afrikanische landwirtschaftliche Produkte zumindest im intraregionalen Handel wettbewerbsfähiger. Unternehmen werden dort investieren und Arbeitsplätze schaffen, wo die Arbeit am effizientesten, kreativsten und auch am billigsten gemacht wird. Durch die Schaffung von Arbeitsplätzen, insbesondere für jüngere Leute, kann der Friede in Afrika gesichert werden. Doch warum sollte jemand in einem afrikanischen Land investieren, dessen Regierungsmitglieder alles Geld, dessen sie legal oder illegal habhaft werden können, an sich raffen und ins sichere Ausland schaffen?

Entwicklung hat etwas mit Kultur zu tun und kulturelle Werte entscheiden über den Wirtschaftserfolg. Alle Entwicklungsbemühungen aus dem Ausland laufen ins Leere, wenn die Logik dahinter mit dem örtlichen Gesellschaftssystem kollidiert. Deshalb sollten wir uns bei der Auswahl unserer Partnerländer auf diejenigen konzentrieren, deren Eliten und deren Regierung Reformen nicht als Bedrohung ihrer Privilegien begreifen.

Fünf Dinge sind es, auf die eine solche Regierung sich konzentrieren muss, um in den Genuss von Transferleistungen zu kommen und Anreize für Investitionen zu schaffen:

1. Sie muss in das Bildungssystem investieren.
2. Sie muss dafür sorgen, dass die Rechtssprechung funktioniert und die Eigentumsrechte garantiert sind. (Das afrikanische Bodenrecht kennt weitgehend nur Nutznießung, kein Privateigentum an Grund und Boden.)
3. Sie muss für eine gute Infrastruktur sorgen.
4. Sie muss ein funktionierendes Gesundheitswesen schaffen.
5. Sie muss die stabile Versorgung mit Wasser und Elektrizität garantieren.

Entwicklungshindernisse

Menschenrechtsverletzungen

Systematische politische Verfolgung findet in den meisten afrikanischen Staaten nicht mehr statt. Die Menschenrechte sind in fast allen afrikanischen Staaten auf dem Papier gewährleistet. Ihre effektive Durchsetzung leidet aber nach wie vor unter der Ineffizienz und Korruption von Verwaltung, Polizei und Justiz. In einigen Ländern (z.B. Kenia, Tschad, Niger, Algerien, Kamerun) kam es in der jüngeren Vergangenheit zu Übergriffen gegen Journalisten. Der politische Streit wird immer wieder mit Gewalt ausgetragen. Die Sicherheitskräfte sind häufig schlecht ausgebildet und zeigen vor den fundamentalen Rechten der Bürger wenig Respekt. Bei der Polizei steht nicht selten das Verdienen eines Zubrotes in Form von Bestechungsgeldern im Vordergrund. Die Bürger, zu deren Schutz die Polizei eigentlich da ist, fühlen sich durch sie oft noch zusätzlich bedroht. Das Bewusstsein, dass willkürliche Eingriffe ins Privatleben ein Problem darstellen, ist nicht ausgeprägt. Das Justizsystem ist oft nicht besser. Auch hier wird die Hand aufgehalten. Ein geschickt platziertes Bestechungsgeld entscheidet eher ein Gerichtsverfahren bzw. über Verurteilung oder Freilassung.

Dank einem GIZ Projekt werden die brutalen Praktiken inzwischen weltweit gegeißelt. Das französische Magazin ›Express‹ brachte sogar eine Titelgeschichte. Die kamerunische Regierung – auch die Frauen in der Führungsriege – sind an dem Thema nicht interessiert. Wie immer bei solchen unangenehmen Themen sagt man gerne: »C'est les choses des blancs« (das sind die Angelegenheiten der Weißen), und meint damit »was wollen die schon wieder. Was geht die das an, was wir mit unseren Frauen machen.«

Die Frauen sind abhängig von den Männern und haben einen schlechten Bildungsstand. Sie wissen über ihre Rechte und Möglichkeiten nicht Bescheid. Sie folgen der Tradition und üben brutale Praktiken wie die Klitorisbeschneidung oder das in Zentralafrika gebräuchliche »Breast Ironing« aus. Dabei werden die Brüste von jungen Mädchen auf qualvolle Art gerieben, um das weitere Wachstum zu bremsen und eine verfrühte Sexualität zu verhindern.

Im Menschenrechtsrat der UN werden die menschenverachtende Brutalität dieser Praktiken und die teils haarsträubenden Zustände heruntergespielt. Kein Wunder, denn Staaten mit zweideutiger Menschenrechtspraxis dominieren den Rat. Diese Staaten betrachten die westlichen Forderungen nach Einhaltung von Menschenrechten als ein politisches Werkzeug der Willkür. Wenn es Kritik gibt, wird der Mangel an Respekt vor der »anderen Kultur« beklagt. Afrikanische Präsidenten schauen gerne weg, wenn in Afrika Menschenrechte mit Füßen getreten werden. Die meisten Staatschefs Afrikas rechtfertigen die Einschüchterung Andersdenkender und die Behinderung der Presse gerne mit einer nebulösen Staatsräson. Bei dem Afrika-EU-Gipfel in Lissabon im Dezember 2007 tauchten in den Reden des Präsidenten der Afrikanischen Union, John Kufuor, Staatspräsident von Ghana, Menschenrechte überhaupt nicht auf. Auf der gleichen Veranstaltung ließ der 2012 abgewählte Staatspräsident des Senegal, Abdoulaye Wade, die deutsche Bundeskanzlerin wissen, man habe keine genauen Informationen über Simbabwe. Das Land sei nicht im Niedergang. Das Flüchtlingselend und die Hungersnot waren für ihn nicht von Interesse. Es überwog die Solidarität mit Mugabe, dessen Nimbus als Freiheitskämpfer gegen die Weißen weiter wirkt. Präsident Wade interessierte auch nicht, dass in Simbabwe die Frau seines Freundes, First Lady Grace Mugabe, das außerordentlich ertragreiche Diamantenfeld von Marange nahe der Grenze zu Mosambik als Privatbesitz ausbeutet.

Ob eine Politik hinter verschlossenen Türen mehr für die Menschenrechte erreichen kann als öffentliche Auftritte, sei dahingestellt. Der ehemalige Oppositionsführer und jetzige Premier in Simbabwe, Morgan Tsvangirai, bezeichnet jedenfalls die Vermittlung des südafrikanischen Präsidenten Thabo Mbeki als »Papier-Diskussion ohne Inhalt«. Klare politische Willensbekundung und stille diplomatische Taktik können sich jedoch ergänzen. Das eine funktioniert nicht ohne das andere. Nur Druck von außen kann die Prozesse in Afrika beschleunigen und somit helfen, extreme

Ungerechtigkeiten zu verhindern. Die Machthaber müssen sich an internationalen Standards messen lassen. Auch wenn sie derzeit auftrumpfen, weil die Chinesen keine lästigen Fragen stellen und keine Skrupel haben bei der Ausbeutung der Bodenschätze. Man kann nicht vom Westen unablässig mehr Hilfe verlangen, über eklatante Verletzungen von Menschenrechten z. B. in Simbabwe und im Sudan aber den Mantel des Schweigens breiten. Durch den regelmäßigen politischen Dialog im Rahmen des Cotonou-Abkommens wird zumindest langsam ein Bewusstsein dafür geschaffen, dass Menschenrechte alle angehen.

Der Menschenrechtsschutz ist eine westliche Idee. In verschiedenen Kulturräumen gab und gibt es unterschiedliche Auffassungen von Menschenrechten. Das hat man mir in Afrika immer wieder deutlich zu verstehen gegeben. Aber das ändert nichts an dem universellen Anspruch, den wir vertreten müssen. Wir können nicht hinnehmen, dass Menschenrechte, die wir für eine Grundlage menschlichen Zusammenlebens halten, mit Füßen getreten werden. Wir werden unglaubwürdig, wenn wir über Wert und Würde des Menschen reden und im Grunde doch hinnehmen, was in Afrika geschieht. Wir müssen prinzipientreu und selbstbewusst auftreten. Das allein beeindruckt. Wir sollten uns ein selbstbewusstes Afrika wünschen, das sich ohne die üblichen Abwehrmechanismen mit dem Thema Menschenrechte befassen kann.

Mangelndes Zeitgefühl und Ineffizienz

Im Westen wurde das Arbeiten nach der Uhr mit der Industrialisierung allgemein verbindlich. Die Arbeitsorganisation des Industriesystems forderte Pünktlichkeit. Das hat dazu geführt, dass heute nicht nur die Arbeit, sondern auch die Freizeit minutiös geplant werden, ein Phänomen, das viele beklagen. In Afrika kann man ein völlig anderes Zeitgefühl beobachten. Afrikaner leben nach einem eigenen Rhythmus. Es gibt ein inneres Widerstreben, Zeit als etwas zu sehen, das verrinnt oder gar verschwendet werden kann. Zeit ist etwas Gottgegebenes, das es nicht zu nutzen, sondern zu verbrauchen gilt. Dies wird nicht nur von Afrikanern, sondern auch von Entwicklungshelfern und anderen Menschen, die dort leben, als größere Freiheit wahrgenommen. Afrikaner machen sich darüber lustig, wenn Europäer Pünktlichkeit als eine Form von Höflichkeit bezeichnen.

Das hat jedoch auch seine Schattenseiten, denn diese Haltung führt dazu, dass man sich ungern im Voraus festlegt und plant. Die Uhr bekommt den Charakter eines Kontrollinstruments. Bei der Arbeit unterwirft man sich kaum einem Zeitmaß. »Arbeit« und »Freizeit« werden nicht streng voneinander getrennt. Das gilt auch für die Eliten. Es gibt in der Regel keine konsequente und zielorientierte, d. h. sinnvolle Nutzung der zur Verfügung stehenden Zeit. Die Einstellung zu Terminen ist lässig. Die Verschwendung von Zeit und die zu kurzfristigen Zeitperspektiven bei den Eliten sind mit ein Grund für die Rückständigkeit. Pünktlichkeit bei der Arbeit und deren Kontrolle – wie durch die damaligen Staatspräsidenten Sankara (Burkina Faso) und Kountché (Niger) – erregen großes Aufsehen. Unpünktlichkeit wird auch bewusst als Mittel eingesetzt, um den eigenen Status zu betonen und an die eigene Wichtigkeit und Macht zu erinnern. Veranstaltungen etwa beginnen erst, wenn der protokollarisch wichtigste Teilnehmer eingetroffen ist – wann auch immer das sein mag. Doch es besteht ein Zusammenhang zwischen Pünktlichkeit und Effizienz. Das mangelnde Zeitgefühl führt zu einer statischen und nicht zu einer dynamischen Lebenseinstellung. Wenn sich die Entwicklungsländer über Geschenke von Kapital und Know-how hinaus aus eigener Kraft auf einen höheren Lebensstandard zu bewegen wollen, wird ihnen die wenigstens teilweise Übernahme westlichen Zeitdenkens nicht erspart bleiben. Dass das möglich ist, zeigen leistungsorientierte afrikanische Emigranten, die den westlichen Arbeitsstil übernehmen und damit erfolgreich sind.

Zum wirtschaftlichen Erfolg gehören Disziplin und Zuverlässigkeit sowie eine verlässliche und gut organisierte Verwaltung. Die Bürokratie in Afrika hat viele üble Wesensmerkmale europäischer Bürokratie übernommen, ohne die entsprechende Effizienz zu bieten. Das ist katastrophal in Verbindung mit weit verbreitetem Fatalismus, Absentismus, d. h. dem gewohnheitsmäßigen Fernbleiben vom Arbeitsplatz, und Gleichgültigkeit. Die Inkompetenz der Bürokratie wird dadurch noch verstärkt, dass sehr viele Stellen nicht nach Ausbildung und Qualifikation, sondern nach dem Verwandtschaftsgrad des Stelleninhabers mit demjenigen, der über die Stelle zu entscheiden hat, besetzt sind. Das »système débrouille«, das System des »Durchwurstelns« herrscht allenthalben. In Kairo braucht man, wie Hernando de Soto mit seinem Instituto Libertad y Democrazia herausgefunden hat, 549 Arbeitstage, um eine Bäckerei zu registrieren. 33 Ämter sind beteiligt. Zahlreiche ähnliche Beispiele traf de Soto in jedem Entwicklungsland an. Nur eine kleine Schicht, gut vernetzt und wohlhabend, entzieht sich der Bürokratie durch Schmiergelder, Beziehungen und Anwälte und kommt so zu ihrem Recht. Die Armen sind gezwungen, die Gesetze zu brechen, und arbeiten im informellen Sektor. Die staatliche Verwaltung ist zum puren Selbstzweck und zur reinen Einkommenssicherung verkommen.

Doch schlechte Institutionen korrespondieren mit strukturellen Fehlentwicklungen und ökonomischer Rückständigkeit. Wenn beispielsweise Eigentumsrechte nicht hinreichend sicher sind, gibt es wenig Anreize, in physisches und Humankapital zu investieren oder innovativ zu sein. Wir müssen diejenigen in Afrika unterstützen, die dafür sorgen wollen, dass sich dort eigene Wirtschaftskreisläufe und wirtschaftliches Denken entwickeln. Am Beispiel der Blumenindustrie in Kenia, Uganda und Ruanda kann man sehen, dass es in Afrika sehr wohl ein international erfolgreiches Unternehmertum gibt, wenn die Rahmenbedingungen einigermaßen stimmen. Mit etwa 70 000 Beschäftigten ist beispielsweise die Flora-Industrie der zweitgrößte Arbeitgeber Kenias. Schockgekühlte Blumen werden zu den niederländischen Blumengroßmärkten geflogen. Rund zwei Drittel aller Rosen in deutschen Vasen kommen aus Kenia. Die Veränderung des institutionellen Rahmens ist in Afrika eine der grundlegendsten Aufgaben, die es heute zu bewältigen gibt. Dennoch findet die Gestaltung von Institutionen nicht die notwendige Aufmerksamkeit im politischen Prozess.

Verschwendung und Missbrauch der Ressourcen

Wenn ein Land nicht in der Lage ist, vernünftig und verantwortungsvoll mit seinen Schätzen umzugehen, dann werden die Ressourcen zum Fluch. Das kann auch mitten in Europa geschehen, wie das Beispiel der Niederlande zeigt. Dort wurde in den 70er Jahren Erdgas entdeckt. Das Ergebnis war die sogenannte Dutch Disease, die holländische Krankheit. Der unerwartete Reichtum lähmte und verführte zur Verschwendung. Die Industrie wurde vernachlässigt, ebenso die Investitionen in die Zukunft.

In Afrika ist das die Regel. Schon heute werden mehr als 60 Metalle und Nebenprodukte vor allem in West- und Zentralafrika extrahiert. In Afrika liegen nach seriösen Schätzungen 30 Prozent aller mineralischen Vorkommen und 90 Prozent der Weltreserven an Platin. Diese immensen Bodenschätze haben – mit Ausnahme von Botswana – nicht dazu geführt, dass die Gesellschaften in Afrika sich entwickeln, sondern dazu, dass sie zurückgeblieben sind. Die mit Hilfe von »Raubtierkapitalisten« (Helmut Schmidt), insbesondere aus den USA und China ausgebeuteten Ressourcen erzeugen Reichtum für Einzelne und ansonsten Korruption und Blutvergießen. Viele der ärmsten Länder Afrikas sind reich an Bodenschätzen, z.B. Nigeria, Kongo, Angola, Guinea und Äquatorialguinea. Sie verfügen unter anderem über einige der größten Vorkommen an Öl, Gold, Diamanten, Kupfer, Bauxit, Mangan, Koltan, Nickel, Platin, Kobalt, Radium, Titan, Phosphaten und Tropenhölzern. Aber die Länder werden seit ihrer Unabhängigkeit schlecht regiert. Trotz der hohen Einnahmen haben sie es bislang nicht vermocht, ihre Bevölkerung zu einem bescheidenen Wohlstand zu führen, sondern nur zu noch größerer Armut. Das Geschäft mit Kongos natürlichen Ressourcen hat zur Finanzierung eines der grausamsten Kriege beigetragen. Alle Kriegsparteien haben mit den Bodenschätzen windige Geschäfte gemacht und sich bereichert.

Wir dürfen die korrupten Kostgänger der dortigen Regime nicht als unvermeidbaren Bestandteil des Lebens hinnehmen. Solange wir mit diesen Ländern Zweckfreundschaften pflegen und damit die Ausplünderungspolitik unterstützen, wird die Korruption nicht aufhören. Es ist Rassismus zuzusehen, wie diese Regime das Elend und den Tod von Zehntausenden und Hunderttausenden in Kauf nehmen. Denn in der Tat würden wir dabei weniger unbeteiligt zusehen, wenn es weiße Menschen wären. Es gibt nur eines, was in solchen Fällen politisch korrekt ist: unsere Hilfe an strikte Auflagen zu binden. Sie können das afrikanische Elend mildern. Wenn wir das nicht bald tun, werden die Migrationsbewegungen weiter rasant anwachsen und die allgemeine Brutalität in den Entwicklungsländern wird weiter fortschreiten.

Wir müssen so weit kommen, dass wir nur noch demokratische und rechtsstaatlich organisierte Staatswesen unterstützen. Botswana hat gezeigt, wie es geht: Die Einnahmen aus dem Diamantenexport fließen in einen Fonds, in dem ein Teil der Einnahmen zur Verwendung für spätere Generationen »eingefroren« wird. Für einen solchen Fonds benötigt man jedoch ein demokratisches Musterland wie Botswana. Auch der Tschad hatte ein als beispielhaft gelobtes Abkommen mit der Weltbank geschlossen. Danach sollten zehn Prozent seiner Öleinkünfte in einem »Zukunftsfonds« für künftige Generationen zurückgehalten werden. Allerdings wurde das Abkommen nur wenige Monate eingehalten. Das Regime in N'Djamena wollte das Geld lieber für Waffen und laufende Gehaltszahlungen ausgeben. Der Tschad ist kein demokratisches Musterland.

Auch in Uganda klaffen zwischen Worten und Taten immer noch erhebliche Lücken. Die dortige Regierung hat während der Hungerkrise in Ostafrika für 740 Millionen Dollar sechs hochmoderne russische Jagdbomber gekauft. ›Die Presse‹, Wien, zitierte am 26.07.2011 ugandische Journalisten, die den Kaufpreis als »korruptionsbedingt« hoch bezeichneten. Außerdem rechneten sie vor, dass »mit der Kaufsumme die 23 000 Lehrer Ugandas 15 Jahre lang mit dem für sie landesüblichen Gehalt von 160 US Dollar pro Monat bezahlt werden oder – angesichts der aktuellen Hungerkrise – 1700 Kleinspitäler eingerichtet werden könnten.«

Migration, »Brain drain« und vernachlässigte Hochschulbildung

Viele Afrikaner sehen in Europa ein Eldorado. Das überall empfangene Satellitenfernsehen hat mit verführerischen Bildern ihre Wahrnehmung geprägt. Die Gründe, die Heimat zu verlassen, sind vielfältig. Das höhere und sichere Einkommen im Norden steht entgegen der landläufigen Annahme in zahlreichen Untersuchungen keineswegs an erster Stelle. Es sind vor allem die Unsicherheit für sich und die Familie, die fehlende Möglichkeit der professionellen Weiterbildung und Karriere, schlechte Arbeitsbedingungen, Mangel an Schulen und Krankenhäusern.

Afrikanische Staatschefs lassen ihre Universitäten verkommen. Meist steht weniger Geld zur Verfügung als für die Präsidialverwaltung. Auf unserem Nachbarkontinent werden die Studierenden nicht so gefördert, dass die Begabten zu der ihnen angemessenen Leistung finden können. Lange ist es her, dass Absolventen der Universitäten Dakar und Jaunde stolz ihre Diplome zeigten. Bildung – nicht nur die Hochschulbildung – ist jedoch die Fahrkarte aus der Armut. Ohne Bildung kann man nicht abwägen und sich ein Urteil bilden. Das ist mit ein Grund dafür, dass Entwicklungsprojekte vorrangig in den Hauptstädten der Geber entwickelt werden. Bislang hat nur Eritrea Hilfsangebote grundsätzlich abgelehnt – als Anschlag auf die Selbständigkeit. Doch in Afrika gibt es viele ausbildungsbereite und bildungshungrige Menschen, die ihre Lebenschancen suchen. Weil Möglichkeiten für eine solide Ausbildung mehr und mehr fehlen, verlassen viele junge Afrikaner ihre Heimatländer und kehren häufig nach der Qualifizierungsphase nicht zurück. Afrikanische Regierungen haben kein Interesse an ihnen. Offenbar sind Lernfähigkeit, Dynamik und Innovation nicht immer erwünscht, schon gar nicht, wenn korrupte Eliten ihre Besitzstände vor dem Neuen und vor der Konkurrenz im eigenen Lande schützen wollen. Afrikanische Studenten haben große Probleme, in ihren Heimatländern unterzukommen, und versuchen in Europa oder den USA eine Anstellung zu finden.

Jahr für Jahr verliert Afrika tausende von Hochschullehrern, Ärzten, Ingenieuren und Intellektuellen, weil sie in ihren Heimatländern an ihrer beruflichen Entfaltung gehindert werden und weil ihnen Europa und die USA bessere Arbeitsbedingungen und lukrative Stellen bieten. In weniger als zwei Jahrzehnten hat Afrika ein Drittel seiner Wissenschaftler verloren. Allein etwa 20 000 Ärzte und Pflegekräfte verlassen pro Jahr Subsahara-Afrika. Von den reichen Ländern werden Fachkräfte abgeworben. Der Mangel an qualifizierten Wissenschaftlern, etwa an afrikanischen Universitäten oder in Unternehmen, wird immer gravierender.

Kaum einer verlässt gerne die Heimat. Viele leistungswillige und leistungsfähige Afrikaner würden gerne ihre Arbeitskraft und ihre Ideen in den eigenen Staat investieren, aber bei der momentanen Verfassung vieler Länder sehen gerade besonders engagierte junge Menschen keine Zukunft in ihrem Land. Oft müssen sie dort andere Arbeiten tun als die, für die sie ausgebildet und begabt sind. Sie wollen ein Leben mit mehr Freiheit und Chancen. Viele Auswanderer stammen nicht aus den unteren sozialen Schichten. Vielmehr sind es die Jungen, Gebildeten und Leistungsfähigen, die gehen, zumeist weil ihnen die berufliche Perspektive in ihrem Heimatland fehlt. Das gesellschaftliche Problem der rebellierenden Jugend wird so »außer Haus« geschafft, statt die Lebensverhältnisse so zu verbessern, dass die Menschen ihre Heimat nicht verlassen wollen. Aber auch die sogenannten reichen Länder sollten keine Fachkräfte aus Afrika abwerben, wo Ärzte und Krankenschwestern dringend gebraucht werden. Es darf nicht sein, dass auf den britischen Inseln mehr Ärzte und Krankenschwestern aus Ghana tätig sind als in Ghana selbst.

Der Verlust von Wissenschaftlern, Ingenieuren, Ärzten (jeder vierte afrikanische Arzt arbeitet im Ausland) hat verheerende Folgen für die Wirtschaft sowie das Bildungs- und Gesundheitssystem. Allein aus Uganda wanderten in letzter Zeit 500 Ärzte und Krankenschwestern ab – in arabische Staaten, nach Europa. Aber auch nach Südafrika orientieren sich Mediziner aus Subsahara, da sie dort leistungsgerecht bezahlt werden. Die Auswanderer schicken zwar auch viel Geld nach Hause. Eine auf Überweisungen dieser Art spezialisierte Firma wie Western Union boomt seit einigen Jahren. Dies ist aber das Gegenteil von Entwicklungshilfe. Für eine Entwicklung aus eigener Kraft ist es unbedingt erforderlich, dass die gut Ausgebildeten in der Heimat leben wollen. Und es ist absurd, dass Europäer, Amerikaner und Japaner die fehlenden Landwirtschaftsexperten, Ärzte, Biologen, Ingenieure, Wissenschaftler und IT-Fachleute ersetzen. Es wäre sinnvoll, die Zuwanderung von Fachkräften aus Entwicklungsländern zu begrenzen und stattdessen dafür zu sorgen, dass sie in ihren Heimatländern arbeiten können.

Der andauernde Zustrom von illegalen Einwanderern aus Schwarzafrika nach Europa geht auch auf den lange Zeit großzügig gehandhabten Umgang der spanischen und italienischen Regierung mit illegalen Einwanderern zurück. Durch die Gewährung des Aufenthaltsrechts für mehr als 700 000 illegal eingereiste Ausländer hat die spanische Regierung in den vergangenen Jahren selbst einen Anreiz für den Ansturm geschaffen. Die jungen Afrikaner sind gut informiert. Sie kennen die »Regeln« von Landsleuten, die vor ihnen nach Europa kamen. Derartige Nachrichten werden in Windeseile von Radio France Internationale, BBC und afrikanischen Sendern auf dem Kontinent verbreitet. Aufgrund der Rechtslage in Spanien sind die Auffanglager für Immigranten fast gleichbedeutend mit einem künftigen Arbeitsaufenthalt in Europa. Ausweisungsbescheide werden selten vollstreckt. Manche können nicht vollstreckt werden, da die Immigranten absichtlich ohne Papiere angekommen sind. Es ist auch eine Goldgrube für »Menschenschmuggler«, denn es sind nicht die Ärmsten, die die lebensgefährliche Reise wagen. An der illegalen Einwanderung verdient die organisierte Kriminalität gut. Ein Schleuser kann, wie der franko-beninische Journalist Serge Daniel ermittelt hat, derzeit zwischen 1000 und 8000 Euro pro Person verlangen.

Es gibt die These, dass Entwicklungshilfe für Afrika die Lösung des Migrationsproblems darstellt. Davon kann bisher keine Rede sein. Diese These wird durch die Realität widerlegt. Solange große Teile der Entwicklungshilfe weiter in den Taschen politischer Funktionsträger der Entwicklungsländer verschwinden und kaum jemand im eigenen Land investiert und dadurch Arbeitsplätze schafft, wird sich das auch nicht ändern. Dafür kann man nicht die Industrieländer und ihre fälschlicherweise immer wieder als Almosenpolitik bezeichnete Entwicklungshilfe verantwortlich machen. Die Verantwortung für Erfolg oder Scheitern der Entwicklung liegt zuallererst bei den Afrikanern selbst, deren Regierungen vor allem Armut schaffen. Viele Regierungen haben noch nicht verstanden oder wollen nicht verstehen, dass man ein Land nicht entwickeln kann, solange die wirklichen Eliten das Land verlassen und die Kreativität der einen Hälfte der Bevölkerung unterdrückt wird. Letzteres ist der Fall, solange es keine Gleichberechtigung für die Frauen gibt. Es sollte für die Eliten ein Anlass zur Sorge sein, wenn die Staatsbürger zu Zehntausenden das Land verlassen. Kein Land hat das Recht, Zustände zuzulassen, die die Bevölkerung zur Ausreise drängen. Dies ist auch eine Rechtsverletzung gegenüber anderen Staaten, die die Folgen dieser Politik mitzutragen haben. Demokratisierung sowie Rechtsstaatlichkeit und Entwicklung bedingen sich gegenseitig. Dies ist wiederum eine wichtige Voraussetzung für die Eindämmung der Wanderbewegungen.

Dass Afrika noch keine eigene Generation von Gen- und Nano-Forschern hervorgebracht hat, hemmt zudem die Entwicklung moderner Technologien in Medizin und Landwirtschaft und schafft Abhängigkeiten von den patentgeschützten Produkten anderer Länder. Es ist ein fataler und weit verbreiteter Irrtum zu glauben, dass sich Afrika nur durch überlieferte Verfahren und veraltete Technologien helfen könne. Die nötigen Einrichtungen und nachhaltigen Strategien könnten die Machteliten aus der Westentasche finanzieren. Einheimische Forscher wissen über die Bedürfnisse ihrer Mitmenschen am besten Bescheid.

Es gibt jedoch Hoffnung. Mit der Liberalisierung der Medien- und Telekommärkte und der Vielfalt von Informationskanälen wird die politische Diskussion intensiver. Die jüngere Generation will die Politiker stärker zur Verantwortung ziehen als früher. Erstmals habe ich in letzter Zeit junge Leute kennengelernt, die sich mehr als früher engagieren und bleiben wollen, um zu verändern. Sie sehen nicht nur die Alternativen Resignation oder Auswandern. Junge Afrikaner stemmen sich auch eher gegen die Entmündigung durch Almosen, die die herkömmliche Entwicklungshilfe spendet. Wenn die Machteliten endlich Verantwortung für die wirtschaftliche und soziale Entwicklung ihrer Länder übernehmen würden, könnte der Brain drain in den afrikanischen Ländern, deren beste Kräfte abwandern, gestoppt werden. Man sollte sich fragen, weshalb Botswana, Mauritius und Benin dieses Problem nicht oder nur in geringem Maße haben.

Energieversorgung

In Schwarzafrika haben insgesamt nur zehn Prozent der Bevölkerung Zugang zu Elektrizität. Es gibt aber auch – mit Ausnahme Botswanas – kein Land südlich der Sahara, das nicht unter regelmäßigen Stromausfällen leidet. Damit verbunden sind erhebliche Probleme bei der Wasserversorgung, wenn die Pumpen mangels Strom nicht funktionieren. Bei Fahrten durch afrikanische Städte hört man allenthalben Notstromgeneratoren brummen. Die schlechte Stromversorgung wird durch technische Defekte verursacht, da die Kraftwerke schlecht oder gar nicht gewartet werden und teils noch aus der Kolonialzeit stammen. Unter den Stromausfällen leiden hauptsächlich die ärmeren Wohnviertel. Für die Machtelite, die sich Generatoren leisten kann, besteht wenig Anreiz, Maßnahmen gegen regelmäßige Stromausfälle zu ergreifen. Dabei handelt es sich nicht um kurze Ausfälle wegen Gewitter und Stromschwankungen, die hinnehmbar wären. An der Tagesordnung sind Stromabschaltungen von zwölf Stunden Dauer – selbst im hoch gelobten Ghana. Auch in Südafrika gibt es seit Anfang des Jahres 2008 Stromausfälle. Diese werden zunehmen, wenn nicht künftig besser in die Stromerzeugung und Verteilung investiert wird.

Schwarzafrika nutzt nur sieben Prozent seiner Wasserkraftressourcen. Vor allem die Energiegewinnung aus Kohle und Wasser könnte nach einer Studie der Weltbank deutlich ausgeweitet werden. Allein die Wasserkraft des Kinshasa-Flusses reicht aus, um den gesamten Kontinent mit Strom zu versorgen. Derzeit wird jedoch in den 48 Ländern südlich der Sahara nur so viel Strom generiert wie in Spanien. Dabei entfällt mehr als die Hälfte des Stroms auf Südafrika. Guinea und Kamerun, die über genügend Wasserkraft verfügen, produzieren nicht ausreichend Strom, um ihr Bauxit in Aluminium zu verarbeiten. Stattdessen ist Guinea gezwungen, den Rohstoff zu exportieren, ohne von der Wertsteigerung zu profitieren. Kamerun ist bislang nicht in der Lage, Bauxit zu fördern, und muss für die Aluminiumverarbeitung Bauxit aus Brasilien importieren. Im Kongo haben nur sechs Prozent der Bevölkerung Zugang zu Strom. Dabei hat der Kongo Wasser für ganz West- und Zentralafrika. Von theoretisch möglichen 100 000 Megawatt – fünf Prozent des weltweiten Wasserkraftpotenzials – nutzt das Land gerade mal 2,5 Prozent.

Es gibt kein integriertes Elektrizitätsnetz für den Kontinent. Das betrifft auch den IT-Bereich. Das sind gewaltige Hindernisse für Entwicklung und Handel. Nicht nur das Versagen einer staatlich gesteuerten Wirtschaftsplanung, sondern auch die schlechte Stromversorgung bremst die Energie der Unternehmer fast überall. Sie müssen oft mehrmals am Tag die Produktion stoppen. Die Notlösung mit Dieselgeneratoren kostet ein Mehrfaches. Nach Überwindung der Stromknappheit sehen Analysten, z. B. der Großbank Crédit Suisse, ein hohes Wachstumspotenzial in Afrika. Dies gilt insbesondere im Bergbau und der Öl-Förderung. Im Kongo etwa werden derzeit nur fünf bis zehn Prozent der Kupfer- und Kobalterzvorkommen, die zu den größten der Welt gehören, gefördert. Sambia fördert nur 60 Prozent seiner Kupferreserven. Mosambik nutzt kaum seinen Reichtum an Kohle und Angola könnte weit mehr Kupfer, Diamanten und Öl fördern, als dies derzeit geschieht.

Für alternative Energien gibt es in kaum einem Staat ein Konzept, eine Politik oder eine umfassende Förderung. Afrika nutzt viel zu wenig die gerade dort reichlich verfügbare Solarenergie. Die Eliten übernehmen lieber umweltbelastende und teure Technologien von den Industrieländern. Dabei gibt es eine Fülle von Möglichkeiten, ohne großen Aufwand alternative Energien auch im Alltag einzusetzen. Zum Preis von ca. 60 Euro gibt es inzwischen mit Akku und Regler ausgestattete Solarlampen im traditionellen Design von Petroleumlampen. Diese Lampen würde die Bevölkerung ohne weiteres akzeptieren und man könnte sie flächendeckend damit versorgen. Statt hunderte von Millionen als Budgethilfe in den Staatshaushalt z. B. von Ghana zu pumpen, könnte die Entwicklungshilfe auf breiter Ebene Sonnenkollektoren finanzieren. Dies käme der Bevölkerung dann auch wirklich zugute. Mit Solarenergie kann dezentral Strom erzeugt werden. Die Erfahrungen aus

Indien – einem der weltweit wichtigsten Länder für die Verbreitung von Solarenergie – sollten auch in Afrika genutzt werden. Dazu brauchen die Eliten in Afrika aber einen starken Gestaltungswillen und den Drang voranzukommen – ein Lebensgefühl, das in asiatischen Staaten auffällt, in afrikanischen dagegen kaum.

Verkehrswege und Infrastruktur

Während in Asien die Seidenstraße wieder aufblüht und ein »Asian Highway« mit einem Autobahnnetz von 140 000 km Länge durch 32 Länder Konturen annimmt, ist das Verkehrswesen im modernen Afrika in stetiger Auflösung begriffen. In Afrika wird viel Zeit beim Reisen verschwendet, weil es keine oder nur wenige sichere und pünktliche Fluggesellschaften gibt und kaum zuverlässige alternative Infrastrukturen vorhanden sind. Wegen zahlreicher Abstürze aufgrund von Sicherheitsmängeln stehen viele afrikanische Fluglinien auf schwarzen Listen der EU. Ein Jurist, der von Bangui, Hauptstadt der Zentralafrikanischen Republik, nach Arusha in Tansania, dem Sitz des Internationalen Strafgerichtshofs für Ruanda, reisen muss, benötigt bis zu sechs Tage. Oft ist der Weg über Paris oder London der schnellste. Absurd wird es, wenn die rascheste Verbindung von Duala in Kamerun nach Accra in Ghana, beides Westafrika, über Nairobi, die Hauptstadt des ostafrikanischen Staates Kenia, führt, weil in Abidjan, Elfenbeinküste, gerade Unruhen sind. Wer von Libreville, der Hauptstadt Gabuns, nach Ouagadougou in Burkina Faso fliegen will, muss den Weg über Paris nehmen. Eine andere Verbindung gibt es nicht.

Die hohen Transportkosten über Land führen dazu, dass Binnenländer sehr stark benachteiligt sind. Ein Blick auf Zentralafrika illustriert den Umfang der Herausforderung. Die asphaltierten Straßen in Zentralafrika machen lediglich 15 Prozent der 147 314 km des Straßennetzes aus. Die Straßendichte in dieser Region ist die schwächste auf dem Kontinent. Mit Ausnahme der Achse Jaunde – Libreville sind die Hauptstädte nicht mit jederzeit befahrbaren Überlandstraßen verbunden. Und dies in einer Region, in der 80 Prozent des Personen- und Gütertransports auf dem Landweg abgewickelt werden müssen. Von dem rund 60 000 Kilometer langen Straßennetz im Kongo (Kinshasa) sind nur 2500 Kilometer asphaltiert. Die Flussschifffahrt, immer schon begrenzt, ist noch seltener geworden, weil der Kongo zwischen der Atlantikmündung und Kinshasa so versandet ist, dass Lastschiffe nur bei Hochwasser passieren können. Waren, die innerhalb der westafrikanischen Währungsgemeinschaft der CEMAC-Staaten transportiert werden, verteuern sich zwischen 40 und 70 Prozent. Beispiel: Eine Flasche des in Tangui in Kamerun abgefüllten Wassers wird in Duala für 400 FCFA (Franc de la Coopération Financière en Afrique Centrale) verkauft. Im 800 km entfernten Bangui erhöht sich der Preis auf 900 FCFA. Es gibt weder eine geteerte Straße, die den Kontinent durchquert, noch eine entsprechende Eisenbahnlinie. Auch die Neigung der Ordnungskräfte, sich bei jedem vorfahrenden Fahrzeug zu bedienen, verteuert die Waren nach jedem Kontrollabschnitt.

Weil der Verfall der Infrastruktur die Regierenden in Afrika nicht wirklich stört, sterben auf Afrikas Straßen Zehntausende und bleibt der grenzüberschreitende Handel ein Hindernislauf. Seit Jahrzehnten investieren die Geber in diese Infrastruktur. Mangels Instandhaltung verfällt alles rasch wieder. Ist der Verfall weit genug fortgeschritten, legen die Geber »Rehabilitierungsprogramme« auf und der Kreislauf beginnt von vorne. Warum verlangen die Geberländer nicht, dass eine afrikanische Regierung vor der Finanzierung nachweisen muss, wie die bisher mit ausländischen Mitteln gebauten Straßen, Brücken, Pisten, Kanalisation, etc. mit eigenen Mitteln in einem brauchbaren Zustand gehalten werden? Wenn dieser Nachweis geführt werden kann, bauen die Geber neue, zusätzliche. Diese simple Methode ist die Idee von Kurt Gerhardt, einem der wenigen deutschen Journalisten, die Afrika von langjährigen Aufenthalten kennen und lieben. Die Methode ist nicht unfair. In weiten Teilen Afrikas begünstigen die Lateritböden den Straßenbau und die Arbeitskosten sind niedrig. Lateritgesteine können in Blöcken aus dem Boden gehauen werden. Man kann sich auf eine alte Straßenbaumethode zurückbesinnen: das Pflastern. Dafür muss man keine teuren Maschinen und Materialien importieren. Natursteinpflaster sind zudem billiger als Asphalt. Die Steine können überall auch durch Ungelernte hergestellt werden. Die Belastungen können auch armen Staaten zugemutet werden. Bisher wissen die Regierungen genau, dass sie die Infrastruktur nicht zu unterhalten brauchen.

Zensur und Pressefreiheit

Die meisten afrikanischen Staaten sind auf halbem Weg zur Demokratie stehen geblieben. Viele afrikanische Landesherren sind leicht gekränkt. Die Kontrolle der Presse ist eine der wichtigsten Aufgaben fast jeder afrikanischen Regierung. Autoritäre Systeme sind notorisch verletzlich und funktionieren häufig über Angst. Angst macht nicht nur schwach, sondern auch gefügig. Die im Westen geltenden Werte – von der Pressefreiheit bis zum Recht auf körperliche Unversehrtheit – werden teils offensiv in Frage gestellt. Dabei geht es nicht um bequemere Berufsausübung; es geht um die Grundlagen des Journalismus, um seine demokratische Funktion.

In Afrika sind abgehörte Telefonate, Redaktions- und Hausdurchsuchungen an der Tagesordnung. Zunehmender Nationalismus und das System der exklusiven Informationen nur für Regierungsorgane bedrohen die Pressefreiheit. Während für die Regierenden in vielen Bereichen eine Kultur der Straflosigkeit herrscht, riskieren Journalisten für unabhängige Recherchen und Berichte z.B. über Korruption massive Drohungen, Schikanen, Haftstrafen, manchmal sogar, wie Norbert Zongo in Burkina Faso, ihr Leben. Zongo recherchierte in einem Todesfall, der einen Chauffeur des Bruders des Staatspräsidenten betraf. Er und drei Begleiter wurden 1998 erschossen in einem ausgebrannten Auto aufgefunden. Drei Mitglieder der Präsidentengarde wurden für diesen Mord angeklagt. 2006 wurde die Klage gegen den Hauptbeschuldigten aufgehoben. Allein im April 2010 sind bei Mordanschlägen in Nigeria drei Journalisten ums Leben gekommen. In Kamerun musste der Herausgeber von ›Le Messager‹ für zehn Monate ins Gefängnis, weil er Spekulationen über den Gesundheitszustand des Staatspräsidenten veröffentlichte.

Für kritische Journalisten gab und gibt es Gefängnisstrafen und Geldstrafen wegen Verleumdung und Verletzung der persönlichen Ehre des Staatschefs. Die Sendungen von BBC und RFI, die nur in Afrika ausgestrahlt werden, berichten nahezu jeden Monat von Verhaftungen und Verurteilungen. Noch immer wird Kritik als Illoyalität missverstanden. Dabei ist sie für eine moderne Gesellschaft überlebensnotwendig. Ein Botschafter freut sich zu Recht, wenn er aus einem Land berichten kann, dass sich dort kein Journalist oder Menschenrechtsverteidiger in Haft befindet. Ich hätte in meiner Zeit in Afrika auch gerne einmal berichtet, dass die Gastregierung die Opposition als einen Teil des demokratischen Geschehens begreift.

Ausländische Journalisten sind immer weniger willkommen. Gern gesehen sind sie eigentlich nur dann, wenn die Regierungen sie gebrauchen können, etwa um bei Ausbruch einer Hungersnot die Weltöffentlichkeit um Hilfe zu bitten. Die »Katastrophenmeldungen« basieren meist auf Publicitymaterial der UNO oder internationaler Hilfsorganisationen, die neue Spenden benötigen. Hinter unbequemen Berichten über ein feudales System mit politisch verquickten Geschäften wittert die betroffene Regierung gerne versteckten Rassismus. Kritischen schwarzen Journalisten, die keine Verehrungslyrik schreiben wollen, wird oft »fehlender Patriotismus« vorgeworfen. Zur Rettung der Autorität fällt den Herrschenden nur Verunglimpfung und Einschüchterung ein. Wer über die Annahme von Bestechungsgeldern durch Regierungsmitglieder schreibt oder im Rundfunk spricht, wird nicht selten wegen »Störung der öffentlichen Ordnung« angeklagt und zu Gefängnisstrafen verurteilt. Außerdem gibt es keine ausreichende wirtschaftliche Grundlage für Journalisten und private Medien. Deshalb gehören bestellte Artikel mit lobenden Worten für die Auftraggeber zum Alltag.

Mit Hilfe der neuen Medien gelingt es jungen Afrikanern, gesellschaftliche Debatten und politische Mobilisierung zu organisieren. Durch Blogs und die Nutzung von Mobilfunkdiensten können Themen wie Korruption, Unregelmäßigkeiten bei Wahlen, die von der Regierung zensiert werden, verbreitet werden. (voiceofafrica.info und afrigator.com).

Auch für das afrikanische Establishment sollte es selbstverständlich sein, dass Pressefreiheit und Meinungsfreiheit zu einer demokratischen Entwicklung gehören. Seit 1985 gibt es in Namibia die Zeitung ›The Namibian‹. Gegründet hat das Blatt die weiße Südafrikanerin Gwen Lister. Da die Zeitung Korruption und Schlendrian anprangert, meinte kürzlich die namibische Justizministerin, dass sich eine Weiße nicht erdreisten könne, eine schwarze Regierung zu kritisieren. Gwen Lister hatte aber maßgeblich Anteil beim Kampf gegen das Apartheidregime und ist wohl kaum des Rassismus verdächtig. Es wäre an der Zeit, in Afrika nach dem Vorbild des amerikanischen Verlegers Charles Peters vom ›Washington Monthly‹ einen Preis für »Präventiv-Journalismus« auszuschreiben. Der Preis sollte einen Anreiz für kritischen Journalismus schaffen, der fehlgerichtete Politik, inkompetente Amtsinhaber, mangelnden Überblick und bürokratische Schlampereien identifiziert, bevor sie in der Katastrophe enden.

Ich bewundere die vielen Journalisten, die ihrer Angst nicht nachgeben und ihre Ideale hochhalten. Sie haben oft pointierte, mutige Meinungen und exklusive und zuweilen auch unbequeme Nachrichten. Diese Journalisten sind kosmopolitisch orientiert und versuchen, sich trotz aller Widrigkeit Gehör zu verschaffen. Sie sind daran interessiert, ihre Regierungen rechenschaftspflichtig zu machen. Wenn nicht solche Journalisten den Regierenden auf die Finger schauten, würden noch mehr Afrikaner resignieren. Die Geberländer helfen ihnen allerdings mit ihrer Leisetreterei gegenüber selbstherrlichen Regimen nicht. Dabei wären langfristige Stabilität und verlässliche Rechtsordnungen in afrikanischen Staaten in unser aller Interesse. Eine Selbstverständlichkeit, sollte man denken, wenn wir unsere eigenen Grundsätze ernst nehmen.

Kapitalflucht und Schattenwirtschaft

Laut dem UNCTAD-Bericht für 2007, ›Economic Development in Africa‹, wird die Kapitalflucht aus Subsahara-Afrika auf jährlich zwischen 3 und 13 Milliarden US-Dollar geschätzt. Die Verantwortlichen dafür benennt der Bericht unmissverständlich. Es sind Afrikas politische und wirtschaftliche Eliten, die illegale Praktiken anwenden, um sich den Reichtum ihrer Länder anzueignen (»Those involved in capital flight are usually Africa's political and economical elites, who are engaged in illegal practices to appropriate their countries' wealth«). Die internationale Zusammenarbeit bei der Rückführung von Fluchtgeldern und Vermögenswerten, die von den G8 verbal immer wieder angemahnt wird, ist ineffizient, denn es mangelt an wirkungsvollen Präventions- und Kriminalisierungsvorschriften. Die ins Ausland verschobenen Milliarden fehlen in den Heimatländern der Machteliten. Die von Tony Blair initiierte »Commission for Africa« hat ausgerechnet, dass sich 40 Prozent der afrikanischen privaten Vermögen außerhalb Afrikas befinden. In Asien sind dies je nach Region zwischen 3 und 6 Prozent. Um diesen abfließenden Kapitalstrom in den Ländern zu halten und produktiv zu nutzen, seien Verbesserungen des Regierungsmanagements unausweichlich und die Eliten sollten stärker als bisher ihre Rolle und Verantwortung für die Entwicklung im eigenen Land wahrnehmen, befindet der Bericht.

Der Staat soll also in Erscheinung treten. Damit ist allerdings eine andere Art von Präsenz gemeint als die, die man in vielen Ländern Afrikas beobachten kann. Wenn es um systematische Ausplünderung der Bürger und desaströs schlechte Verwaltungsorganisation geht, dann kann diese Präsenz des Staates oft jetzt schon als erdrückend bezeichnet werden. Von einem Rückzug des Staates aus dem Wirtschaftsalltag kann in den meisten Ländern keine Rede sein. Ein unübersichtliches Chaos von gesetzlichen Bestimmungen gibt staatlichen Funktionären immer einen Vorwand,

Gelder von privaten Firmen abzuschöpfen. Das führt zu einer ausgeprägten Schattenwirtschaft und zwingt zahlreiche Unternehmer in eine prekäre Existenz zwischen Legalität und Illegalität.

In den Ländern Afrikas, die ich kenne, wird mehr als die Hälfte der gesamtwirtschaftlichen Produktion im informellen Sektor erwirtschaftet. Die Bedeutung des informellen Sektors nimmt in den meisten Subsahara-Ländern zu. Oftmals arbeiten 90 Prozent der Erwerbsbevölkerung in der sogenannten Schattenwirtschaft und erwirtschaften einen hohen Anteil des Bruttoinlandsproduktes. Die meisten Menschen sind im informellen Agrarsektor tätig. Im urbanen Raum finden sich Beschäftigte in Kleinstunternehmen oder Heimbetrieben.

Das große Ausmaß des informellen Sektors ist ein Symptom des schlechten Geschäfts- und Investitionsklimas. Hier versteckt sich ein gewaltiges Potenzial. Oft sind ein hoher Bildungsstand und individuelle Fähigkeiten vorhanden. Doch wenn die Menschen gute Gründe dafür haben, ihre wirtschaftliche Tätigkeit vor dem staatlichen Zugriff zu verstecken, weil es keine effektiven Interessenvertretungen, eine endemische Korruption, eine überbordende Bürokratie und keine echte juristische Absicherung gibt, kann dieses Potenzial nicht genutzt werden. Der informelle Sektor ist von Armut geprägt. Soziale Sicherung fehlt fast völlig, die Arbeitsbedingungen sind zum Teil miserabel und das Einkommen reicht meist nur für das Nötigste.

Landflucht und Elendsviertel

Die Landflucht in Afrika ist ungebremst. Die Menschen versuchen der Armut und dem Mangel an Perspektiven auf dem Land zu entrinnen und in der Stadt ein besseres Leben zu führen. Dort finden sie weder Jobs noch einen menschenwürdigen Platz zum Leben. Sie landen in Slums von unvorstellbaren Ausmaßen und in Lebensverhältnissen, die katastrophal schlecht sind. Die Regierungen sehen dem tatenlos zu und kümmern sich nicht um die Folgen. Wenn sie finden, dass die Luft durch diese Zuwanderung allzu sehr verpestet wird, gehen sie woanders hin. So geschehen in Lagos, der ehemaligen Hauptstadt Nigerias. Die nigerianische Regierung hat den Regierungssitz nach Abuja verlagert. Abuja ist eine künstlich geschaffene und stark kontrollierte Stadt. Es gibt dort keinen ungeregelten Zuzug und keine Slums.

Städte in Entwicklungsländern wie z.B. die nigerianische 11-Millionen-Stadt Lagos wachsen jährlich um etwa fünf Prozent. Die Armut, die Seuchen und die Kriminalität werden sich selbst überlassen. Es ist dort eine Unterwelt entstanden, die niemanden mehr interessiert. Die Elendsviertel sind ohne Wasser, ohne Kanalisation und ohne Infrastruktur. Sie versinken in Exkrementen und Abfall. Soziale Regeln sind längst außer Kraft gesetzt. Brände, Überflutungen, Chemieunfälle, Behördenwillkür und Gewalt treffen vor allem diese Slums. Trotz der immensen Einnahmen des Staates, z.B. aus Öl-Förderung, leben die Menschen in den Elendsvierteln nicht nur ohne Wasser- und Abwasserversorgung, sondern auch ohne Bildungssysteme, Gesundheitsversorgung oder auch nur ausreichend Wohnraum. Die Städte werden dem Verfall überlassen, die Slumbevölkerung in menschenunwürdiger Umgebung im Stich gelassen. Experten schätzen, dass in Afrika rund eine Million Kinder jedes Jahr an Durchfallerkrankungen sterben, weil das Trinkwasser durch Dreck, Abfall und Fäkalien verseucht ist.

Dramatische Ausmaße hat die sexuelle Ausbeutung in den Elendsvierteln angenommen. Sie betrifft Kinder jeden Alters und wird von Eltern, Familienmitgliedern, Nachbarn, Altersgenossen und oft auch Lehrern ausgeübt. Immer noch ist es schwer für Frauen, den Tätern vor Gericht Vergewaltigung und Anwendung von psychischer Gewalt nachzuweisen. Oft kommen die angeklagten Männer rasch wieder auf freien Fuß. Die Betroffenen haben keine Fürsprecher.

Umweltverschmutzung und Müll

Mit dekorativ umgestaltetem Müll aus Afrika kann man in der westlichen Welt reüssieren. Mein Freund, der beninische Künstler Romuald Hazoumé, stellt aus Abfall Masken her, die hier hohe Preise erzielen. Aus Metallschrott, Holzresten, Blechteilen und Plastikkanistern gestaltet er Kunstobjekte, die weltweit Anerkennung finden. In Afrika sind die Leute in der Tat sehr erfinderisch, wenn es darum geht, aus Industriemüll und Schrott jedwede Art von nützlichem Gebrauchsgegenstand herzustellen. Doch Kinder, die auf den riesigen Mülldeponien der Megastädte barfuß und ungeschützt nach Brauchbarem wühlen, sind kein idyllischer Anblick.

Im größten Teil Schwarzafrikas gibt es keine Abwasserhygiene und keine Müllentsorgung. Es wäre eine Jahrhundertaufgabe, den Müll so weit wie möglich zu verwerten und den Rest unschädlich zu machen, z. B. durch umweltfreundliche Müllverbrennung, durch die auch Energie erzeugt werden kann. Doch dafür sind weder das Bewusstsein noch die Möglichkeiten vorhanden. In fast allen Ländern Afrikas werden Plastiktüten gratis beim täglichen Einkauf mitgegeben, selbst für kleinste Gegenstände werden sie verwendet oder verschwendet. Schrottautos aus Europa, die dort nicht mehr als verkehrssicher gelten und den Abgasnormen nicht entsprechen, werden in Afrika noch jahrelang genutzt. Hochgiftige Stoffe werden direkt in die Natur entsorgt. Bodenproben in Kenia, Nigeria und Ghana zeigten alarmierende Ergebnisse. Fast die Hälfte von ihnen weist Schwermetallkonzentrationen auf, die um das Zehnfache über den zulässigen Grenzen liegen. Das Schwermetall Kadmium schädigt in hoher Konzentration Organe und kann zu Nierenversagen führen. Bronchitis und Asthma sind häufige Krankheiten.

Giftmüllexporte nach Afrika sind illegal und gehören bestraft. Doch es ist nicht nur für windige europäische Firmen lukrativ, den Giftmüll in Afrika zu lagern, sondern auch für afrikanische Politiker und Beamte, die sich ohne Rücksicht auf die Gesundheit ihrer Landsleute mit wilden, ungesicherten Deponien eine goldene Nase verdienen. Während Regierungen, Hafenaufsicht und Zoll den Europäern die Schuld zuweisen, kämpft die Bevölkerung mit Atembeschwerden, Ausschlag, Übelkeit und Augenreizungen. Die Leute wissen genau, wem sie das zu verdanken haben. In der Elfenbeinküste in Abidjan wurden über 500 Tonnen hochgiftigen Klärschlamms auf offenen Müllkippen verteilt. Die Verantwortlichen, die daran gut verdient haben und sich auf Kosten ihrer Mitbürger bereicherten, wurden nicht belangt. Die von der ivorischen Regierung zugesagte Aufklärung dieses Giftmüllskandals in der Elfenbeinküste endete im September 2006 mit der Zahlung einer Strafe der niederländisch-schweizerischen Unternehmensgruppe Trafigura von 200 Millionen US-Dollar. Im September 2009 einigte sich Trafigura mit den Opferanwälten auf eine Abfindung von 46 Millionen Dollar, was pro Opfer rund 1550 Dollar entspricht. Von den 2006 an die Regierung gezahlten 200 Millionen war bei den Opfern nichts angekommen. Das Verfahren verlief erwartungsgemäß weitgehend im Sande. Lediglich zwei der neun Angeklagten wurden im Oktober 2008 zu 20 bzw. zu fünf Jahren Haft verurteilt. Sieben weitere Angeklagte, darunter der Chef des Hafens von Abidjan, wurden freigesprochen. Eine Verantwortung von ivorischen Behörden wurde nicht festgestellt.

Der nächste große Umweltskandal steht in Nigeria an. In Lagos landen mit Billigung der nigerianischen Behörden nach Veröffentlichungen des Basel Action Network (BAN) monatlich 500 Container mit E-Schrott aus ausrangierten Computern, Handys oder TV-Geräten. Das Recycling geschieht dort unter abenteuerlichen Bedingungen. Die Rückstände, wie Quecksilber, Blei, Cadmium verschmutzen Böden und Wasser und gefährden die Gesundheit der Bevölkerung.

Gesetze und Sanktionen im Rahmen des Umweltschutzes gehören nicht zu den Prioritäten in Afrika. Selbst wenn solche Gesetze vom Parlament verabschiedet wurden, fehlt es an einer wirkungsvollen Kontrolle und Durchsetzung. Das nutzen skrupellose Unternehmen aus den anderen Kontinenten aus. Die Wohlhabenden und Mächtigen in Afrika sind an einem vernünftigen Abfallmanagement wenig interessiert. Den Schaden hat der Teil der Bevölkerung, der nicht von den Geldflüssen profitiert.

Krank in Afrika

Wenn man in Afrika nicht zu den Herrschenden gehört, sollte man besser nicht krank werden. Staatliche Kliniken sind oft in einem erbärmlichen Zustand. Es fehlt überall an einer grundlegenden Gesundheitsversorgung – nicht, weil die Mittel nicht da sind, sondern weil die Regierenden, ihre Beamten und deren Angehörige immer in Europa oder in den USA behandelt werden. Genolier Swiss Medical Network (GSMN) in der Schweiz ist seit 1970 für medizinischen Tourismus afrikanischer Machthaber bekannt. Die Behandlung wird sehr diskret durchgeführt. Wer Genolier in Anspruch nimmt, kann darauf bauen, dass der Aufenthalt nicht in den Medien bekannt wird. Im Haushalt einiger Entwicklungsländer sind sogar eigens Mittel für solche Reisen eingestellt.

Das Gesundheitswesen in Afrika ist durch folgende Merkmale gekennzeichnet: eine geringe Zahl von Krankenhäusern, mangelnde Hygiene in diesen Krankenhäusern, administrative Unzulänglichkeiten, unzureichend ausgebildetes medizinisches Personal, keine Nothilfestationen und kaum Krankenwagen, keine medizinische Hilfe ohne finanzielle Vorleistung, teure Medikamente, die oft durch unsachgemäße Aufbewahrung unbrauchbar werden. Die Summen, die der Patient zusätzlich bezahlen muss, um gut behandelt zu werden, können sehr hoch sein. Manche nennen das Korruption, andere machen die schlechte Bezahlung des medizinischen Personals dafür verantwortlich. Es gibt kein leistungsfähiges soziales Sicherungssystem. Krankenversicherungen sind weitgehend unbekannt oder bestehen nur ansatzweise, wie z. B. in Kamerun.

Am weitesten verbreitet sind Malaria, Durchfallerkrankungen, Atemwegs-Infektionen und AIDS. Eine erhebliche Rolle spielen auch Verkehrsunfälle. Allerdings gibt es in Afrika südlich der Sahara (mit Ausnahme von Südafrika) keine Sterberegister, die die gesundheitsbezogenen Daten verlässlich abbilden. Die veröffentlichten Zahlen sind daher meist geschätzt.

Überall in Afrika begegnet man der ungebrochenen Macht der Magie. In Nigeria und Benin kam das Gerücht auf, dass Mitglieder von Geheimgesellschaften am Werk seien, ihre Opfer durch einfaches Berühren von Händen impotent zu machen. Dagegen gibt es dann wieder Mittel, die gegen die Berührung wirken sollen. Sie finden reißenden Absatz.

Es gibt in Afrika traditionelle Heiler, die oft mehr bewirken können als europäische Medizin. Es gibt Hinweise, dass solche Heiler z.B. Diabetes auch ohne Insulin in den Griff bekommen. Die traditionelle Heilkunde kann jedoch nicht Krankheiten heilen, die z.B. nur mit Antibiotika behandelt werden können. Für eine zeitgemäße medizinische Versorgung wären Ärzte ideal, die in der afrikanischen Tradition aufgewachsen sind, die aber auch modern denken können. Diese hochqualifizierten Ärzte sind aber oft emigriert, weil sie in den afrikanischen Staaten weder ein angemessenes Auskommen noch Kliniken finden, in denen sie arbeiten können. Der afrikanischen Oberschicht ist das egal, denn sie lässt sich ohnehin im Ausland kurieren.

Ein großes Gesundheitsrisiko stellen gefälschte Medikamente dar. Vor allem Arzneistoffe wie Antibiotika, Malariamittel, Insulin, schmerz- und entzündungshemmende Stoffe werden gefälscht. Medikamente werden in Afrika nicht nur vom Gesundheitspersonal verschrieben, sondern auch auf der Straße verkauft. Fälschungen enthalten gar keine oder zu niedrig oder zu hoch dosierte Wirkstoffe. Der Handel boomt, weil die Menschen aufgrund mangelnder Bildung und ihrer Armut leicht zu verführen sind. Die Produzenten sitzen vor allem in China, Indien und in afrikanischen Hinterhöfen. Da die Strafverfolgung dank der Allgegenwart von Korruption nicht sehr effektiv ist und die Produktionskosten niedrig sind, nehmen Fälschungen und Vertrieb der Plagiate rasant zu. Nach Einschätzung der WHO, der World Health Organization, sind bis zu 50 Prozent der Medikamente, die in den Entwicklungsländern auf den Markt kommen, gefälscht.

Diese gefährlichen Pillen können fatale Folgen haben. Im Jahr 1995 starben in Niger 2500 Menschen bei einer Meningitis-Epidemie, weil ihnen ein gefälschter Impfstoff injiziert worden war. Wer dagegen ankämpft, leistet Sisyphos-Arbeit. In Nigeria konnte dank des konsequenten Vorgehens von Dora Akunyili, der Leiterin der nigerianischen Arzneimittelbehörde, der Verkauf von gefälschten Medikamenten zumindest reduziert werden. Die Produzenten suchen sich andere Absatzmärkte und exportieren auf Schleichwegen in die Nachbarländer.

DDT gilt als gefährliches Gift. Aber in Afrika rettet das Insektizid Millionen von Menschen. Swaziland hat durch Sprühprogramme mit dem Insektengift gute Chancen, Malaria bis 2015 auszurotten. DDT tötet die Mücken und verhindert so, dass sie Menschen mit dem Malaria-Erreger Plasmodien infizieren können. Trotz der Kritik aus europäischen oder amerikanischen Umweltschutzkreisen haben sich auch andere afrikanische Staaten entschlossen, die Risiken gegen das schreckliche Leid durch Malaria abzuwägen. Für afrikanische Ärzte sind – nicht bewiesene– Hinweise, dass DDT Krebs verursache, nebensächlich, wenn die Zahl der Malariatoten besonders bei Kleinkindern weiter steigt.

Medikamentenspenden können kontraproduktive Wirkungen haben: Sie untergraben die Wirtschaftlichkeit des nationalen Gesundheitssystems, das über die finanzielle Beteiligung der Nutzer an den Medikamentenkosten mit finanziert wird, sie fördern die Unterschlagung und den parallelen (unkontrollierten) Medikamentenverkauf und sie verunsichern die Patienten, weil die Präparate nach Verbrauch durch landesübliche ersetzt werden müssen. Die meisten Ärzte in Afrika stehen Medikamentenspenden eher kritisch gegenüber und empfehlen stattdessen Geldspenden, mit denen aus den bestehenden offiziellen Strukturen Medikamente gekauft werden können.

Die Verharmlosung von AIDS

Die immense Ausbreitung von AIDS in Afrika hat Auswirkungen auf alle Bereiche des öffentlichen und des privaten Lebens. Zwei Drittel aller HIV-Infizierten leben in Afrika. Dies ist eine humanitäre Katastrophe, die neben der Belastung für die Menschen und ihre Familien auch einen erheblichen wirtschaftlichen Schaden verursacht. Das Ausmaß der Epidemie in Afrika ist skandalös. Dabei hat die Medizin große Fortschritte gemacht. Inzwischen gibt es das Präparat »Nevirapin«. Wenn eine infizierte Schwangere bei Beginn der Niederkunft eine Tablette nimmt und wenn dem Kind sofort nach der Geburt eine Tablette verabreicht wird, sehen Mediziner das Übertragungsrisiko von AIDS nur noch bei 10 Prozent. Seit 1997 gibt es antiretrovirale AIDS-Medikamente. Dennoch haben viele afrikanische Regierungen das Problem zu spät erkannt oder beharrlich verharmlost. Die südafrikanische Regierung hat diese Medikamente erst 2003, mehr als sechs Jahre nach ihrer Marktreife, zugelassen. Erst in neuerer Zeit hat die Regierung in Pretoria Verantwortung übernommen und ein Aidsprogramm auf den Weg gebracht. Inzwischen bekommen etwa eine halbe Million Menschen die Medikamente. Insgesamt ist aber fast jeder achte der 48 Millionen Südafrikaner mit HIV infiziert. Zu lange beharrte die im Dezember 2009 verstorbene Gesundheitsministerin Manto Tshabalala-Msimang auf der Wirksamkeit von Knoblauch, Roter Beete, Olivenöl und Zitronensaft. Gegen alle Widrigkeiten begann die Organisation »Ärzte ohne Grenzen« schon 2001 im Verborgenen Aidskranke mit antiretroviralen Medikamenten zu behandeln und verhinderte in vielen Fällen die Übertragung von der erkrankten Mutter auf ihr Kind. Vielerorts finden traditionelle Heiler mehr Gehör als studierte Mediziner. Tausende AIDS-kranker Männer glauben, Sex mit einer Jungfrau werde sie heilen. Auch der Präsident von Gambia, Yayah Jammeh, »heilt« zum Entsetzen der internationalen Hilfsorganisationen AIDS mit Gebeten, Bananen und einer grünen Pampe. In Afrika wird die Krankheit vielfach mit Hexenwerk in Verbindung gebracht. Auch hier versagen die afrikanischen Eliten völlig, wenn sie auf diese Weise den Aberglauben befördern, statt der Bevölkerung wirksam zu helfen.

Dass es auch anders geht, zeigen Länder wie Botswana, Senegal, Kamerun und Uganda, wo Medikamente frei sind, wo es die effizientesten AIDS-Behandlungszentren Afrikas gibt und die HIV-Infektionsrate rückläufig ist. Im Senegal ist laut der UN-Organisation UNAIDS die Ansteckungsrate beim Durchschnitt der Bevölkerung auf 0,7 Prozent heruntergegangen. Hohe Raten haben allerdings weiter Prostituierte und Homosexuelle. Auf Initiative der damaligen Frauenministerin wurde im Senegal bereits 1996 von den Imamen anlässlich des Freitagsgebets öffentlich in den Moscheen über die Notwendigkeit und Pflicht jedes Familienvaters gepredigt, die Gesundheit seiner Familie durch den Gebrauch von Kondomen zu schützen. Abgesehen vom Aberglauben steigt die HIV-Infektionsrate in vielen afrikanischen Staaten unter anderem, weil Prävention, Versorgung und Behandlung, freiwillige Beratung und freiwillige Tests und Wirkungsanalyse nicht flächendeckend stattfinden und gerne ausländischen Projekten punktuell überlassen wird.

Außerdem lässt sich mit AIDS eine Menge Geld lockermachen. Bei der Welt-AIDS-Konferenz in Mexiko im August 2008 gab der im März 2012 zurückgetretene Michel Kazatchine, der Direktor des Global Fund zur Bekämpfung von AIDS, Malaria und Tuberkulose bekannt, dass die Unterstützung der nachsuchenden Länder auf 6,4 Milliarden Dollar erhöht wurde. Er wertete die erhöhte Nachfrage als Zeichen für größere Anstrengungen der Entwicklungsländer. Das ist gelinde gesagt eine gewagte Behauptung, solange nicht gleichzeitig die Verwendung der Mittel offengelegt wird. Wie Bill Gates sagt: »Geld wirksam zu verschenken, ist nahezu so schwer, wie es zu verdienen.« Die Säckel der Geber sind übervoll. Die Hilfsprogramme agieren oft fröhlich aneinander vorbei. In der Zentralafrikanischen Republik z.B. beschäftigen sich gleich mehrere Organisationen (dabei neun von der UN) mit AIDS-Vorsorge und

-Bekämpfung. Die USA haben den President's Emergency Plan for AIDS Relief aufgelegt und geben in den nächsten fünf Jahren fast 40 Milliarden Dollar für den internationalen Kampf gegen AIDS aus. Daneben gibt es ein ähnliches Programm der Weltbank.

800 Millionen Dollar jährlich gibt die Gates-Stiftung für die Bekämpfung von AIDS, Malaria und Tuberkulose aus – meist in Afrika. Dies entspricht in etwa dem Jahresbudget der Weltgesundheitsorganisation. Nach der Spende von Warren Buffet hat sich das Stiftungsvermögen verdoppelt. Richtigerweise möchte die Gates-Stiftung auch die Forschungsinfrastruktur in Afrika unterstützen, um den Ländern zu helfen, die eigenen Probleme anzupacken und zu lösen. Bislang konnte sie in Afrika allerdings keine Universität finden, an der die neuen Therapien und Verfahren entwickelt werden können.

Der Kampf gegen AIDS wird letztlich nicht von den internationalen Organisationen oder Geldgebern gewonnen werden, sondern von den Menschen in Afrika. Die Regierungen müssen Aufklärung betreiben und die medizinische Versorgung verbessern. Sie müssen dafür sorgen, dass die Frauen, die einem besonders hohen Ansteckungsrisiko ausgesetzt sind, eine bessere Stellung in der Gesellschaft bekommen. Sie müssen dafür sorgen, dass nicht 80 Prozent der Jugendlichen, weil sie völlig uninformiert sind, das Ansteckungsrisiko unterschätzen. Es muss eine ernsthafte Neuorientierung in der AIDS-Politik stattfinden. Und die Geber müssen dafür sorgen, dass ihre Gelder für den Zweck eingesetzt werden, für den sie gedacht sind.

Sklaverei

Noch heute werden in Afrika nach Schätzungen der UNO jedes Jahr etwa 200 000 Kindersklaven verschachert. Dabei versuchen UNICEF und Terre des Hommes seit Jahren, den Handel mit Kindersklaven ins Bewusstsein der internationalen Öffentlichkeit zu heben. Zumeist werden die Kinder für 15 bis 30 Euro von ihren Familien z. B. aus dem Niger und Benin als Haushaltshilfen, Minen- oder Plantagenarbeiter vor allem nach der Elfenbeinküste, Gabun, Nordafrika oder Saudi-Arabien verkauft. Selten kann ein Kind entrinnen und zurück in die Heimat fliehen. Laut der britischen Organisation Anti-Slavery gibt es noch 12 Millionen Sklaven weltweit. Sie haben keine eigene Familie. Sie sind meist Eigentum einer reichen muslimischen Familie. Sie haben keinen Grundbesitz, keine Tiere, und der Sklave kann nur eine Sklavin heiraten.

Leider wollen viele Afrikaner davon nichts wissen und sind nicht bereit, den fehlenden Respekt vor den Menschenrechten offen anzuprangern. Während insbesondere Briten und Franzosen die dunkle Episode ihrer Geschichte aufarbeiten, stellen sich weder arabische noch afrikanische Staaten der Vergangenheit. Vernachlässigt oder gar verschwiegen wird auch, dass heute noch Kinder nach Arabien verkauft werden. Doch bereits vor der Kolonisation durch Franzosen und Briten waren von Mauretanien bis Sudan Millionen Schwarzafrikaner versklavt. Sie arbeiteten in Haushalten, Pflanzungen, Minen oder wurden in den arabischen Raum verkauft. Dies geschah unter Mitwirkung afrikanischer Häuptlinge, die ihre Kriegsgefangenen gegen Waffen und Waren tauschten. Egon Flaig (vgl. Literaturhinweise) sagt: »Schlimm für den afrikanischen Kontinent war, dass sklavistische ›Lieferstaaten‹ entstanden – das Königreich Mali, die Sultanate Bormu und Kanem, ebenso Dhafur und viele andere. Diese benötigten zusätzliche Sklaven innerhalb der eigenen Gesellschaft – nicht nur für die Arbeit auf den Plantagen und in den Minen, sondern auch weil Sultane sich gegenüber den nomadischen Stämmen verselbständigten und eine Kriegsmaschinerie von Militärsklaven unterhielten (die Vorform der modernen Kindersoldaten). Solche Staatsgebilde können gar nicht freiwillig mit dem Versklaven aufhören. Sie beginnen irgendwann sogar sich gegenseitig zu vernichten um Jagdgebiete auszuweiten. Diese Selbstzerstörung in der Lieferzone begann schon im 16. Jahrhundert – also völlig unbeeinflusst von den Europäern, die als Käufer an den Küsten erst später auftauchten.

Die enormen kulturellen Zerstörungen über Jahrhunderte veränderte den subsaharischen Teil des Kontinents vollständig. Es entstanden nicht-moslemische Kriegerstaaten (Dahomey, Ashante), die in Küstennähe dasselbe taten wie die Sultanate und Emirate im Sahel. Die Versklavungskriege wurden vielleicht noch weiter angeheizt, als die Portugiesen ab etwa 1470 ebenfalls Sklaven kauften. Mit Sicherheit wurden sie angeheizt, als seit 1630/50 Engländer, Franzosen, Holländer an der Küste Westafrikas ebenfalls Sklaven kauften, in immer größerem Ausmaß. Aber die Europäer hätten keine Sklaven kaufen können, wenn südlich der Sahara nicht ständige Versklavungskriege stattgefunden hätten.« Die Sklaverei z. B. in Mauretanien, Niger und Sudan dauert bis heute an.

In Mauretanien scheint jetzt immerhin der politische Wille vorhanden zu sein, Ernst zu machen mit der Abschaffung der Sklaverei. Dort wird Sklavenhalten seit dem 8. August 2007 mit bis zu zehn Jahren Gefängnis bestraft. Die ehemaligen Tuareg-Sklaven, die »Bellas«, die vorwiegend im Niger und in Mali leben, fordern inzwischen ihre Rechte und haben gelegentlich auch schon Entschädigungen von ihren früheren Eigentümern gerichtlich erstritten.

In einem wegweisenden Urteil hat der Gerichtshof der Westafrikanischen Wirtschaftsgemeinschaft (ECOWAS) im Oktober 2008 den Staat Niger der Duldung von Menschenhandel und Sklaverei schuldig gesprochen. Die Klägerin Adidjatou Mani Koraou war im Alter von zwölf Jahren für ca. 370 Euro an einen Mann verkauft worden, der sie zu seiner fünften Ehefrau machte. Zwei Kinder bekam sie von ihm. Nach zehn Jahren erfuhr sie, dass Sklaverei im Niger illegal ist. Mit Hilfe der Organisationen Timidria und Anti Slavery International verklagte sie den Staat Niger, weil er sie nicht gegen Sklaverei geschützt habe. Das Gericht wies den nigrischen Staat an, der heute 24-jährigen Klägerin umgerechnet 15 000 Euro Schadensersatz zu zahlen.

Nochmals Egon Flaig: »Auf der Durban-Konferenz 2001 forderte Ali Mohamend Osman Yasin Reparationen vom Westen, als Justizminister des Sudan, wo Schwarze seit über 20 Jahren erneut versklavt werden. Falls die Nachfahren der Versklaver Entschädigungen entrichten müssen für die damaligen Opfer, wie viel Billionen haben dann die moslemischen Länder des Sahel an ihre südlichen Nachbarn zu zahlen? … Ganz zu schweigen von den ungeheuren Summen, mit welchen die Kernländer des Islam ihre Schuld gegenüber Schwarzafrika tilgen müssten.«

Der senegalesische Wissenschaftler Tidiane N'Diaye hat den araboislamischen Sklavenhandel, der vom 7. bis ins 21. Jahrhundert dauerte, näher untersucht und dabei den transatlantischen Menschenhandel keineswegs bagatellisiert (vgl. Literaturhinweise).

Diskriminierung und mangelnde Solidarität

Diskriminierung ist kein Privileg der Weißen. Das Wort »Rassist« eröffnet beliebig viele Möglichkeiten von Denunziation. Man hat auch Tania Blixen, die 17 Jahre in Kenia lebte, vorgeworfen, »das Ansehen Afrikas mit rassistischen Erzählungen über primitive und unzivilisierte Afrikaner« zerstört zu haben. De facto haben solche Bücher und Filme eine Touristenwelle ausgelöst. Ein Rassist muss weiß sein, so die gängige Vorstellung. Aber ist es denn kein Rassismus, wenn eine afrikanische Gemeinde einen Mitarbeiter des Deutschen Entwicklungsdienstes nur deshalb ablehnt, weil er aus einem Nachbarland kommt und eben nicht weiß ist? Sind Verhaltensweisen der Dunkleren gegen noch Dunklere oder gegen Pygmäen, die in Afrika als Menschen zweiter Klasse behandelt werden, kein Rassismus? Im Juli 2007 wurden Pygmäen-Musiker, die zum Festival Panafricain de Musique (Fespam) nach Brazzaville gereist waren, in einem Zelt im Zoo zur Schau gestellt. Erst heftige Proteste westlicher Botschaften sorgten dafür, dass sie in eine Kaserne umziehen konnten. Warum sind afrikanische Medien beleidigt, wenn ein Staatschef am Flughafen in Paris von einem »schwarzen« Minister empfangen wird? Bei anderen Gelegenheiten nehmen viele Schwarzafrikaner selbst die geringsten Abstufungen in der Hautfarbe wahr. Frauen reiben sich fragwürdige Cremes ins Gesicht, um einen helleren Teint zu erhalten. Auch die Werbung in Afrika benutzt vorwiegend hellhäutige Models, weil sie eher dem afrikanischen Schönheitsideal entsprechen.

Afrikaner arbeiten lieber für Europäer oder Amerikaner, weil sie besser behandelt und pünktlich und korrekt bezahlt werden. Gut verdienende Afrikaner finden nichts dabei, ihren Angestellten einen Hungerlohn – und den nicht pünktlich – zu zahlen. Das tiefsitzende Misstrauen unter den Ethnien in Afrika ist auch ein Entwicklungshemmnis. Dass die ethnische Zugehörigkeit im Zweifel immer über demokratische Spielregeln obsiegt, ist leider eine

Tatsache. Loyal ist man nicht gegenüber der Nation, Treue gebührt der Familie und dem Clan. Fassungslos haben wir 2008 auf die Gewaltexzesse gegen schwarze Ausländer in Südafrika geschaut. Die Gewalt gegen Flüchtlinge und Einwanderer in den Elendsvierteln südafrikanischer Städte droht den Ruf des Landes dauerhaft zu schädigen.

Afrikanische Staatsführer fordern die Solidarität des Nordens ein. Aber Solidarität mit wem? In den meisten afrikanischen Staaten haben sich Staat und Gesellschaft entfremdet. In Afrika ist die Frage der Abstammung von entscheidender Bedeutung. Nur der ist förderungswürdig, der aufgrund seiner ethnischen Zugehörigkeit »dazugehört«. Gesetze und Vorschriften werden nicht wirklich als bindend empfunden und der Versuch, diese durch Beziehungen zu umgehen, gilt als normaler Umgang mit der staatlichen Verwaltung. Afrikanische Gesellschaften beruhen auf Verwandtschaftsbeziehungen und der wechselseitigen Verpflichtung zur Erbringung von Dienstleistungen, der sich niemand entziehen kann. Eigeninitiative gilt als Aufsässigkeit.

Alle, die in den Industriestaaten glauben, dass die soziale Kälte in ihren Ländern nicht mehr auszuhalten sei, sollten sich das Zusammenleben in Afrika genauer ansehen. Claude Njiké-Bergeret, die einen Stammeschef in Banganté in Kamerun als etwa 30. Ehefrau geheiratet hat, habe ich von Solidarität und Achtung schwärmen hören. Die Solidarität gilt aber nur dem Stamm und dem dortigen Beziehungsgeflecht. Nach wie vor ist die Großfamilie die dominierende sozioökonomische Einheit und für die Stammesangehörigen ist es der Stamm, der für Schutz, Sozialfürsorge, Rechtsprechung sorgt. Im privaten Gespräch geben Afrikaner zu, dass man da eigentlich nicht von Solidarität sprechen kann, da es sich um ein Geflecht von Verpflichtungen handelt, denen sich der Einzelne nur schwer entziehen kann. Der Afrikaner (oder die Afrikanerin), der sein Leben, seine Freiheit und sein Streben nach Glück selbst in die Hand nimmt, stößt bis heute auf Misstrauen. Individuelle Freiheit als kostbarer Schatz und Errungenschaften der Moderne werden noch allzu häufig einem Kollektiv und der Gleichschaltung geopfert. Die Solidarität der Städter ist in viele

Gemeinschaften (familiäre, berufliche, ideologische, nationale, religiöse) aufgespalten. Bei Konflikten sind in Afrika Stammesloyalitäten immer stärker als andere Bindungen. Das Stimmverhalten in Afrika ist immer noch stark identitätspolitisch geprägt, man belohnt oder bestraft an der Wahlurne nicht Parteien und Politiker nach individuellem Gutdünken, sondern drückt seine Identität aus, die Zugehörigkeit zur Volksgruppe.

Man kann über Politik in Afrika nur dann einigermaßen sinnvoll diskutieren, wenn man den Einfluss von Stammesstrukturen zur Kenntnis nimmt. Westliche Medien haben oft ein falsches Bild. Sie erliegen Fehleinschätzungen, weil sie das eng gewobene Geflecht von handfesten Interessen, politischen Machtansprüchen, rigorosem Durchsetzungswillen, korrumpierenden Clanverpflichtungen und traditionellen Wertvorstellungen nicht durchschauen. Solidarität ist in der Rhetorik deshalb so beliebt, weil sich damit ein glänzendes Geschäft betreiben lässt. In der afrikanischen Gesellschaft, in der Solidarität angeblich großgeschrieben wird, werden Mehrheiten immer noch durch Minderheiten ausgebeutet und unterdrückt und dadurch in die Armut getrieben. In vielen Staaten Afrikas kommt Humanität zu kurz und engagierte Initiativen von ausländischen Hilfswerken werden oft durch staatliche Lenkung und Bürokratie erstickt. Staatliche Stellen versuchen jeden auf nur jede erdenkliche Weise zu schröpfen. Sie schwadronieren über Solidarität und praktizieren das Gegenteil. Claudia Bröll zitiert in faz.net (28.07.2008) eine Vertreterin der Welthungerhilfe, die folgenden Scherz auf der Straße in Maputo gehört hat: »Was ist das größte Kapital Mosambiks? Es sind nicht der Boden oder die Rohstoffe oder die berühmten Langustenschwärme vor der Küste. Es ist die arme Bevölkerung, denn sie sorgt dafür, dass weiter Entwicklungshilfe ins Land fließt.«

Fehlende Zusammenarbeit der afrikanischen Länder

Auf dem Weg zum 9. Gipfel der Afrikanischen Union in Ghana im Juli 2007 hat der inzwischen verjagte Diktator Muammar al-Gaddafi viel Staub aufgewirbelt. In den Ländern, die Gaddafi auf dem Weg nach Accra in Ghana mit seiner Karawane von 103 Geländewagen – und Kamelen, die mit acht Transportflugzeugen herangeschafft wurden –, besucht hatte, war der Verkehr bis zu 24 Stunden lahmgelegt. Seine Gastgeber in Mali, Guinea, Sierra Leone, Elfenbeinküste und Ghana verärgerte Gaddafi durch sein dominantes Auftreten. Überall wetterte er gegen den Westen, dem er die Schuld für die politischen Ruinenlandschaften in Afrika gibt. Er wollte alle afrikanischen Länder abschaffen und umgehend eine Einheitsregierung für die 53 afrikanischen Staaten mit einer gemeinsamen Armee und zwei Millionen Soldaten schaffen. Damit wollte er eine seit den 50er Jahren kursierende Idee eines panafrikanischen Staates neu beleben. Applaus erhielt der Libyer für seine Megalomanie ausgerechnet von dem Diktator aus Simbabwe, Robert Mugabe, von dem ja allseits bekannt ist, wie gern er Regierungsverantwortung abgibt. Die Meinungen über eine Gesamtregierung gehen auseinander. Heftiger Widerstand kommt von den Kollegen aus Südafrika und Uganda. Diese wollen zuerst die Fundamente der Afrikanischen Union konsolidieren. Präsident Mbeki von Südafrika gab zu verstehen, dass man kein Dach auf ein Haus setzen könne, dem die Fundamente fehlen. Viele Afrikaner befürchten, dass durch die irrationale Debatte akute Probleme überdeckt werden.

Die Vorstellung einer panafrikanischen Regierung ist in der Tat auf absehbare Zeit weltfremd. Dringend notwendig wäre eine Stärkung der Organisation der Afrikanischen Union (AU), die zumindest versucht, regionale Krisen durch Friedenseinsätze einzudämmen. Dies ist eine politische Fata Morgana. Wichtig wäre es, erst einmal Grenzen, Zölle, Steuern, bürokratischen Aufwand abzubauen und Infrastruktur aufzubauen. So kostet der Transport von Waren ins Innere des Kontinents fast immer mehr als der Seeweg von Europa oder Asien. Würden die Zölle in Afrika sinken, dann könnte auch der innerafrikanische Handel in Schwung kommen. Eine Stärkung der regionalen Märkte kann ausländische Investoren anziehen, die Afrika dringend braucht. Die Trennlinien verlaufen nicht nur zwischen Arm und Reich, sondern auch zwischen Schwarzafrikanern und Arabern, zwischen Hirten und Bauern sowie zwischen Muslimen und Christen. Die vordringliche Frage ist deshalb nicht, wie die Vereinigten Staaten von Afrika geschaffen werden können, sondern wie die Afrikanische Union und die 14 Regionalorganisationen gestärkt werden können und wie deren Verhältnis untereinander ausgestaltet werden kann.

Bei den Treffen afrikanischer Staats- und Regierungschefs mangelt es nicht an hochfliegender Rhetorik. Es werden Visionen eines vereinten, freien und prosperierenden Afrikas verkündet. Aber über freie Zirkulation von Personen und Gütern, einen gemeinsamen Pass, eine gemeinsame Währung oder eine afrikanische Zentralbank wird nur diskutiert, ohne dass konkrete Beschlüsse gefasst werden. In Subsahara-Afrika besteht bislang ein geringer Antrieb, einen Binnenmarkt aufzubauen. Kaum ein Staat hat Interesse an den Regionalorganisationen. Wirtschaftlich geht der Blick immer nur nach Norden. Denn die Machthaber und ihr Umfeld – die nicht nur in Gedanken häufig eher im komfortablen Europa als auf dem eigenen Kontinent leben und für die alle aus Europa oder den USA importierten Luxusgüter und Gebrauchsgüter als »schick« gelten – ziehen häufig Importwaren den einheimischen Produkten vor. Gespräche über regionale Zusammenarbeit werden nur unwillig mit den Gebern geführt. Den Jubelbroschüren zum Trotz, die seit Jahren von einer »neuen politischen und wirtschaftlichen Dynamik« sprechen, geht die Kapitalflucht in den Norden weiter.

In Zentralafrika werden die ökonomischen und politischen Möglichkeiten der Einzelstaaten kaum für eine intensive regionale Zusammenarbeit genutzt. Die Erkenntnis, dass Regionen wettbewerbsfähiger und attraktiv für Investoren aus dem Ausland sein könnten, hat sich noch nicht durchgesetzt. Realistische Strategien zur Wirtschafts- und Handelsförderung, um durch Wirtschaftsintegration Entwicklung zu fördern, existieren nicht. Noch immer handeln die afrikanischen Staaten mehr mit Europa als mit ihren Nachbarn. Für eine bessere Regionalkooperation müsste ein Bewusstseinswandel der afrikanischen Eliten stattfinden. Wenn die Geber regionale Konzepte vorschlagen, sagen sie alles zu und unterschreiben, um Geld bewilligt zu bekommen. Weiter erfolgt nichts.

Anderswo wird gerne der Kolonialismus als Argument angeführt. Die Kolonialmächte hätten willkürliche Grenzen gezogen. Das habe die Entstehung eines für die Bewältigung von Herausforderungen wichtigen Gemeinschaftsgefühls untergraben. Das sei der Grund für die Unterentwicklung. Da muss man sich schon fragen, wo der Grund für Unterentwicklung dann in Ländern wie Liberia und Äthiopien liegt, die nicht kolonisiert wurden und zu den ärmsten Afrikas gehören, oder Sierra Leone, das für freigelassene britische Sklaven gegründet wurde und wo selbst zu Zeiten des britischen Protektorats die Machtausübung weitgehend bei den Chiefs lag. Die Grenzen Afrikas sind längst Tatsache geworden. Die Afrikaner müssen es nur schaffen, diese Grenzen nach dem Vorbild der europäischen Einigung bedeutungslos zu machen. Ein erster Schritt wurde in Westafrika getan: Zum Grenzübertritt genügt der Personalausweis oder der Führerschein. In Zentralafrika benötigt man dazu oft noch ein Visum. Man kommt nicht weiter, wenn man den Grund für das eigene Versagen immer nur in der Vergangenheit sucht. Die Jugend Afrikas hat ein gewaltiges Potenzial an Lebenskraft, Selbstbewusstsein und Überlebenskraft. Die Jugend will Lösungen von ihren Führern und keine Ausreden.

In Ostafrika beginnt sich mit der Ostafrikanischen Gemeinschaft (EAC) ein pragmatisches wirtschaftliches Umfeld zu etablieren. Insbesondere das dynamisch regierte Ruanda setzt verstärkt auf regionale Integration (mit Kenia, Uganda, Tansania und Burundi) und steigert damit seine wirtschaftliche Leistungsfähigkeit. Ruanda als treibende Kraft in der Gemeinschaft sucht händeringend qualifizierte Arbeitskräfte wie Rechtsanwälte, Ärzte, Architekten und Spezialisten für das Qualitätsmanagement. Bereits 2000 Kenianer arbeiten in Ruanda. Die EAC kann mit der Lokomotive Ruanda den Weg zu steigendem Wohlstand in der Region ebnen.

Die Wahrnehmung Afrikas im Ausland

Afrika hat eine schlechte Presse im Ausland. Wenn es nicht gerade um Löwen oder Elefanten vor atemberaubenden Sonnenuntergängen geht oder um dekorative Einheimische bei der Pflege ihrer Traditionen, dann geht es um Kriege, Krankheiten und Katastrophen. Das führt im Bewusstsein der Menschen zu einer völlig anderen Wahrnehmung, als sie in europäischen Sonntagsreden unermüdlich behauptet wird: dass nämlich die Bedeutung Afrikas wachse. Man macht gerne unbehelligt Reisen in wunderbare afrikanische Landschaften, spendet eifrig für die »armen Afrikaner« und wendet sich ansonsten von diesem Kontinent ab, von dem nur schlechte Nachrichten kommen und wo die Lage so oft hoffnungslos erscheint. Und dabei kommen diese schlechten Nachrichten nur gefiltert nach Europa. Wie haarsträubend die Zustände oft wirklich sind, das erfährt man erst, wenn man in Afrika lebt und regelmäßig die lokalen Sender sowie die afrikanischen Korrespondenten der internationalen Sender wie RFI (www.rfi.fr) und BBC (monitor.bbc.co.uk) hört.

Solange Misswirtschaft, Korruption, mangelnde Solidarität mit den Armen und die Strukturen einer Stammesgesellschaft das Leben in vielen afrikanischen Ländern prägen, wird sich daran auch nichts ändern. Das sind die Ursachen für immer wieder ausbrechende kriegerische Auseinandersetzungen und für die marginale Rolle, die Afrika im Weltsystem spielt. Der Wissenschaftler Moeletsi Mbeki, der Bruder des ehemaligen südafrikanischen Präsidenten, sieht wie Frans Cronje, Vizepräsident des Instituts für Rassenbeziehungen in Johannesburg, die Ursachen für die Gewalt in einer nachlässigen und ineffizienten Regierungsführung, die einen Mix aus Gesetzlosigkeit, Armut und unerfüllten Zukunftserwartungen geschaffen habe, der sich nun gewalttätig entlade.

Der Kontinent wird sich nur dann von dieser Rolle befreien können und zur Ruhe kommen, wenn sich die politischen Klassen mit der Entwicklung ihrer Länder identifizieren, ihre Gleichgültigkeit und Raffgier überwinden und im Sinne der gesamten Bevölkerung handeln. Jeder, der Afrika kennt, weiß von der unbändigen Lebenslust, dem unerschütterlichen Optimismus, der Heiterkeit und Gelassenheit, von lebendiger Zivilgesellschaft sowie dem Erfindungsreichtum der Afrikaner. Es liegt an den Machteliten, den Mut und die Fantasie ihrer Bürger zu nutzen. Wenn sie es nicht bald tun, werden die Migrationsbewegungen in Richtung Europa weiter rasant anwachsen und in den Ländern selbst werden die Kriminalitätsraten nach oben gehen und die Gewaltschwelle wird weiter sinken. Das demokratische Bewusstsein wird weiter sinken. Noch gibt es zu wenige afrikanische Hoffnungsträger und Friedensidole (Wangari Maathai, Ellen Johnson-Sirleaf, Festus Mogae, Christiana Thorpe), die den Kontinent erneuern wollen. Ich bin mir sicher, dass westliche Medien den Kontinent nicht weiter ausklammern, wenn es gelingt, dort Frieden und Stabilität herzustellen und wenn endlich Armut ernsthaft bekämpft wird.

Lehrstoff Entwicklungshilfe

Archäologie der Entwicklungshilfe

Als ich in den 80er Jahren nach Niamey in den Niger versetzt wurde, wollte ich wissen, welche Projekte seit Beginn der deutschen Entwicklungshilfe im Niger durchgeführt wurden. Weder ein Ministerium noch die GTZ und auch nicht der DED hatten den Überblick. Es wurde abgelehnt, einen ehemaligen Entwicklungshelfer, der das Land gut kannte, mit dieser Untersuchung zu beauftragen. Keiner wollte es wirklich wissen, weshalb das Projekt Schlachthof in T. oder die Brunnen in Z. »vom Winde verweht« wurden. Bis heute kann man sich nirgendwo einen Überblick verschaffen. Man kann nicht nachlesen, welche Projekte in einem Land angepackt wurden, und warum sie letztlich scheiterten. Ich habe im Laufe der Jahre viel gelernt über das globale Hilfsbusiness. Ich sah, wie Steuergelder in sinnlose Projekte, in Konferenz-, Workshop- und Reisezirkus versenkt wurden, wie der Rest in die Taschen der einheimischen Machtelite floss und riesige Bürokratien bewässerte, die fortan nur eins im Sinn hatten: mit dem warmen Geldfluss ihr feudales Leben zu sichern.

Kritik an der Entwicklungshilfe galt viele Jahre lang als politisch inopportun und als geschäftsschädigend. Die Nehmerländer nach guter Regierungsführung und Verantwortungsbewusstsein gegenüber der eigenen Bevölkerung zu fragen entsprach nicht der politischen Höflichkeit. Aber sollte man nicht aus Fehlern lernen? Fast 50 Jahre Entwicklungshilfe und ihre mageren Ergebnisse geben sicherlich viel Lehrstoff her. Ich plädiere dafür, die bisherigen Tabus und Denkverbote aufzuheben. Wir brauchen eine Analyse der Ergebnisse von mehreren Jahrzehnten Entwicklungshilfe in Afrika. Diese Analyse wird es nicht geben, so lange wir gar nicht wissen, welche Projekte wir finanziert haben.

»Milde Gaben und technische Wunderwerke machen aus verarmten Menschen keine fortschrittsorientierten Zupacker«, so der Chef des Deutschen Instituts für Entwicklungspolitik, Dirk

Messner. Viele Fehlgriffe und Blamagen hätten vermieden werden können, wenn man etwas mehr von dem Warum und Wohin in der Entwicklungshilfe wüsste oder gewusst hätte. Offenbar müssen wir sehr viel bescheidener werden. Es muss eine objektive Debatte über die Schwächen von Entwicklungshilfe geführt werden und den Zusammenhängen vorurteilsfrei auf den Grund gegangen werden. Es wird in diesem Land seit Jahr und Tag nurmehr an-, selten aber durch- oder zu Ende gedacht. Wir können nicht weiter nach dem Motto verfahren »Morgen werden wir es ändern; gestern wollten wir es heute schon«. Die Hilfe muss die Menschen (nicht die Regime) erreichen. Sonst befriedigt die Entwicklungshilfeindustrie einzig und allein sich selbst.

Anhand eines »Archivs des Scheiterns« muss diese Analyse auch dazu führen, dass sich die Methoden ändern. Bei den Programmen der deutschen Entwicklungshilfe sollte größerer Wert als bisher darauf gelegt werden, nachvollziehbare Zwischenschritte einzubauen, die jeweils mit festen Zielvorgaben verbunden sind. Bei Nichterreichen der Zielvorgabe müssen in jedem Fall spürbare Konsequenzen vorgesehen sein, bis hin zum Ausstieg. Instrumente, die eine solche Kontrolle nicht zulassen, sollten gemieden werden. Wichtig ist die Weiterentwicklung und ständige Infragestellung der eigenen Ansätze und Methoden. Wohltätigkeit beseitigt nicht die Wurzeln der Armut. Hilfsorganisationen sind zu sehr auf soziale Hilfe konzentriert und wachstums- und wirtschaftsfeindlich eingestellt. Bevor man über eine Erhöhung von Entwicklungshilfe redet, sollte man sich auf die Mittel konzentrieren, die auch wirklich Effekte bringen. Wenn wir den Markt für Baumwolle geschlossen halten, kann ein afrikanisches Land keine Baumwolle exportieren. Wenn ein afrikanisches Land Baumwolle exportieren kann, dann kann es damit einen eigenen Beitrag zur Entwicklung leisten. Das ist besser und nachhaltiger als der Almosentropf.

Entwicklungshilfe als Beruf

»Ich möchte etwas Sinnvolles mit meinem Leben anfangen und deshalb in Afrika helfen.« Diesen Satz habe ich schon oft gehört. Allerdings stellen viele junge Menschen rasch fest, dass Entwicklungshelfer zu sein kein so direkter Weg zur Sinnfindung ist, wie sie sich dies erhofft haben. Grotesk wirken die vielen kulturellen und politischen Missverständnisse. Sprösslinge demokratischer Gesellschaften Europas suchen sich autoritär geprägte Länder in Afrika, die sie zu Kulissen ihrer Selbstverwirklichung machen. Selbst wenn ihre Egotrips ins Elend nicht viel Schaden anrichten, sie dienen auch nicht den Menschen in Afrika, denen sie doch helfen wollen. Jugendlichen z. B. mit dem Weltwärts-Programm einen Abenteuerurlaub zu finanzieren, mag innenpolitisch gewünscht sein, hat aber mit Entwicklungshilfe nichts zu tun. Zumal die meisten Entwicklungsländer in Afrika nicht gefragt wurden, ob sie diese Art Hilfe überhaupt wünschen.

Doch wer die falsche Entwicklungshilfe-Ideologie »Mehr Geld wird Entwicklungsländer aus der Armut führen« kritisiert, wird angegriffen. Die Weltverbesserer am Schreibtisch der Entwicklungsadministration wollen von ihren Vertretern vor Ort keine negative Berichterstattung. Wenn man auf offensichtliche Fehlentwicklungen hinweist, geht ein kollektiver Aufschrei durch die an Bedeutungsmangel leidende Entwicklungshilfelobby. Allein für Deutschland arbeiten ca. 100 000 Menschen in der Entwicklungshilfe. Das Durchschnittsalter der Entwicklungshelfer erhöht sich unentwegt. Sie haben ein wesentliches Interesse daran, für den Rest des Arbeitslebens in der Entwicklungshilfe zu bleiben. Die Arbeitsplätze der Helfer hängen von der Fortsetzung der Hilfsprojekte ab. Infolgedessen ist es nicht ihr Interesse, die Zelte in einem Land abzubrechen, nur weil es dort keine gute Regierungsführung gibt. Doch die Myriaden von Entwicklungshelfern helfen vor allem sich selbst.

In Afrika engagieren sich insgesamt rund 40 000 Organisationen für die Entwicklungshilfe. Sie wenden jährlich Millionen für »Kommunikation« auf. Diese oft emotionalen Kampagnen dienen zur politischen Beeinflussung der öffentlichen Meinung und vor allem zur Eigenwerbung. Bei manchen Organisationen sollen bis zu fünfzig Prozent der Spenden für Spendenwerbung aufgewendet werden. Auch die Nichtregierungsorganisationen (NGO) nehmen für sich in Anspruch, die Armen zu vertreten und für sie zu sprechen, offensichtlich, weil sie nicht in der Lage sind, für sich selbst einzutreten. Wie sonst kommt es, dass nur wenige von den Tausenden bei der UNO registrierten NGOs aus den Entwicklungsländern selbst stammen? Die meisten kommen aus den USA, Großbritannien, Frankreich und Deutschland. Dazu kommen die Aktionen privater Träger, die z. B. Spenden für Äquatorialguinea sammeln. Dabei sollte man wissen, dass Äquatorialguinea eine Öl-Förderung pro Kopf hat wie Katar. Doch weil es in Afrika liegt, muss ihm offenbar geholfen werden. Diese Vertreter der sogenannten Zivilgesellschaft sind auch in der »Hilfsbranche« tätig, ohne demokratische Legitimation und ohne dass sie von den Geldgebern zur Rechenschaft gezogen werden können.

Ich stelle nicht in Frage, dass viele Entwicklungshelfer ihrer Arbeit mit starkem persönlichen Einsatz und hohem moralischen Anspruch nachgehen. Aber das kann keine lebenslange Aufgabe sein, wenn noch irgendetwas dran sein sollte, dass Entwicklungshilfe Hilfe zur Selbsthilfe ist. Zu Beginn der 60er Jahre glaubte man noch, dass sich Entwicklungshilfe in wenigen Jahren überflüssig machen muss. Heute nimmt sich jede Entwicklungshilfeorganisation wichtiger als die Sache, die sie vertritt. Bei den afrikanischen Eliten gibt es einen gerne benutzten Spruch: »You pretend to help us and we pretend to develop.« Wir sollten uns nicht damit zufriedengeben, die Armut zu perpetuieren.

Die Entwicklungshilfeindustrie

Vor 1990 hatte die Entwicklungshilfe oft auch die Funktion des »Bestechungsgeldes«. Das jeweilige Empfängerland hatte entsprechend den Gesetzen des Kalten Krieges, die die globale Landkarte bestimmten, immer die Möglichkeit, bei unliebsamen Nachfragen mit dem Osten zu flirten. Eine echte Kontrolle und Bewertung des Unterstützungseffekts war unter diesen Umständen oft gar nicht möglich. Nach der Auflösung des Ostblocks hätten wir die Chance gehabt, dies zu ändern und von den Nehmerländern Transparenz einzufordern. In der Entwicklungshilfe haben wir jedoch die »Zeitenwende« verstreichen lassen, ohne die neuen Möglichkeiten zu nutzen. Transparenz und den Anspruch auf Evaluierung können wir allerdings nur dann überzeugend durchsetzen, wenn wir uns selbst an diese Maßstäbe halten und unsere eigene Effizienz überprüfen. Obwohl eine Rhetorik wie »radikaler Neubeginn« oder »Wir machen Budgethilfe nicht blauäugig« und dergleichen mehr so etwas suggeriert, ist dies in Wirklichkeit nicht der Fall. Mir wurde im Laufe der vielen Jahre in Afrika immer schmerzlicher bewusst, wie fern die Entwicklungshilfe von der Realität und den Problemen der Bevölkerung vor Ort ist. Die wachsenden Geldströme und die wuchernde Entwicklungshilfeindustrie haben die Armut nicht schrumpfen lassen, im Gegenteil. Wenn wir daran nichts ändern, bestätigen wir den von kritischen Afrikanern wie Shikwati oder Mwenda erhobenen Vorwurf, dass wir nichts ändern wollen, weil zu viele »Helfer« davon profitieren.

Charakteristisch für die Entwicklungshilfe ist ihr unablässig wachsender Mehrbedarf an Geld und Personal bei gleichzeitig sinkender Effizienz. Doch es sind Zweifel erlaubt, ob die Entwicklungshilfe überhaupt ein seriöses Interesse an der Lösung der Probleme hat beziehungsweise haben kann. Die ziemlich üppig dotierte und ausgelegte internationale Hilfsbürokratie (deren deutsche Experten weder in Deutschland noch im Gastland Steuern zu entrichten haben und natürlich Businessklasse fliegen) hätte keine Daseinsberechtigung mehr, wenn es keine Armut mehr gäbe. Martin Elsässer, Botschafter a. D., hat dafür in einem Leserbrief an die ›Frankfurter Allgemeine Zeitung‹ (3. 12. 2007) bereits deutliche Worte gefunden: »Eine ganz wichtige Gruppe von Profiteuren der Entwicklungshilfe: das Heer der freischaffenden deutschen ›Consultants‹, welche im Auftrag der deutschen Bürokratie an jedem Projekt mit Machbarkeitsstudien aller Art staatliche Honorare einstreichen. Interessant wäre auch einmal zu erfahren, wie viele Milliarden Euro in der ›Pipeline‹ der deutschen Entwicklungshilfe stecken. Das sind Haushaltsmittel, welche zwar verbindlich zugesagt, aber (noch) nicht abgerufen sind. Die meisten Leitungen sind über viele Jahre verstopft. Im Fall eines Landes wie Ägypten waren es zu meiner Zeit als Botschafter dort über Jahrzehnte Hunderte von Millionen. Der Grund war, dass entweder die Projekte unausgegoren und unreif zwischen der örtlichen und der deutschen Bürokratie hin- und hergeschoben wurden oder durch langwierige ›feasibility studies‹ und ›updated feasibility studies‹ deutscherseits aufgehalten wurden. Bis schließlich nach vielen Jahren ein Projekt ›reif‹ erschien, waren abermals Machbarkeitsstudien fällig, da die Budgetierung durch Zeitablauf oder technische Voraussetzungen überholt war. Wie ich höre, hat sich das inzwischen wenig geändert. Dieses absurde und teure Spiel, bei dem am Ende die deutsche Seite fast genauso viel profitiert wie das Entwicklungsland selbst, bedarf schon seit Jahren einer grundsätzlichen Änderung. Sie wird jedoch von den zahllosen Interessentengruppen auf beiden Seiten erfolgreich verhindert. Wenn der deutsche ›Gutmensch‹ denkt, mit seinen Steuermitteln in der Entwicklungshilfe etwas Gutes zu tun, sollte er doch einmal etwas näher hinsehen.«

Sehr treffend beschreibt der Afrika-Korrespondent der Neuen Zürcher Zeitung (NZZ) Kurt Pelda die heikle Rolle der Hilfswerke: »Das Afrikabild im Westen wird immer weniger von Reportern und immer mehr von Hilfswerken geprägt. Nur wenige Medien können sich festangestellte Afrika-Korrespondenten leisten. Die südlich der Sahara stationierten freien Journalisten sind so schlecht bezahlt, dass sie von wohltätigen Organisationen abhängig zu werden drohen. Bei ihrer Berichterstattung, die in Afrika immer auch mit kostspieligen Reisen verbunden ist, sind sie oft auf Hilfswerke angewiesen: Bereitwillig übernehmen diese die Kosten für Flüge und Unterkunft, sie stellen Übersetzer und Fahrzeuge zur Verfügung und helfen beim Papierkrieg mit den lokalen Behörden. Die netten Gesten kommen aber nicht ohne Bedingungen. Von den Journalisten wird erwartet, dass sie über Hilfsprojekte berichten und Verantwortliche der Organisationen in ihren Beiträgen zu Wort kommen lassen. Wer sich nicht an diese ungeschriebenen Abmachungen hält oder es gar wagt, Negatives zu erwähnen, bekommt das schnell zu spüren. Kritik können sich deshalb oft nur noch die finanziell abgesicherten und damit unabhängigen Korrespondenten der Leitmedien leisten. Doch auch das kann seinen Preis haben: Der Ehefrau des NZZ-Korrespondenten in Nairobi wurde von ihrem ehemaligen Arbeitgeber – einem schweizer Hilfswerk – einmal mit Konsequenzen gedroht, falls der Journalist ein bestimmtes Projekt der Organisation in ein schlechtes Licht stellen sollte.« (Zitiert aus der NZZ vom 15.8.2009)

Die riesigen Wagenparks der Entwicklungshilfeindustrie und die in jedem Land tätigen 200 bis 400 Nichtregierungsorganisationen sind auch für eine kleine Minderheit der lokalen Bevölkerung ein einträgliches Geschäft. Die zusätzlich 280 multilateralen Institutionen brauchen aufwändige Unterkünfte, Büromaterial, Sicherheitstechnik etc. Die Fahrzeuge brauchen Fahrer, Treibstoff, müssen repariert werden, werden nach einer angemessenen Zeit gegen neue vierradangetriebene Toyotas ausgetauscht und an inzwischen wohlhabende Angestellte der Entwicklungshilfeorganisationen verkauft. Solche lokalen Mitarbeiter können ihr Gehalt beträchtlich erhöhen durch Dienstreisen und Tagegelder für die Teilnahme an Fortbildungsveranstaltungen. Manche werden von der Entwicklungshilfeindustrie bezahlt, damit sie ihre Arbeit in den Ministerien in deren Sinne erledigen. Sie sind die tatsächlichen Gewinner des Systems und daran interessiert, die Hilfsindustrie am Leben zu erhalten. Für die normale Bevölkerung hält sich der Nutzen allerdings in Grenzen.

Ein Freund, der für den DED tätig war, hat mir kürzlich geschrieben: »Als Beauftragter bin ich – wie alle meine Kollegen anderer Organisationen – wie ein Handelsreisender im Lande herumgefahren und habe Verantwortliche gefragt, nach dem Motto ›Was darf es denn sein?‹ Und vor Regierungsverhandlungen schreiben die Experten den afrikanischen Regierungen auf, was sie erbitten sollen.« Für die Akquise von Projekten gibt es Provision. »Die perverse Anreizstruktur bedingt, dass Mitarbeiter der GTZ, die mit der ›Akquisition‹ von Projekten betraut sind, umsatzabhängige Einkommensteile beziehen. Ein ähnliches System bei der Weltbank, das Einkommen an die Höhe der ausgegebenen Kredite koppelte, ist vor einigen Jahren durch den damaligen Weltbankpräsidenten Wolfensohn abgeschafft worden.« So der Politikwissenschaftler Jürgen H. Wolf. Es gibt die perverse Tendenz, dafür zu bezahlen, dass man helfen darf. In sämtlichen Ländern, in denen ich gearbeitet habe, müssen Tagegelder, sogenannte »per diem« gezahlt werden, damit sich Beamte mit den Helfern z. B. zu Fortbildungskursen an einen Tisch setzen. Dass da etwas gründlich falsch läuft, müsste selbst dem hartnäckigsten »Wohltäter« einleuchten.

Eine Tätigkeit in der Entwicklungshilfe wird heute von vielen als lebenslange Anstellung betrachtet. Solange aber Entwicklungshelfer als Berufsbild quasi des öffentlichen Dienstes verstanden wird (auch für Soziologen, Ethnologen, Kulturwissenschaftler, die in Deutschland keine Beschäftigung finden), wird das arme und rückständige Afrika gebraucht. Armut und Rückständigkeit setzen den Ideen der vielen – oft mit Steuergeldern – gespeisten sogenannten Nichtregierungsorganisationen keine Grenzen. In jedem Land, in dem ich tätig war, gab es etwa dreihundert verschiedene Hilfsorganisationen, die sich gegenseitig mit immer neuen Entwicklungshilfeprojekten übertrumpften. Nichtregierungsorganisationen vermarkten Katastrophen oft regelrecht.

Schon 1999 hat Wolfgang Fengler, wissenschaftlicher Mitarbeiter der Stiftung Wissenschaft und Politik, einen nachdenkenswerten Vorschlag gemacht: »Dass die aus Steuermitteln finanzierte Entwicklungszusammenarbeit trotz erheblicher Zweifel an ihrer Wirksamkeit niemals grundsätzlich reformiert wurde, hängt mit den Interessenlagen in den Geberstaaten zusammen (Arbeitsplätze...). Die ›Mittelabflusskultur‹ des öffentlichen Dienstes bestraft Sparsamkeit durch reduzierte Mittelzuweisung im Folgejahr ... Größer wäre der Effekt für die öffentlichen Haushalte, wenn die Entwicklungszusammenarbeit privatisiert und professionalisiert würde.« (FAZ, 8. 11. 1999). Warum ändert sich nichts, warum wird die Entwicklungshilfe wie gehabt fortgesetzt mit wechselnden Schwerpunkten und Beziehungen? Weshalb werden die Forderungen – 0,7 Prozent des Sozialprodukts für Hilfe auszugeben – weiterhin erhoben, wo allein 2007 einige hundert Milliarden Euro aus den Industrieländern für Öl und Gas nach Afrika abgeflossen sind? Ganz einfach: Ein Riesenapparat lebt sehr gut von der Verantwortung »für Afrika«. Etwas anderes als einen von unserer Mildtätigkeit abhängigen Bettler-Kontinent Afrika können wir uns gar nicht mehr vorstellen. Dafür sorgen auch die Presseabteilungen von Institutionen, die von der Entwicklungshilfe leben.

Natürlich gibt es Ausnahmen: In Kamerun arbeitet die Initiative GREEN STEP, die mit örtlichen Handwerkern und einfachem Material Windräder herstellt. Die Leute vor Ort bekommen keine milden Gaben sondern packen an und sind dankbar für die Unterstützung. Aber diese Initiative hat einen Nachteil: Sie kostet fast kein Geld. Die African Medical and Research Foundation (AMREF) baut seit 1957 einen Basisgesundheitsdienst in Ostafrika auf. Allein die Tatsache, dass von den 700 Mitarbeitern 95% von AMREF ausgebildete Afrikaner sind zeigt, dass richtige Lösungen gefunden wurden: Afrikaner helfen Afrikanern. Die »Flying Doctors« wie sie auch genannt werden, betreuen über 240 Krankenstationen. Rund 20000 Krankenschwestern wurden von ihnen ausgebildet.

Wenn sich das neue Konzept Cash on Delivery (Vergütung für erzielte Wirkung) von Nancy Birdsall und William Savedoff durchsetzen sollte, werden tausende von Berufsentwicklungshelfern nicht mehr benötigt. Dann liegt die alleinige Verantwortung z. B. für den Bau einer Schule oder eines Krankenhauses bei dem Entwicklungsland. Dann gibt es eine konkrete Ergebnisvereinbarung zwischen Geber und Nehmer. Sobald der Nehmerstaat Ergebnisse nachweist, die von unabhängigen Prüfern abgenommen wurden, zahlt der Geber die zugesagte Summe für die Ergebniserreichung. Norwegen setzt das Konzept bereits in Tansania um. Nach dem Entwicklungshilfedesaster im Kongo wird dieser neue Ansatz auch in Deutschland geprüft.

Die UNO als globale ABM-Maßnahme

William Easterly, lange Jahre der führende Weltbank-Ökonom und Wirtschaftsprofessor der New York-University, nennt den UNO-Plan, die Armut bis 2015 zu halbieren, politisches Theater, einen Geniestreich, der geholfen hat, Budget und Einfluss der UNO zu erhöhen. Er sagt: »Alle machen mit, weil sie auf diese Weise ihre Leidenschaft für ein drängendes Problem demonstrieren können. Sie schaffen große Erwartungen, aber wirklich verantwortlich ist niemand«, und weiter: »Der Haupteffekt der UNO-Milleniumsziele ist es, dass weltweite Gipfeltreffen veranstaltet und Hochglanzbroschüren verteilt werden. Das ist keine ernsthafte Lösung für das Problem, den Armen zu helfen.« Es gibt eine nicht überschaubare Anzahl von Unterorganen, Unterorganisationen, Sonderorganisationen der UNO, die sich zum Teil mit ihrem flächendeckenden Aktionismus Konkurrenz machen: UNDP, UNICEF, UNHCR, WHO, UNCTAD, UNIDO, UNIDI, UNEP, UNOPS, UNESCO, UNIFEM, ILO, FAO, WFP usw. Es zeigt sich immer wieder, dass sich der Kampf um Mittel ausdehnt wie Wellenringe nach einem Steinwurf in den Teich. Bei Ernährungskrisen wie z. B. im Niger versuchen sich einzelne UN-Organisationen gegenüber Nichtregierungsorganisationen stärker zu profilieren und mit größeren finanziellen Polstern in neue Bereiche der Entwicklungshilfe vorzudringen. Der ehemalige Generalsekretär Kofi Annan geht mit den UN-Bediensteten in der Zentrale hart ins Gericht: fehlende Qualifikation, Mangel an Mobilität, Missachtung der Erfahrungen von Mitarbeitern in den Einsatzgebieten selbst. Mit neuen Kontrollmechanismen versuchte Annan vergeblich, der Misswirtschaft entgegenzuwirken. Die Bilanz sieht düster aus. Das erklärte Ziel der Bekämpfung von Armut und die wirtschaftliche Entwicklung wird seit Jahren nicht erreicht. Die UNO muss sich verändern.

In Europa arbeiten viele Mitarbeiter ehrenamtlich, aber wie UNICEF Deutschland zeigte, kommt es bei den festangestellten

Mitarbeitern durchaus zu seltsamem Geschäftsgebaren. Im Januar 2008 wurde öffentlich, dass einem Berater rund 16000 Euro monatlich und einem Spenden-Akquisiteur 191 000 Euro als Provision bezahlt wurden. Da dies offenbar weltweit keine Einzelfälle sind, wirft der Vorfall die Frage nach der Effizienz und der moralischen Glaubwürdigkeit der UNICEF-Organisation auch in anderen Ländern auf. Immerhin wurde UNICEF in Deutschland das begehrte Spendensiegel entzogen. Bemerkenswert war das Interview des neuen UNICEF-Vorsitzenden in Deutschland in der ›Frankfurter Allgemeinen Sonntagszeitung‹ (11.5.2008), in dem nicht mit einem Satz von geplanten Aufgaben bzw. Projekten die Rede war. Es ging nur um Spenden und Provisionen für Spendenwerber.

Es lohnt ein Blick in den Geschäftsbericht 2010 von UNICEF Deutschland. Die Bilanz weist einen Kassenbestand und Guthaben von über 37 Millionen Euro aus. Als Spenden wurden 92,5 Millionen Euro eingesammelt. Fast 6 Millionen wurden allerdings für die Öffentlichkeitsarbeit und Werbung ausgegeben. Ob die Förderer von UNICEF wissen, dass ihre Spenden auf Konten lagern und für Werbung ausgegeben werden?

Einige Organisationen sind sehr nützlich, andere völlig überflüssig. Die UNO hat 23 Spezialorganisationen, die sich mit Wasser beschäftigen, und musste eine völlig neue Institution – UN Water – schaffen, nur um die Arbeit dieser 23 Organisationen zu koordinieren. Jede ist teilweise verantwortlich, und trägt keine volle Verantwortung. Es müsste eine einheitliche UN Präsenz in den Ländern geben, die ein Programm mit einem Verantwortlichen und einem Haushalt hat. Gemeinsam haben sie, dass sie viel Personal benötigen – im Kongo (Kinshasa) arbeiten bei UNDP derzeit 1200 Personen –, und das Personal will Privilegien wie Steuerfreiheit, häufige Dienstreisen natürlich in der Businessklasse, neueste Dienstwagen etc. In einigen Hauptstädten der Entwicklungsländer bevölkern sie ganze Stadtviertel. Auch die UNO hat sich ganz auf den Geschäftsbereich »Hilfe für Afrika« eingerichtet. Oft steht der Aufwand in keinem Verhältnis zu den bescheidenen Ergebnissen. Längst ist die UNO Teil des Entwicklungsproblems. Die UNO-Organisationen richten für immer denselben Personenkreis

Seminare aus. Die Food and Agriculture Organization (FAO) gilt als schwerfälliger, bürokratischer Apparat. Jacques Diouf hat es in den 16 Jahren Amtszeit trotz beträchtlichen Budgets unterlassen, aus der FAO eine effiziente Organisation zur Verbesserung der Bedürftigen zu formen. Die naheliegenden Fragen werden nicht gestellt. Wieso hat das multilaterale System versagt, die Krise nicht verhindert? Was muss beim UN-System getan werden, um künftigen Krisen entgegenzuwirken? In der Vergangenheit haben sich die UN Organisationen FAO, das Welternährungsprogramm WFP und der Internationale Fund for Agricultural Developement IFAD wenig koordiniert. Sie sitzen alle drei in Rom und beschäftigen sich mit demselben Thema. Wenn man in Afrika tätig ist, hat man den Eindruck, dass sie sich nicht ergänzen, sondern miteinander konkurrieren. Leider wurde der ehemalige spanische Außenminister Miguel Angel Moratinos im Juni 2011 nicht zum neuen Generaldirektor der FAO gewählt. Er wollte den Hunger nicht mehr nur verwalten sondern die Personal- und Verwaltungskosten von 70 auf 50 Prozent senken. Darüber hinaus wollte er externe Consultants, die weitere 15 Prozent des Budgets kosten, zugunsten von echten Projekten zur Eindämmung des Hungers zurückfahren.

Man muss dem bösen Satz, dass Entwicklungshilfe hauptsächlich der Entwicklungshilfe-Bürokratie der Geber und dann noch in verkleinertem Maßstabe der der Nehmer (sprich: Elite) dient, nicht völlig zustimmen, aber er enthält viel Wahres. Einmal ins Leben gerufene Organisationen tendieren nun mal zur Selbsterhaltung und zu Wachstum. »Eine Organisation wie das Welternährungsprogramm der Vereinten Nationen (WFP), das internationale Hilfe organisiert, hat kein Interesse dran, die Afrikaner wirksam zu unterstützen, sich selbst zu ernähren, was durchaus möglich wäre. Sonst wäre es ja selbst überflüssig. Die schwedische Zeitung ›Omvärlden‹ berichtet im Oktober 2009, dass das WFP für eine Veranstaltung im Rahmen des G-8-Gipfels im Juli 2009 zu Werbezwecken arme afrikanische Kinder einfliegen ließ, um sie durch Politikerfrauen öffentlichkeitswirksam mit Sojamaisbrei zu füttern. Kosten der Veranstaltung: 500000 US Dollar. In Äthiopien – wo übrigens 30 Länder Entwicklungshilfe leisten und miteinander konkurrieren –

ist die Hungerhilfe inzwischen der zweitgrößte Wirtschaftszweig. Sie wächst schneller als die Landwirtschaft. Sie ist mit schuld daran, dass die Äthiopier immer ärmer werden«, schrieb Erich Wiedemann in seinem Artikel ›Wie die Hungerhilfe ein Land in der Armut hält‹ (Spiegel Online, 24. 11. 2005). Das Welternährungsprogramm der Vereinten Nationen (WFP) hat mit der französischen Rückversicherung AXA Re sogar eine Versicherung für humanitäre Notfälle in Äthiopien abgeschlossen. Die Prämie bringt die UNO-Organisation aus Beiträgen, letztlich also aus Steuergeldern auf. AXA Re garantiert dafür eine Deckungssumme von bis zu 5,8 Mio Euro. Die Gründe für die Hungersnöte – Misswirtschaft und Korruption – werden nicht hinterfragt. Stattdessen wird das Wundermittel Versicherung hervorgezaubert, um vom eigenen Versagen abzulenken. Warum sollte Äthiopien künftig noch Vorsorge gegen Hungersnöte treffen? Ganz im Gegenteil: In Äthiopien wurde sogar mit der Desaster Prevention und Preparedness Commission ein staatlicher Apparat geschaffen, der internationale Nahrungsmittelhilfe regelmäßig aggressiv einfordert, ohne selbst erkennbare Eigenleistungen zu erbringen.

Harvard-Professor und Nobelpreisträger Amartya Sen ist berühmt geworden, weil er bewiesen hat, dass Hungersnöte fast nichts mit Klimabedingungen zu tun haben. Es sind nicht die Naturkatastrophen, sondern die Menschen verantwortlich. Die UNO sollte nicht länger nur Konferenzen und Seminare abhalten und Berichte verfassen, sondern sich um wirkliche Reformen bemühen, um effizienter Armut und humanitäre Katastrophen zu bekämpfen. Dafür braucht die UNO eine dringend notwendige Managementreform. Dann könnte sie in Afrika ihre Glaubwürdigkeit verbessern und entscheidende Dienstleistungen von der Friedenserhaltung bis zur Stärkung der Menschenrechte erbringen. Davon würde Afrika wirklich profitieren.

Die Afrika-Politik des »Entwicklungslandes« China

Offiziell hat Deutschland seine Entwicklungshilfe an China eingestellt. Nach Informationen der Frankfurter Allgemeinen Zeitung vom 27.10.2010 »fallen aber bestenfalls 16 Prozent der Leistungen weg. Statt des BMZ treten zunehmend das Umweltministerium (BMU) und andere Ressorts als Geber auf. Auch über internationale Organisationen wie der EU oder den Vereinten Nationen gelangen deutsche Steuergelder nach Fernost.« Benötigt ein Land, dessen Wirtschaft boomt und das 80,6 Milliarden Euro für sein Militär ausgibt (westliche Medien vermuten jedoch, dass die tatsächlichen Militärausgaben dreimal so hoch sind), das sich ein Weltraumprogramm für rund zwei Milliarden Euro, eine Formel-1-Strecke für eine halbe Milliarde Euro leistet und über unerschöpfliche Devisenreserven verfügt, deutsche Entwicklungshilfe? Seit 2009 hat Japan keine günstigen Kredite mehr an China vergeben. »Es ist geradezu absurd, dass die Weltbank Entwicklungshilfekredite an ein Land wie China vergibt, das über ein Raumfahrtprogramm und über Währungsreserven von 1,2 Billionen Dollar verfügt«, so der amerikanische Wirtschaftswissenschaftler und Professor in Harvard Kenneth Rogoff (FAZ, 26.6.2007). Die VR China stieg 2010 weltweit zur zweitgrößten Volkswirtschaft auf. 2008 bekam China je nach Berechnungsmethode zwischen 67,5 und 195 Millionen Euro Steuergelder aus Deutschland. Dies dürfte etwa dem Betrag entsprechen, den China an Entwicklungshilfe an Afrika gibt. Mit dieser Hilfe werden keine politischen Bedingungen wie gute Regierungsführung, Achtung der Menschenrechte, Korruptionsbekämpfung etc. verbunden. Mit dieser Hilfe baut China in Afrika (z.B. durch den Erwerb von Ölfeldern für 2,3 Mrd. US-Dollar im Golf von Guinea und einer Raffinerie in Kaduna) konsequent seinen Einfluss aus.

Natürlich gibt es noch Armut in China. Aber China kann mit seiner dynamischen Wirtschaft die Armutsursachen selbst bekämpfen. Dazu bedarf es nicht des Geldes des deutschen Steuerzahlers. In Afrika ist China gut Freund mit den Diktaturen, wenn es dafür Öl, Holz oder Mineralien bekommt. Nebenbei konterkariert Peking die westliche Entwicklungspolitik, indem es den gerade entschuldeten Ländern neue Kredite anbietet.

Chinas Afrika-Politik wird von wirtschaftlichen (was übrigens inzwischen auch für Russland und Indien gilt) und strategischen Interessen geleitet. China arbeitet mit der Scheckbuchdiplomatie. Im Gegenzug für die Entwicklungsgeschenke wie neue Amtssitze, Ministerien, Sportstadien, Kongresszentren, Luxushotels zeigen sich die afrikanischen Regierungschefs aufgeschlossen für die Interessen Chinas. Die OECD hat mit Stand 2006 bereits ca. 19 Milliarden US-Dollar an Darlehen und Krediten errechnet. Allerdings konzentriert China seine Hilfe auf eine begrenzte Zahl Öl und Mineralien exportierender Länder. Dabei scheuen die Chinesen eine enge Kooperation mit den korruptesten und brutalsten Despoten nicht. Chinas wachsender Hunger nach Energie und Rohstoffen führt dazu, dass Peking auch mit Staaten wie Simbabwe und Sudan enge Kontakte pflegt. Afrikanische Führer schätzen China als Partner, weil China »mehr Achtung vor den Kulturunterschieden zeigt und keine Forderungen im Stil von ›good governance‹ stellt«. Es gilt die Politik der Nichteinmischung in interne Angelegenheiten. Aber das Bereitstellen von Geld bedeutet bereits eine Einmischung. China liefert einigen Staaten nicht nur Rückendeckung im UN-Sicherheitsrat, sondern auch Waffen. Außerdem liefert China Massenprodukte, die einen verheerenden Effekt auf die afrikanischen Industrien, speziell die Textilindustrie haben. Da es kaum Gesundheits- und Sicherheitskontrollen gibt, ist Afrika auch der ideale Absatzmarkt für billige chinesische Massenprodukte, die andernorts Verbraucherschützer beschäftigen. China stärkt Regierungen, die völlig ohne Rücksicht auf ihre eigene Bevölkerung handeln. Die politische Klasse Afrikas empfängt die Chinesen mit offenen Armen. Denn anders als die Hilfe westlicher Geberländer sind die chinesischen Finanzspritzen und Investitionen nicht einmal formal an politische Konditionen wie beispielsweise Demokratie, integre Regierungen und die Einhaltung von Menschenrechten geknüpft.

China hilft Strukturen festigen und unterdrückt gleichzeitig unbequeme Kritik an Menschenrechtsfragen in den jeweiligen Ländern. China hat den Afrikanern erfolgreich die Idee eines »chinesisch-afrikanischen Traumes«, einer Süd-Süd-Kooperation, verkauft.

In der Vergangenheit hatten etliche afrikanische Staaten die Aufnahme diplomatischer Beziehungen zu Peking oder Taiwan jeweils davon abhängig gemacht, von wem sie sich finanziell am meisten versprachen. Gegebenenfalls wurde auch mehrfach (z. B. von Niger, Senegal, Nigeria und Südafrika) der chinesische Partner gewechselt. Derzeit haben vier afrikanische Staaten diplomatische Beziehungen zu Taiwan: Burkina Faso, Gambia, São Tomé et Principe und Swaziland.

Je weiter die Entwicklung voranschreitet und je mehr China sich als dominanter Partner herausstellt, desto schwieriger wird das afrikanische Geschäftsumfeld für China. Afrikanische Geschäftsleute kritisieren immer öfter das hohe Aufkommen von Schmuggel- und Fälschungswaren. Nicht-Chinesen seien demgegenüber nicht mehr konkurrenzfähig. In Duala habe ich beobachtet, dass Chinesen zu konkurrenzlos günstigen Preisen Krapfen verkaufen und damit armen Afrikanerinnen den Lebensunterhalt streitig machen.

Hinzu kommt, dass China selten Fachkräfte ausbildet. Alle höher qualifizierten Tätigkeiten werden in der Regel von chinesischen Arbeitern wahrgenommen, die für die Projektdauer eingeflogen werden. Das Vorgehen der Chinesen in Afrika erinnert an die Kolonialherren: Afrika wird als Rohstofflieferant benutzt, wobei die Veredelung der Rohstoffe nicht in Afrika stattfindet, sondern in China. Im Gegenzug werden die korrupten Eliten z. B. mit Prestigebauten ruhiggestellt.

Im Herbst 2007 hat sich die führende Staatsbank Chinas an der größten afrikanischen Bank beteiligt. Für umgerechnet 3,86 Milliarden Euro hat die Industrial and Commercial Bank of China (ICBC) einen Anteil von 20 Prozent an der südafrikanischen Standard Bank Group, Johannesburg, übernommen. China zeigt damit, dass es strategisch und politisch eine immer engere Bindung an Afrika sucht. Inzwischen sind auf dem afrikanischen Kontinent rund 1000 chinesische oder in chinesischem Besitz befindliche

Unternehmen tätig. Der Export von chinesischen Arbeitskräften steigt – derzeit sind es mehr als 78000, die gemäß der chinesischen Nachrichtenagentur längerfristig in Afrika sein sollen. Die Neue Zürcher Zeitung schätzt, dass sogar 750000 Chinesen in Afrika leben (NZZ Online 16.8.2009). Die Modalitäten ihres Einsatzes und ihrer Unterbringung sowie die spürbare Sinisierung von Märkten etwa haben angesichts der hohen Arbeitslosenquote in Afrika zu Protesten in einigen Ländern (Sambia, Kamerun) geführt. Im September 2011 konnte Michael Sata die Präsidentschaftswahlen in Sambia mit einem China-kritischen Wahlkampf deutlich für sich entscheiden. Er hatte seit Jahren China mit dem Rauswurf gedroht, weil es in der Kupferindustrie die sambischen Arbeitsrechte grob missachtete. China sichert sich Schürfrechte für Koltan im Kongo, Platin in Simbabwe, Mangan in Gabun und Kupfer in Sambia. Es hat die Rechte für Erdöl-Förderung in Angola und Nigeria. Die guten Beziehungen zwischen China und Afrika auf Regierungsebene übertragen sich nur schwer auf die Bevölkerung. Die Kritik wächst. China plündert die Rohstoffe Afrikas und überschwemmt die Märkte mit kurzlebigen Billigwaren. Vor einigen Jahren herrschte in China mit Bezug auf Afrika eine wahre Goldgräberstimmung. Das ändert sich. Chinesische Unternehmer, ob staatlich, halbstaatlich oder ganz autonom agierende Akteure, stehen vor ähnlichen Schwierigkeiten wie westliche Firmen auch. Auch Chinesen wurden in Nigeria und im Niger gekidnappt. Genau wie Deutschland gibt das chinesiche Außenministerium auf seiner Internetseite Reisewarnungen aus.

China muss angesichts der Investitionen und der hohen Zahl von Auslandschinesen ein Interesse an Stabilität in Afrika haben. Mittelfristig sind die Chancen für einen konstruktiven politischen Dialog zwischen dem Westen und China gar nicht so schlecht. Bereits heute arbeiten die Chinesen in einigen Staaten mit deutschen Ingenieurbüros zusammen.

Ein Rechnungshof für Entwicklungshilfe

Die Qualitätskontrolle eines entwicklungspolitischen Vorhabens wird in der Regel von der Institution selbst vorgenommen bzw. wird von Aufträgen abhängigen Gutachtern anvertraut. Die Kontrolle der entwicklungspolitischen Aktivitäten ist deshalb unterentwickelt, weil sich die Durchführungsorganisationen zum größten Teil selbst begutachten. Das ist abwegig. Wenn wir von den Regierungen in den Entwicklungsländern Transparenz verlangen, muss dies auch für die staatliche Entwicklungshilfe sowie für die inzwischen unüberschaubare Zahl von sogenannten Nichtregierungsorganisationen gelten, die Franz Nuscheler in seinem Buch ›Entwicklungspolitik‹ QUANGOs = Quasi Non Governmental Organisations nennt, weil sie oft doch von Regierungsmitteln abhängig sind. Unter massivem Konkurrenzdruck versuchen immer mehr Akteure in der Spendenindustrie ihre »Produkte« zu vermarkten. Ihr Produkt ist längst auch die Not- und Entwicklungshilfe geworden. Idealerweise brechen Krisen oft pünktlich zur Vorweihnachtszeit aus, wenn die Bereitschaft zu spenden am größten ist. Immer noch werden korrupte Regime mit Mitteln des deutschen Steuerzahlers unterstützt. Unsinnigerweise bemisst sich die Qualität der Entwicklungshilfe immer noch an der Höhe der ausgegebenen Mittel. Dadurch besteht ein »Mittelabflusszwang«, der sich einer echten Qualitätskontrolle entzieht. Die von nationalen und internationalen Geberorganisationen behaupteten Erfolgsmeldungen sah ich vor Ort selten bestätigt. In der Regel überlebt nur eines von fünf Projekten nach dem Ende der Hilfe.

In seiner Studie ›Aid and development – will it work this time?‹ untersucht Fredrik Erixon, Chef-Ökonom der schwedischen Expertenkommission Timbro, die Auswirkung und Effektivität von Entwicklungshilfe in den vergangenen 50 Jahren. Anlass der Studie sind die in den letzten Jahren immer lauter werdenden Forderungen von Politikern, NGOs (»Make poverty history«) sowie Popstars, die Ausgaben für entwicklungspolitische Zusammenarbeit zu verdoppeln. Der Fokus seiner Untersuchungen liegt dabei auf den afrikanischen Staaten, vor allem Kenia und Tansania. Er stellt die von den westlichen Staaten in den letzten Jahrzehnten ausgegebenen Erfolgsmeldungen in Frage, mit denen die Verwendung von Steuergeldern für die Hilfe ausländischer Staaten gerechtfertigt wird. Grundsätzlich sagt Erixon, dass ausländische Hilfszahlungen bisher keinen positiven Einfluss auf das Wirtschaftswachstum in Entwicklungsländern hatten. Einer der Gründe sei, dass die Projekte nicht an die Verbesserung von Regierungsführung geknüpft werden. Es sollen mit dem »Do-everything-development«-Ansatz alle Probleme der Armut gelöst werden, ohne die wirklichen Ursachen zu bekämpfen.

Die Botschafter vor Ort haben reichlich Gelegenheit, den Fortgang von Entwicklungshilfeprojekten zu beobachten. Sobald sich ihre Berichterstattung kritisch mit den politischen und wirtschaftlichen Rahmenbedingungen eines Landes auseinandersetzt, wird dies von der Entwicklungshilfebürokratie als störend für den Mittelabfluss gesehen. Solche Berichte, die es ernst meinen mit der Forderung nach guter Regierungsführung und anregen, die Gewährung von Entwicklungshilfe davon abhängig zu machen, stören das harmonische Bild. Auch kritische Gutachter von außen werden so bald keinen Auftrag mehr bekommen, wenn das Gutachten nicht ins Konzept derjenigen passt, deren Lebensunterhalt davon abhängt. Consulting-Unternehmen leben aber oft von Aufträgen der Entwicklungshilfeorganisationen. Die bestehende Evaluierung und Qualitätskontrolle der Entwicklungshilfe bietet keinen Schutz vor Korruption und Missbrauch von öffentlichen Ressourcen (Steuergelder) für private Zwecke. Sogenannte »eingeschränkte Prüfungsaufträge«, deren Einschränkung darin besteht, dass ausgerechnet die Mittelverwendung nicht geprüft wird, darf es nicht mehr geben

Die SPD hat dies bereits 1997, als sie noch in der Opposition war, gefordert, 1998 allerdings nach der Regierungsübernahme wieder vergessen. Zuletzt kam die Forderung wieder von der Opposition, diesmal von der FDP (25. 1. 2006): »Wir brauchen eine Evaluierung und Wirksamkeitskontrolle der Entwicklungshilfe, um sicherzustellen, dass sie auch bewirkt, was man sich langfristig von ihr wünschen kann. Nämlich die Entstehung von demokratischen, freien Staaten, in denen jeder Einzelne sich und die Seinen mit seiner Hände Arbeit ernähren kann. Anzustreben wäre, dass ein Controlling Gremium nach Art des Rechnungshofes eingerichtet wird.« Der Verfasser des Antrags, MdB Karl Addicks, hat selbst einige Jahre in Afrika gearbeitet und kennt die Problematik.

Um weitere Gefahr für das Geld des Steuerzahlers, das seit fast 50 Jahren so großzügig ausgegeben wird, abzuwenden, brauchen wir also dringend eine unabhängige Kontrollinstanz im Bundestag oder im Rechnungshof. Dort sollten Fachleute prüfen, ob auf der Grundlage »guter Regierungsführung« Hilfe von außen auch auf fruchtbaren Boden fällt. Finanzielle Hilfe sollte nur den Ländern gewährt werden, die sich bereits einem umfangreichen Reformprogramm verpflichtet haben und deren Regierungen nicht schon in der Vergangenheit ihre Versprechungen gebrochen haben. Eine unabhängige Kontrollinstanz muss unbequeme Fragen stellen. Sie wird aufdecken, dass die Risiken oft nicht richtig eingeschätzt werden. Die Vergabekriterien für Entwicklungshilfe bedürfen einer gründlichen Aufarbeitung.

Was muss sich ändern?

Entwicklungspolitik muss ein Bestandteil der Außenpolitik werden

Bisher erfolgte die Festsetzung von Schwerpunktländern durch das BMZ meist ohne Rückkoppelung mit dem Außenministerium. In Afghanistan etwa wurden Parallelstrukturen aufgebaut. Doch die Schwerpunktsetzung durch das BMZ eignet sich nicht als alleinige Grundlage für die Afrika-Politik. Bei der Hilfe für einige asiatische Länder geht es ohnehin nicht um klassische Entwicklungshilfe, sondern um Wirtschaftsförderung mit dem entsprechenden Transfer von Know-how. Als solche gehört diese Hilfe ins Auswärtige Amt, wo die außenwirtschaftlichen Aktivitäten der Bundesregierung koordiniert werden.

Wir brauchen eine gesamtpolitische Zielsetzung und deshalb eine Eingliederung des BMZ in das Auswärtige Amt. Die Kompetenz der Entwicklungsexperten muss an die Botschaften verlagert werden. Alle Außenbeziehungen sind Materie des Auswärtigen Amts (AA). Entscheidungen über Erfolg versprechende Programme für die Ärmsten müssen dort getroffen werden. Alle Aktivitäten der deutschen Bundesregierung im Ausland müssen sich einfügen in unsere Gesamtbeziehungen zu dem betreffenden Land. Der frühere parlamentarische Staatssekretär des BMZ, Volkmar Köhler, fordert dies seit Jahren. Auch der stellvertretende Fraktionsvorsitzende der FDP und frühere Staatsminister Werner Hoyer fordert den längst fälligen Schritt. Die jetzige Trennung in zwei unterschiedliche Ministerien – AA und BMZ – sei von der Sache her künstlich und führe zu Kompetenzgerangel. Die französische Regierung hat diesen Schritt bereits 1998 vollzogen und damit eine bessere Koordination zwischen Außen- und Entwicklungspolitik statt des unsäglichen Zuständigkeitsdenkens geschaffen. Der zuständige Staatssekretär ist eigenständig im Kabinett vertreten. Es besteht bei Außen- und Entwicklungspolitikern Übereinstimmung, dass demokratischer Anstand und damit »gute Regierungsführung« zur Lösung nationaler und regionaler Probleme durchgesetzt werden muss. Auch Rupert Neudeck, Gründer des Komitees Cap Anamur, meinte in der ›Frankfurter Allgemeinen Sonntagszeitung‹ (11.11.2007): »Ohne die Abschaffung des Entwicklungsministeriums wird es nicht besser werden.« In den meisten europäischen Ländern gibt es keine Entwicklungsministerien mehr.

Der Sachverstand des BMZ muss bei den Auslandsvertretungen angedockt sein. Die deutsche Entwicklungszusammenarbeit braucht eine einheitliche, starke und sachkundige Vertretung unter der Leitung des Botschafters vor Ort. Das würde den Einfluss einer Botschaft auf die entwicklungspolitischen Entscheidungen des Gastlandes stärken. Die Instrumente der Entwicklungszusammenarbeit mit den außenpolitischen Interessen zu verbinden, könnte im Interesse des Ganzen sehr sinnvoll sein. Fast alle Ministerien haben Auslandskomponenten. Häufig werden die Botschaften – die eine Koordinierungspflicht im Lande haben – über Aktivitäten anderer Ressorts nicht einmal unterrichtet. Die Hilfegeber scheinen sich nicht zu ergänzen, sondern machen den Eindruck miteinander zu konkurrieren. Unser Interesse ist die effektive und korrekte Verwendung unserer Mittel im Sinne der Gesamtbevölkerung und die Umsetzung der versprochenen Reformen. Botschaften mit dem Sachverstand der Entwicklungsexperten aus dem BMZ könnten das erheblich leichter durchsetzen. Eine Integration des BMZ in das Auswärtige Amt könnte viel Reibungsverluste und Steuerzahlergeld sparen und Entwicklungszusammenarbeit zu dem machen, was sie sein sollte: ein integraler Bestandteil deutscher auswärtiger Politik.

Das Argument, dass Entwicklungspolitik auf diese Weise außenpolitisch und außenwirtschaftlich instrumentalisiert wird, ist nicht stichhaltig. Unser Hauptaugenmerk liegt in der Armutsbekämpfung, und dafür wiederum muss Druck auf verantwortungslose Regierungen und Eliten ausgeübt werden. Jeder, der Afrika kennt, weiß, dass Afrikaner fleißig sind und dass sie Mut und Phantasie entwickeln, wenn es darum geht zu überleben. Sie sind voller Vitalität und Überlebenskunst. Es liegt an den Eliten, die nicht in der Lage scheinen, eine Politik der Entwicklung in Gang zu bringen.

Die Ursache der Krise Afrikas ist nicht nur die mangelnde Effizienz der Entwicklungshilfe, sondern vor allem die Politik afrikanischer Machthaber und Führungseliten, die zum Teil allzu sehr und allzu lange von den Gebern unterstützt wurden.

Bei bilateraler Hilfe können wir im Sinne von »Fördern und Fordern« (z.B. Geschlechtergerechtigkeit, Armutsbekämpfung) eigene Kriterien anlegen, die nicht durch Anpassung an einen internationalen gemeinsamen kleinsten Nenner verwässert werden. Die Übertragung bilateraler Hilfe an internationale Organisationen (UNO, EU) und die damit verbundene Preisgabe von Verantwortung und Handlungsspielraum ist politisch riskant. Die Gefahr ist groß, dass man in New York oder Brüssel, wenn auch mit besten Absichten, über gute Regierungsführung debattiert, letztlich aber nur ein Minimalkonsens zustandekommt. Gute Regierungsführung kann wesentlich besser durch nationale Entwicklungshilfe eingefordert werden. Deutschland kann seinen Einfluss auf Entwicklungsländer besser geltend machen, wenn wir unser eigenes Profil bewahren. Grundsätzlich dürfen nicht weiter Milliarden von Euro, Dollar und Yen ausgegeben werden, ohne Ergebnisse einzufordern.

Die Landwirtschaft muss unterstützt werden

Die Landwirtschaft in Afrika ist – im Gegensatz zu Öl oder Gold – nicht durch eine kleine Elite zu beherrschen. Sie erzeugt bescheidenen Wohlstand in breiten Bevölkerungsschichten. Wir haben deshalb allen Grund, die Landwirtschaft mehr ins Blickfeld zu rücken. In Subsahara macht die Landwirtschaft noch bis zu 80 Prozent der Arbeitsplätze aus und oft auch bis zu 50 Prozent des Volkseinkommens und der Ausfuhren. Die technische Hilfe muss daher den Kapazitätsaufbau, die Verarbeitung von Agrarprodukten und ländliche Entwicklung auf der Prioritätenliste nach oben setzen.

Die Erfahrungen in Asien zeigen, dass dort die wirtschaftliche Entwicklung mit Investitionen und Erfolgen in der Landwirtschaft begonnen hat. Allerdings werden in Südostasien 40 Prozent der Flächen systematisch bewässert, in Afrika nur etwa fünf Prozent. Experten sind sich einig, dass ein Wachstum, das in der Landwirtschaft ansetzt, rund viermal wirksamer beim Armutsabbau ist als Investitionen in anderen Wirtschaftsbereichen. Dies bestätigt auch der neueste Weltentwicklungsbericht der Weltbank. Der frühere Weltbank-Chefökonom François Bourguignon verweist auf Analysen, wonach das Wachstum in der Landwirtschaft in den vergangenen 15 Jahren die Armut in ländlichen Regionen Asiens mit großem Erfolg verringert hat.

Obwohl bis zu 80 Prozent der Bevölkerung auf dem Lande leben, kümmert sich kaum eine afrikanische Regierung um Pisten, Straßen, Lagerhäuser, Vermarktungsinstrumente oder Fabriken zur Weiterverarbeitung. Die Eliten interessieren sich nicht für die Entwicklung ländlicher Gebiete. Sie leben ohnehin im Überfluss und kaufen ausländische Produkte im Supermarkt der Hauptstadt. Die Habenichtse und Besitzlosen, die nie über den unmittelbaren Tagesbedarf hinaus einkaufen können, werden aus der Perspektive der Politik nicht wahrgenommen. Nahrungsmittelhilfen erhöhen die Abhängigkeit von außerhalb. Das Potenzial der Entwicklungsländer in der Landwirtschaft muss viel stärker genutzt werden. Das ist die Grundvoraussetzung für die Hungerbekämpfung. Investitionen in die Infrastruktur für die Landwirtschaft erzielen den höchsten Effekt beim Armutsabbau. Afrika ist der einzige Kontinent, der sich nicht selbst ernähren kann. Harouna Siduku, Soziologe an der Universität von Niamey/Niger beklagt, dass alle wüssten, dass sein Land mit der regelmäßigen Wiederkehr von Nahrungsmittelkrisen rechnen müsse, nur hätten sich bisher weder die Regierenden noch die Hilfsorganisationen darauf eingestellt. Es gäbe weder eine echte Landwirtschaftspolitik, noch Investition in Agrartechnik oder in erneuerbare Energien oder gar in die Ausbildung von Ingenieuren. Stattdessen würden die Verantwortlichen »am Tropf der Nothilfe auch noch das trübe Image als Katastrophenland pflegen«.

Malawi hat sein Hungerproblem gelöst. Wenn eine Regierung will, kann sie auch gegen Weltbank und IWF ihre Vorstellungen durchsetzen. Statt der von den internationalen Ökonomen empfohlenen Privatisierung, hat Malawi seit 2005 die Kleinbauern mit Saatgut und Düngemitteln subventioniert, Ausbildung der Bauern und Infrastruktur gefördert. Heute exportiert das Land Nahrungsmittel in die Nachbarländer. Malawis Erfolgsgeschichte (leider nur in diesem Bereich, wie die Schüsse auf regierungskritische Demonstranten im Juli 2011 zeigten) können ein Vorbild für andere Länder sein. Dass bei Hungersnöten dringend geholfen werden muss – wo geholfen werden kann –, das steht außer Frage. Aber lassen wir einmal die Katstrophenhilfe beiseite und betrachten wir das Ziel der nachhaltigen Wohlstandsschaffung. Die afrikanischen Eliten müssen sich den Fatalismus abgewöhnen, ihr Schicksal nicht auf Gott oder das Wetter schieben, sondern auf die eigene Anstrengung, und lernbereit zu sein. So sind die Somalier wohl das einzige Küstenvolk, das keinen Fisch mag. Dabei könnte der – reichlich vorhandene – Fisch, der von den Nomaden kulturell nicht akzeptiert wird, die größten Ernährungsprobleme der hungernden Bevölkerung lösen. Nicht Trockenheit, Missernten oder Überschwemmungen sind die Hauptursachen für den Hunger. Alle Warnsignale, wie die Hungerrevolten 2008 in West- und Zentralafrika, haben die Regierungen und Hilfsorganisationen ignoriert. 38 afrikanische Länder haben ein Ernährungssicherungsprogramm, aber nur Ruanda hat begonnen, es in die Tat umzusetzen. Bei den explodierenden Bevölkerungszahlen (Beispiel: Tansania hatte 1961 8 Millionen Einwohner, jetzt sind es 45 und 2030 werden es bereits 80 Millionen sein) ist absehbar, dass die Länder ohne Familienplanung ihre Bevölkerung nicht mehr ernähren können.

Die überkommenen Stammesstrukturen dienen dem Machterhalt der Herrschenden. Sie brauchen nur ein paar hundert oder tausend lokale Chefs mit Autos oder Geldgeschenken zu bestechen, damit diese ihren Leuten bei den Wahlen sagen, wen sie zu wählen haben. Wer vor Wahlen durch ein beliebiges Land in Afrika fährt, stößt oft auf Banderolen, auf denen stolz verkündet wird »Das Dorf XY wählt zu 100 Prozent den Staatspräsidenten oder die Regierungspartei«. Gebildete und selbstbewusste Bauern, die Land besitzen und an die nächste Generation weitervererben wollen, hätten hingegen eigene Interessen und wären nicht mehr so leicht zu beeinflussen.

Afrika ernst zu nehmen, bedeutet auch, endlich den Marktzugang für afrikanische Agrarprodukte und Baumwolle zu erleichtern und die Subventionen abzubauen. Nirgends tritt die Doppelmoral der Regierungen von Industrieländern so deutlich zu Tage wie in der Landwirtschaft. Seit Jahren haben die Industrieländer nichts geändert, damit die handelsverzerrenden Subventionen westlicher Agrarprodukte abgebaut werden. Die Subventionen untergraben die Existenzgrundlage vieler Bauern in den Entwicklungsländern.

Die Baumwollproduktion ist einer der wenigen Bereiche, in dem die afrikanischen Staaten qualitativ wettbewerbsfähig sind. Etwa 20 Millionen Afrikaner leben direkt oder indirekt von Baumwollanbau. Baumwolle bringt nicht nur Devisen, sondern ist vielseitig nutzbar. Baumwollsamenöl ist das gebräuchlichste Speisefett im Sahel. Zudem werden die Pressrückstände zu Viehfutter verarbeitet. Die Länder Benin, Mali, Burkina Faso, Tschad, Kamerun, Madagaskar leiden jedoch unter den direkten Beihilfen der Baumwollproduktion, insbesondere der USA. Auch die EU zahlt Beihilfen an spanische und griechische Erzeuger. Durch diese Subventionen sind die Bauern insbesondere in den Sahelländern nicht mehr konkurrenzfähig, der Weltmarktpreis wird gedrückt und sie erwirtschaften kaum noch Gewinne.

Es ist widersprüchlich, wenn die genannten Länder Entwicklungshilfe erhalten und gleichzeitig ihre Entwicklungsanstrengungen durch hohe Subventionen für die Baumwollproduktion und Milchpulver in den Industrieländern zunichte gemacht werden. Fredrik Erixon von Timbro fordert, dass die europäischen und nordamerikanischen Märkte für afrikanische Exportprodukte geöffnet werden. Nur so könne der Handel ausgebaut und damit die afrikanische Wirtschaft angekurbelt werden. Erixon behauptet sogar, dass der Gewinn, den Afrika durch den Zugang zu den Weltmärkten vor allem mit seinen landwirtschaftlichen Produkten erzielen würde, in etwa der Summe entspricht, die alle Länder zusammen heutzutage für Entwicklungshilfe ausgeben. Doppelstandards und Unglaubwürdigkeit müssen abgebaut werden. Wir sollten deutliche Zeichen setzen und die Länder, die wirkliche Entwicklungsanstrengungen unternehmen, nicht allein lassen.

In letzter Zeit bieten immer mehr afrikanische Regierungen Nutzungsrechte fruchtbarer Flächen in ihren Staaten für Nahrungsmittel und Biosprit an. China, Thailand, Südkorea und arabische Staaten, die mit ihrer landwirtschaftlichen Produktion den heimischen Bedarf nicht mehr decken können, pachten Ackerland in Afrika. Wie ist das zu werten? Falls eine Regierung verantwortlich und transparent handelt und die Interessen der lokalen Bevölkerung achtet, kann dies positiv sein. Die Verpachtung darf nicht auf Kosten von Menschenrechten (Vertreibung der Menschen von Grund und Boden), Umwelt und Sozialstandards gehen. Wenn Arbeitsstellen geschaffen, Technologie vermittelt und Infrastruktur gestärkt wird, profitieren die Menschen der Region. Dies erfordert kluge und faire Staatsführung, die dafür sorgt, dass die Bauern an den Erlösen partizipieren. Eine Warnung sollten den Regierungen die Vorgänge in Madagaskar sein. 2008 wurde der damalige Präsident Marc Ravalomanana aus dem Amt gejagt, weil er ohne die Betroffenen zu konsultieren 1,3 Millionen Hektar Land für 99 Jahre an den südkoreanischen Konzern Daewoo verpachtet hatte.

Afrikas Heilung muss aus dem Inneren kommen, damit ein gesundes Selbstbewusstsein auf breiter Basis heranwachsen kann. Erfolgserlebnisse muss man sich selbst erarbeiten. Sonst sind sie keine.

Die kleinen Leute müssen durch Kleinkredite gefördert werden

Es war eine weise Entscheidung des norwegischen Nobelpreiskomitees 2006, den Friedensnobelpreis an den Ökonomieprofessor Muhammad Yunus und seine Grameen Bank (Dörfliche Bank) zu vergeben. Er entwickelte 1976 ein System, das auf Vertrauen basiert, in dem sich Unternehmer aufgrund persönlicher Bindungen, d.h. eine Form von sozialer Kontrolle, zur Rückgabe der Kredite von 30,– bis 250,– Euro verpflichtet fühlen. Er wurde damit zum Pionier der Kleinstkredite ohne Sicherheiten. Die Kreditnehmer, zu 97 Prozent Frauen, müssen das geliehene Geld nutzen, um ein eigenes Geschäft aufzubauen und eine eigene Einkommensquelle zu erschließen. Die Rückzahlquote liegt – nicht zuletzt weil der größte Teil der Schuldner Frauen sind – bei fast 99 Prozent. Yunus hat festgestellt, dass Frauen ein besonderes Geschick und Ehrgefühl bei Geschäften haben. Tatsächlich erweisen sich Kleinstkreditunternehmerinnen, die bei herkömmlichen Finanzinstituten als nicht kreditwürdig gelten, als weit überdurchschnittlich zuverlässige Schuldner. Eine Studie des Mikrofinanz-Netzwerks »Women's World Banking« (WWB) hat gezeigt, dass Frauen pro Dollar, der ihnen zur Verfügung steht, 87 Cent direkt ins Wohlergehen der Familie stecken, Männer nur 60 Cent.

Kleinste Summen, clever investiert, reichen in Afrika oft aus, damit sich ganze Familien von Armut und Abhängigkeit befreien können. Islamisten kritisieren Yunus, weil er sich dem Zinsverbot widersetzt und von den Kundinnen das Versprechen verlangt, ihre Kinderzahl zu begrenzen und die Ausbildung der Kinder (auch Mädchen) zu fördern. Genau das ist es, wodurch man effektiv zur Entwicklung eines Landes beitragen kann. Muhammad Yunus will die Menschen zur Initiative erziehen und die Menschen nicht durch Entwicklungshilfe abhängig machen.

Die Idee, Kleinkredite an die ärmsten Menschen zu vergeben, die trotz harter Arbeit kaum genug zum Leben haben, ist inzwischen auch in Afrika verbreitet. Es gibt z. B. die ProCreditBank im Kongo und die Afriland First Bank in Kamerun. In den meisten Entwicklungsländern hat das Konzept Nachahmer gefunden. Diese Hilfe zur Selbsthilfe setzt nicht auf Wohltaten für die oft korrupten Regime, sondern auf den wirtschaftlichen Erfolg der Allerärmsten, die damit ihrem Elend entkommen können. Kleinstkredite finanzieren Menschen Wege aus der Not – ohne dass sie sich wie Almosenempfänger fühlen müssen. Sie unterlaufen Regierungen, die ihre Privilegien schützen und auf eine Ordnung setzen, die das einfache Volk im Zustand beschränkter Untertänigkeit erhält. Genau das muss man unterstützen, wenn man wirklich politisch korrekt handeln will.

Der Ansatz von Muhammed Yunus hat auch bei US-Präsident Obama Anerkennung gefunden. Am 12. August 2009 erhielt Prof. Yunus im Weißen Haus aus der Hand des Präsidenten die »Presidential Medal of Freedom«. Sie ist die höchste Auszeichnung die ein Zivilist von der US-Regierung erhalten kann.

Das Kreditsystem hat sich so gut bewährt, dass mit einem Pilotprojekt in zwei, drei Ländern ausprobiert werden könnte, Entwicklungshilfe grundsätzlich nur noch als Kredit zu vergeben.

Gleichzeitig müsste dazu beigetragen werden, dass alle Menschen in den betreffenden Ländern Zugang zu Krediten bekommen. Heutzutage wird gerne behauptet, dass Mikrofinanz als Entwicklungsmodell gescheitert ist. Es werden Zweifel am wahren Nutzen der Mikrokredite am Beispiel Indien gesät. Das ist falsch, denn auf der individuellen Ebene haben die Kleinkredite zumindest in Afrika die Eigenverantwortung der Mittellosen gefördert. Wichtig ist es, jene zu finden, die genug Geschäfts- und Verantwortungssinn haben, um mit dem Geld etwas aufzubauen statt es zu konsumieren. Die Gegenbeispiele aus Indien sind darauf zurückzuführen, dass die indische Regierung den Banken vorschrieb, dass 40% ihrer Darlehen Mikrokredite sein müssten. Dadurch wurde der Markt überversorgt. Es gab zu viel und zu billiges Geld.

Die Frauen müssen gefördert werden

Die Frauen sind die wahren Perlen Afrikas. Sie sind präsent und sie sind stark. Sie dominieren das Leben, sie managen Haushalte und tragen – sofern nicht der Ehemann als Minister Koffer mit Geld nach Hause bringt – die Verantwortung für das Überleben ihrer Familien. Sie sind die – obwohl benachteiligte – Konstante im Leben ihrer Familie und zuverlässige Arbeiterinnen für den Erhalt und die Weiterentwicklung ihrer Gesellschaft. Sie haben inzwischen auch erkannt, wie wichtig es ist, dass sie ins Licht der Öffentlichkeit treten und sich z.B. in der kommunalen Politik engagieren.

Jeder, der Afrika kennt, weiß, dass in Afrika Frauen aufs Feld gehen. 80 Prozent der Nahrung werden in Afrika unbezahlt von Frauen produziert, aber sie besitzen weniger als 10 Prozent der Felder. Wenn sie vom Feld zurückkommen, sammeln sie Feuerholz, gehen weite Wege, um Wasser zu holen, machen Essen, fegen Haus und Hof und erziehen die Kinder. Daneben betreiben sie oft noch Kleingewerbe. Während die Männer die große Politik diskutieren oder vor sich hin dösen, versuchen die Frauen mit unglaublicher Beharrlichkeit, für ihre Kinder aus der Not etwas Gutes zu machen. Sie meistern gerade auf dem Land ihr Schicksal mit großer Würde.

Nachdem die Männer in Afrika es die ganzen 50 Jahre seit der Unabhängigkeit nicht geschafft haben, trotz vorhandener Ressourcen für die breite Bevölkerung bescheidenen Wohlstand zu schaffen, ist es an der Zeit, gegen äußere – aber auch innere – Widerstände eine stärkere Beteiligung der Frauen in den Blickpunkt zu rücken. Mit der liberianischen Präsidentin und Friedensnobelpreisträgerin Ellen Johnson-Sirleaf ist immerhin schon einmal ein Anfang gemacht. Traditionelle Rollenbilder müssen aufgebrochen werden, Frauen sollten ganz neue Beteiligungschancen bekommen. Die Frauen in Afrika müssen die Chance erhalten zu lernen, welche Rechte sie haben und welche Rechte sie fordern sollten und wie diese politisch durchgesetzt werden können. Sie müssen sich gegen ihre in alten Denk- und Verhaltensmustern verharrenden Ehemänner, Kollegen und Vorgesetzten durchsetzen können. Die alte (Männer-) Riege zieht alle Register der Volksbeeinflussung, spielt die ethnische Karte, um sich so lange wie möglich an der Macht zu halten. Dazu dient ihr nicht zuletzt das Geld, das sie in den Jahren absoluter Staatsführung anhäufte. Die männlichen Eliten Afrikas lösen die Versprechen an die Geberländer nur halbherzig, unzureichend oder gar nicht ein. Man sollte den Frauen eine Chance geben es besser zu machen.

›Newsweek‹ hat am 13.9.2011 im Rahmen der Untersuchung »Global Women's Progress« eine Liste von 20 Ländern veröffentlicht, in denen es besser wäre, nicht als Frau geboren zu werden. Bei den Ländern mit der größten Geschlechterkluft sind leider auch 15 afrikanische Staaten. Darunter Tschad, Mali, Kongo (Kinshasa), Niger, Äthiopien, Sudan. Geprüft wurden der Zugang zu Bildung, gesundheitliche Aspekte, Gleichberechtigung, Teilhabe an politischen Ämtern und der Wirtschaft. Im Tschad und im Niger wurde angeprangert, dass Mädchen bereits zwischen 10 und 12 Jahren verheiratet werden können.

Die seit 2005 amtierende Vorsitzende der Nationalen Wahlkommission in Sierra Leone, Dr. Christiana Thorpe hat 2007 zeitweise unter Lebensgefahr freie, unabhängige Parlaments- und Präsidentschaftswahlen erfolgreich organisiert. Es war eine vorzügliche Entscheidung der Deutschen Afrikastiftung gerade diese mutige Frau, die nach dem langjährigen Bürgerkrieg unabhängig und durchsetzungsfähig für eine friedliche Zukunft Sierra Leones steht, mit dem Deutschen Afrika-Preis 2009 auszuzeichnen. Sie steht für einige bedeutende Frauen, denen das heutige Afrika durch ihr furchtloses Engagement viel zu verdanken hat.

Viele junge Frauen Afrikas sind gebildet, reisen um die Welt, informieren sich durch das Internet und scheinen eine schier unerschöpfliche Energie und Kraft zu haben. Die Globalisierung bedeutet für die Frauen in Afrika Zugang zu Informationstechnologien, besonders zum Internet. Sie trägt zur gesellschaftlichen Veränderung bei und bietet neue Chancen politischer Mitgestaltung für Frauen, neue Möglichkeiten gesellschaftlicher Entwicklung hin zu mehr Gleichberechtigung. Vorreiter ist Burkina Faso, wo einige Männer einen Tag pro Woche oder Monat im Haushalt mitarbeiten. Dies sind für Afrika revolutionäre Ansätze, die wachsendes Selbstvertrauen der Männer signalisieren. Es sind langsame Veränderungen in der Rollenverteilung und in den Rollenverständnissen. Unter den Männern spricht sich herum, dass eine gut ausgebildete Frau mehr Einkommen für die Familie erzielt. Umtriebige Geschäftsfrauen nutzen Mobiltelefone, um Kundenkontakte zu pflegen, und bringen dank der Informations- und Kommunikationstechnologien Familie und Geschäft problemlos unter einen Hut. In manchen Ländern können sie allerdings immer noch nicht am Wirtschaftsleben teilnehmen, weil der Ehemann dem zustimmen muss und sie kein eigenes Bankkonto haben dürfen. Das war allerdings in Deutschland in den 50er Jahren auch nicht anders.

Frauen lassen sich nicht so leicht von Ideen den Kopf verdrehen und haben einen ausgeprägten Sinn für die Wirklichkeit. Ich habe immer wieder festgestellt, dass Frauen in Afrika einen nüchternen Blick für das Machbare (und nicht so sehr für das Wünschbare) haben. Sie können handfeste und umsetzbare politische und wirtschaftliche Entwicklungskonzepte definieren, die in die angestammten und vertrauten afrikanischen Gesellschaftsstrukturen der Menschen passen und deshalb bleibende Wirkungen entfalten. Die kenianische Geschäftsfrau Esther Passaris hat 2002 mit ihrem »Adopt A Light«-Projekt ein ermutigendes Beispiel für weibliche Tatkraft gegeben. Nach dem Muster einiger europäischer Städte erhielt sie von der Stadtverwaltung Nairobi das Recht, Straßenlaternen zur Beleuchtung der Innenstadt und auf dunklen Straßen in Armensiedlungen aufzustellen, zu betreiben und die Kosten für die Lizenz, Errichtung und Wartung über Werbung an den Masten einzuspielen. Raubüberfälle und Vergewaltigungen gingen in den beleuchteten Gebieten deutlich zurück.

Es bedarf generell einer Steigerung der Beteiligung von Frauen an Entscheidungsprozessen. Die Partnerländer in Afrika betrachten flächendeckende Grundschulbildung und Geschlechtergerechtigkeit selten als Priorität. Daher muss die Vergabe von Entwicklungshilfe an bestimmte Konditionen geknüpft werden.

Armutsbekämpfung kann nur über Geschlechtergerechtigkeit gelingen. Gesellschaften, die die Energie und das Engagement der Frauen nur unvollständig nutzen, verzichten auf eine der wertvollsten Ressourcen für eine positive Entwicklung. Es gilt, gerade die starken Frauen Afrikas als Partnerinnen zu gewinnen. Sie sind – auch gegen viele Widerstände – das Rückgrat der afrikanischen Wirtschaft, sowohl in der landwirtschaftlichen Produktion als auch im Handel und der Einzelvermarktung. Die international bemerkenswerte Organisation »Green Belt Movement« wurde von der 2011 verstorbenen Friedensnobelpreisträgerin Wangari Maathai aus Kenia gegründet. Die Organisation hat inzwischen nach Medienberichten 45 Millionen Bäume gepflanzt. Die Frauen der Organisation arbeiten mit großem Erfolg in den Bereichen Landwirtschaft, Gesundheit und Demokratieverständnis. Sie betreiben Aufklärung z. B. in Dörfern, damit Quellen durch entsprechende Bepflanzung vor Austrocknung geschützt werden.

Das eigentliche Problem der Frauenförderung liegt in den großen Unterschieden beim Zugang zu Chancen vor allem für Bildung und Arbeit. Hier müssen die Entwicklungsländer und die Geber ansetzen, hier fehlt es bislang an Entschlossenheit. Frauen werden die Politik und die Diktatur der Funktionäre ihrer Länder in Frage stellen. In Ruanda ist man auf dem richtigen Weg. In keinem Land findet man heute mehr Frauen in wichtigen Positionen als in Ruanda. 45 von 80 Abgeordneten sind Frauen. 9 von 24 Ministerien werden von Frauen geleitet. In Ruanda ist es völlig normal, dass die oberste Richterin und viele hohe Justizbeamte Frauen sind. Auch die Bürgermeisterin der Hauptstadt, Hotelmanager, viele Unternehmer und Diplomaten sind Frauen. Nicht nur die ›Washington Post‹ glaubt »Women run the Show«, dass die Frauen in Ruanda für den Aufschwung zu einem der fortschrittlichsten Staatswesen Afrikas verantwortlich sind.

Vor der Afrikanischen Union in Addis Abeba am 13. Juni 2011 beendete Hillary Clinton ihre Rede mit dem großartigen Satz: »Wenn alle afrikanischen Frauen, vom Kap bis Kairo, sich entschlössen, eine Woche nicht zu arbeiten, würde die gesamte Wirtschaft des Kontinents wie ein Kartenhaus zusammenfallen.«

Friedenseinsätze müssen professioneller organisiert werden

Bis heute herrscht bei der UNO und in europäischen Hauptstädten die romantische Vorstellung vor, man müsse nur ein paar leicht bewaffnete Soldaten mit blauen Helmen in Krisengebiete schicken und die Konflikte würden sich dann in Wohlgefallen auflösen. Die ungeübten Einsatzkräfte aus diversen Ländern müssen oft weitgehend auf sich allein gestellt operieren. Das harte Klima, die großen Entfernungen, die kaum vorhandene lokale Infrastruktur, die geforderte hohe Mobilität und sprachliche Kommunikationsfähigkeit stellt eine besondere Herausforderung dar. Derzeit heuert die UNO regelmäßig Soldaten der ärmsten Länder der Welt für Blauhelm-Einsätze an. Nepal, Guatemala, Bangladesch, Indien, Mali, Senegal schicken Soldaten in Krisenregionen der Welt. Mit den Einnahmen werden Staatshaushalte finanziert. Die Wahrer der Menschenrechte sind bei der UNO gelegentlich diejenigen, die sie in ihren Heimatländern missachten.

Die Lösung wäre ein professionelles Heer für Friedenseinsätze. Damit würden auch die merkwürdig improvisierten Unternehmen der Bundeswehr in Afrika, die teils denkbar schlecht vorbereitet wurden, überflüssig, auch wenn deutsche Beteiligung zunehmend mit sogenanntem nationalem Interesse begründet wird. Aber in dieser formelhaften, ständig wiederholten Floskel lässt sich alles und jedes unterbringen, was ins eigene Weltbild passt, solange nicht überzeugend definiert wird, was deutsches Interesse ist. Von besonderer Bedeutung ist auch die Förderung afrikanischer Fähigkeiten zur Friedenssicherung. Das Kofi Annan International Peacekeeping Training Centre (KAIPTC) in Accra, die »École de Maintien de la Paix« (EMP) in Bamako und das »African Centre for Strategic Research and Training« (ACSRT) beim National War College in Abuja sind dabei Modelle zur Krisenprävention und Konfliktlösung.

Friedliches Zusammenleben kann für eine langfristige Entwicklung in Afrika nicht hoch genug veranschlagt werden. Ein positives

Beispiel dafür ist Ghana. Dort wurden kürzlich bereits 130 deutsche Investmentprojekte gezählt. Die friedlichen Regierungswechsel haben die dortige Demokratie gestärkt und ein harmonisches Zusammenleben gefördert. Das bedeutet auch, dass politisch nicht mehr zwischen Entwicklung und Förderung der Friedenssicherheit getrennt werden darf. Die Unterstützung der Anstrengungen der Afrikanischen Union und der subregionalen Organisationen zum Aufbau friedenserhaltender und friedenschaffender Kapazitäten ist daher alle Hilfe wert.

Die Hochschulbildung muss verbessert werden

Taddy Blecker, Richard Peycke, Conrad Mhlongo und Mburu Gitonga hatten im Jahre 2000 genug von Politikern, deren Motivation etwas zu ändern gering ist, und gründeten die private Hochschule CIDA (Community and Individual Development Association) City Campus in Johannesburg. CIDA City Campus ist die erste private, gemeinnützige Hochschule Afrikas. Der dort angebotene Studiengang (Bachelor of Business Administration) ist staatlich anerkannt. Das Hochschulprojekt fördert benachteiligte, aus armen Verhältnissen stammende schwarze Jugendliche, die aus Südafrika und aus anderen afrikanischen Ländern südlich der Sahara stammen. Sie sollen zu Führungskräften ausgebildet werden. Weibliche Führungskräfte werden besonders gefördert. Politische Unterstützung hat sich die CIDA durch die Berufung von Zanele Mbeki, der Ehefrau des ehemaligen Präsidenten Mbeki, als Kanzler gesichert.

Heute studieren etwa 1500 Jugendliche an der CIDA. Die Hochschule hat einen ausgezeichneten Ruf. Das Ziel der CIDA ist es, in einem vierjährigen Studium selbstbewusste Führungskräfte auszubilden. Zahlreiche lokale Unternehmen bieten Praktika an, damit die Studenten neben theoretischen Kenntnissen auch praktische Erfahrungen sammeln können. Durch großzügige Beiträge, z.B. auch von Siemens, Deutsche Bank Africa Foundation, J.P. Morgan, MTN usw., können die Ausbildungskosten niedrig gehalten werden.

Das Projekt CIDA fördert Problemlösungskompetenz und nicht Passivität und Anpassung. Die Gründer von CIDA haben sich auf die Grundvoraussetzung von Entwicklung besonnen und ihren Beitrag, die Bildungshilfe, in den Mittelpunkt ihrer Bemühungen gestellt. Daher ist dieses Hochschulprojekt auch ein nachahmenswertes Beispiel für andere afrikanische Staaten. Man kann sich zudem fragen, warum es an keiner afrikanischen Universität Lehrstühle für »Europanistik«, vergleichende Verwaltungswissenschaft oder andere für Erkenntnis der eigenen Entwicklung oder für Entwicklung generell wichtige Lehr- und Forschungsfelder gibt.

Durch die hohen Studiengebühren ist es vielen Afrikanern nicht möglich, das Studium ihrer Kinder eigenständig zu finanzieren. Hier hilft u.a. der Verein ZIKOMO (»Danke«) in Graz. Es werden afrikanische Studenten und Studentinnen in ihren Heimatländern gefördert. Studienbezogene Kosten werden übernommen (www.zikomo.at). Die Überwindung der Bildungsarmut bedeutet besonders für die Frauen Selbstvertrauen und eine Chance, ihre Situation dauerhaft zu ändern. Mit diesen so genannten Sur Place Stipendien kann auch der Abwanderung des hochqualifizierten akademischen Nachwuchses aus ökonomischen Gründen entgegengewirkt werden. Auf diese künftigen Fach- und Führungskräfte, insbesondere im naturwissenschaftlichen und technischen Bereich, sind die Länder dringend angewiesen.

Die Kultur Afrikas muss einen anderen Stellenwert bekommen

Afrika ist mehr als Trommeln und Tanzen. Der Nachwuchs an guten Fußballern und Musikern ist unerschöpflich, manche haben es zu Weltruhm gebracht. Sie sind beweglich und spielen mit Freude und Begeisterung. Aber es gibt auch Afrikaner mit anderen Berufen und Talenten, die Aufstiegswillen haben. Viele hervorragende Ärzte und Hochschullehrer arbeiten in Europa. Bei der NASA ist ein malischer Wissenschaftler tätig (Dr. Cheik Modibo Diarra), der maßgeblich an dem Projekt des Mars Pathfinders beteiligt ist. Der hochangesehene Literaturpreis Renaudot, der 2006 an den Kongolesen Alain Mabanckou und 2008 an Tierno Monénembo aus Guinea ging, zeigt die Vitalität der afrikanischen Literatur. Ihre Bücher wurden Bestseller. 2009 erhielt Marie N'Diaye – deren Vater aus dem Senegal stammt – den Prix Goncourt. Ihr Buch ›Drei starke Frauen‹ beschreibt eindringlich und mit Feingefühl das Thema der Doppelidentität von drei Afrikanerinnen zwischen Frankreich und Schwarzafrika. Es sind Schriftsteller, die den Übergang von der afrikanischen Vitalität zur Literatur glänzend gemeistert haben. Viele Menschen in Afrika haben bis heute kaum bewusst wahrgenommen, dass sie ein neues Instrument der Kreativität und Lebensgestaltung in Händen haben. Es gibt kaum Verlage. Afrikanische Autoren werden meist in Europa oder den USA verlegt. Ein Buchmarkt ist nur zögernd im Entstehen. Dabei gibt es eine Tradition exzellenter afrikanischer Literatur.

Es gibt auch exzellente afrikanische Filmemacher. In dem Film ›Moolaade‹ erzählt Ousmane Sembene, der senegalesische Schriftsteller und Altmeister des afrikanischen Films, in großartigen Bildern die Geschichte einer mutigen Frau, die sich gegen die genitale Verstümmelung einsetzt. Der Film wurde bei den Filmfestspielen in Cannes ausgezeichnet. Sein Film ›Xala‹ hält dem afrikanischen Establishment den Spiegel vor und wird daher von den staatlichen Fernsehsendern Afrikas nicht gezeigt. Die Bücher und Filme von

Ousmane Sembene vermitteln mehr afrikanische Wirklichkeit als viele kluge wissenschaftliche Werke.

Der Dokumentar-Film ›Sisters in Law‹ von Kim Longinotto und Florence Ayisi (Filmfestival Cannes 2005) zeigt ein hoffnungsvolles Beispiel für die erfolgreiche Durchsetzung des Rechtsstaats in Kamerun. Er ist ein eindrucksvolles, optimistisches Plädoyer für die Gleichberechtigung im Alltag der Rechtsprechung in Kamerun. Statt von den eigenen Regierungen kommen die Fördermittel für afrikanische Filme vorwiegend aus Europa und den USA. Oft von der französischen Regierung, die sich für das kulturelle Schicksal ihrer früheren Kolonien noch immer verantwortlich fühlt.

Der erfolgreiche Modedesigner Alfadi in Paris stammt aus dem Niger. Der Documenta-Künstler Romuald Hazoumé aus Porto Novo/Benin erhielt 2007 den Arnold-Bode-Preis. Hazoumé repräsentiert eine neue Generation schwarzafrikanischer Künstler, die sich – so die Jury – »selbstbewusst und unbekümmert, zielsicher, höchst reflektiert und listenreich der Formen aus dem Fundus der großen Kunsttradition Benins« bediene.

Wir müssen einen anderen Blick auf Afrika werfen, um die gesellschaftlichen und sozio-politischen Zusammenhänge besser zu verstehen. Hier könnte die Afrikawissenschaft Fachwissen anbieten. Die deutsche Afrikanistik beschäftigt sich mit den 49 Staaten des subsaharischen Afrika. An sieben Universitäten, in Bayreuth (Afrika-Studien, Kultur und Gesellschaft Afrikas), Berlin, Humboldt-Universität (Afrikawissenschaften), Frankfurt am Main (Afrikanische Sprachwissenschaften, Zentrum für interdisziplinäre Afrikaforschung), Hamburg (Afrikanistik), Köln (Afrikanistik), Leipzig (Afrikanistik) und Mainz (Afrikanische Philologie), kann man Afrikawissenschaften studieren. Afrikalinguistik, das Studium und Erforschen afrikanischer Sprachen wird überwiegend in Frankfurt, Hamburg, Köln und Mainz gelehrt. Nur in Bayreuth (Entwicklungssoziologie) und Leipzig (Politik und Ökonomie Afrikas) gibt es zwei gesellschaftswissenschaftlich orientierte Lehrstühle für Afrikanistik.

Die Kenntnis der Tradition und Organisations- und Sozialstruktur afrikanischer Gesellschaften ist von entscheidender Bedeutung für beruflich mit Afrika befasste Politiker, Diplomaten, Journalisten und Entwicklungshelfer, für diejenigen, die über Politik in Afrika sprechen und arbeiten. Es reicht nicht aus, den dortigen Eliten nach dem Munde zu reden, um nirgendwo anzuecken. Das westliche Modell von Parlamentarismus und Demokratie lässt sich schwer auf Afrika übertragen. Jede Opposition wird immer auf umfängliche Partizipation drängen. Das war schon vor der Kolonialisierung des Kontinents wesentlicher Bestandteil des stammes- und clanorientierten schwarzafrikanischen Herrschafts- und Verwaltungssystems. Oft werden die materiellen Ressourcen eines Staates einer bestimmten ethnischen Gruppe zugeschlagen, den anderen hingegen vorenthalten. Mit der Folge, dass Letztere die von der Staatsmacht erlassenen Regeln und Gesetze ablehnen.

Was wissen wir, die Wohlmeinenden, denn über afrikanische Sprachen? Über ihren erstaunlichen Reichtum an grammatischen Formen und lexikalischem Wortgut? Über ethnische Zugehörigkeit und Bindungen? Um eine andere Kultur als bereicherndes Erlebnis zu erfahren, muss man zunächst die Geschichte und Entwicklung des betreffenden Landes verstehen. Alle, die sich mit Afrika befassen, müssen ihre Kenntnisse erweitern, damit wir unserem »entwicklungspolitischen« Objekt, den afrikanischen Menschen, den Takt, das Urteilsvermögen und die Anerkennung entgegenbringen, die sie verdienen.

Wir müssen die Länder unterstützen, die eine gute Regierungsführung haben

Dafür, dass gutes Regieren auch in Afrika möglich ist, gibt es mehrere Beispiele. Botswana ist die Erfolgsstory, die sich jeder für Afrika wünscht. Botswana ist mit 13 Millionen Karat Jahresförderung der größte Diamanten-Produzent der Welt. Es ist auch die älteste Demokratie des Kontinents. Laut Transparency International sind demokratische Strukturen in fast allen Bereichen des Landes zu finden. Die Gerichte sind unabhängig, Journalisten und Oppositionelle werden nicht bedroht, es finden regelmäßig Wahlen statt, und das 1995 gegründet Büro des Ombudsmannes vertritt die Interessen der Bürger. Niemals haben politische Gegner im Gefängnis gesessen.

Es ist ein Musterland, das den aus den Bodenschätzen gewonnenen Reichtum sinnvoll wie kein anderer Staat Afrikas zu nutzen weiß. Die Einkünfte aus der größten Diamantenmine versickern nicht wie in anderen afrikanischen Ländern in den Taschen einer korrupten Elite, sondern werden verantwortungsvoll gemanagt. Ein Zukunftsfonds wird dafür sorgen, dass auch künftige Generationen von dem Reichtum profitieren können. In Botswana sind Schulen und Medikamente frei, Krankenhausgebühren niedrig. Präsident Festus Mogae (1998–2008) hatte schon 2001 die Entscheidung getroffen, allen AIDS-Kranken eine unentgeltliche Behandlung zu ermöglichen. Mehr als 100 000 AIDS-Kranke bekommen eine antiretrovirale Therapie. Das bedeutet, fast 100 Prozent aller Betroffenen, die eine Behandlung benötigen, erhalten diese auch. Erfolgreich war Botswana vor allem bei der Verringerung der Mutter-Kind-Übertragung von AIDS. Sie ist von 40 Prozent im Jahr 2000 auf vier Prozent 2008 zurückgegangen. In Gabarone, der Hauptstadt, fehlen pompöse Bauwerke und unsinnige Prestigeprojekte, stattdessen wurde in Schulen, Krankenhäuser, Wasserprojekte und Infrastruktur investiert. Auch der 2009 gewählte Staatspräsident Ian Khama tritt bescheiden auf. Er braucht, wie die ›Neue Zürcher Zeitung‹ am 19. Oktober 2009 berichtet: »Kein Blaulicht, keine Sirenen und keine Motorräder der Polizei, welche die Strassen frei halten«. Ein Verhalten, das auf Unverständnis bei der politischen Elite anderer afrikanischer Staaten stößt. Gute Regierungsführung heißt in Botswana auch, dass es, anders als in fast allen anderen afrikanischen Ländern, so gut wie keine Stromausfälle gibt und damit kein Hindernis für Investoren, die Stromversorgungssicherheit benötigen. Als gut regiertes Land zieht Botswana immer mehr Safari-Touristen an. Das Beispiel Botswana zeigt, dass auch afrikanische Länder eine Entwicklung überwiegend aus eigener Kraft schaffen können. Botswana hat, über die letzten 30 Jahre gesehen, weltweit das größte Wirtschaftswachstum hervorgebracht (das BIP stieg von US $ 1600 um 1970 auf über US $ 7500 im Jahr 2011). Gründe sind neben den reichhaltigen Bodenschätzen (die sich auch in vielen anderen afrikanischen Staaten finden lassen) die Normierung von Eigentumsrechten, die fehlenden Preisregulationen und eine moderate Steuerpolitik, die private Investitionen berechenbarer macht als in anderen afrikanischen Staaten. Von 2013 an will De Beers, der größte Diamantenkonzern der Welt, sein gesamtes Angebot an Rohdiamanten aus aller Welt in Gaborone statt bisher in London sortieren und handeln. Bereits heute gibt es dort 16 Schleif- und Polierstätten. Botswana zeigt einmal mehr durch kluge Verträge, dass Afrika sich nicht mit der Rolle als Rohstofflieferant begnügen muss. Einen Migrationsdruck gibt es nicht. Die Botswaner sind stolz auf ihr Land und haben auch Zukunftschancen in ihrer Heimat.

Ein anderes Beispiel ist Benin. Die Beniner sind überaus fröhliche und warmherzige Menschen und sie haben sich seit der Unabhängigkeit eine gesunde Skepsis gegenüber Autoritäten und Ideologien (der frühere Präsident Kérékou nannte sich viele Jahre Marxist) zugelegt. Der unabhängige Bürgergeist hat 2006 gesiegt und den unbekannten Banker Boni Yayi in einer freien und fairen Wahl zum Präsidenten gewählt. Diese Wahl hat Yayi vor allem der Jugend zu verdanken, denn 68 Prozent der Bevölkerung sind unter 24 Jahre alt. Er ist beliebt, nicht nur weil er die Staatsfinanzen saniert hat, sondern weil er sich nicht scheut, Probleme selbst anzupacken. Minister, die seinem Erneuerungstempo nicht gewachsen sind, müssen mit ihrer Entlassung rechnen. Boni Yayi hat gezeigt, dass ein Land trotz geplünderter Staatskasse in wenigen Monaten wieder seinen Platz auf der Bühne der Politik einnehmen kann. Er erzeugt eine heitere, zukunftsfrohe Atmosphäre. Ihm wird als Bankier nicht nur hohe Fachkompetenz, sondern auch ausgeprägtes Berufsethos und Ehrlichkeit nachgesagt. Er hat mehrfach gezeigt, dass es ihm mit einer gründlichen Abkehr vom bisherigen Schlendrian Ernst ist. Dabei setzt er nicht nur auf Hilfe von außen. Er hat für afrikanische Verhältnisse nur eine kleine Ministerriege von 26 Mitgliedern, davon erfreulicherweise auch sechs Ministerinnen. Boni Yayi hat energische Maßnahmen ergriffen, um die ausufernde Korruption einzudämmen, die Staatseinnahmen zu konsolidieren, die Staatsausgaben zu kontrollieren und veruntreute Gelder so weit wie möglich zurückzugewinnen. Boni Yayi wird durch eine Bevölkerung unterstützt, die trotz widriger Umstände tatkräftig ihren Alltag organisiert, neuen Ideen und Regierungspraktiken positiv gegenübersteht. Große Sympathie hat ihm sein Versprechen eingebracht, allen Kindern eine kostenlose Grundschulbildung zu ermöglichen. Auch die Sanierung des Baumwollsektors, der bislang den Bauern zumeist nur das Existenzminimum einbrachte, genießt hohe Priorität. Er hat einen Stimmungswandel bei dem autoritären Staatsapparat erreicht, der bislang Politik stets mit persönlichem Profit gleichgesetzt hat. Er hat dafür gesorgt, dass der alte, ausbeuterische Machtklüngel keine höchsten Regierungsämter mehr bekommen hat. Eine wirkliche Chance für Benin. Auslandsbeniner könnten dadurch ermutigt werden, ihre im Ausland erworbenen Einkünfte wenigstens zum Teil zum Wohle ihres Heimatlandes zu transferieren und zu investieren.

Allerdings zeigt der Doing Business Report der Weltbank 2010, dass die wirtschaftlichen Reformen in der Vorzeigedemokratie weit hinter den Erwartungen zurück bleiben.

Wir müssen auf zukunftsorientierte Partnerschaften setzen

Im Jahr 2001 wurde von afrikanischen Staaten eine Initiative ins Leben gerufen, die Hoffnungen weckte: NEPAD (New Partnership for Africa's Development). Erstmals bekannten sich afrikanische Regierungschefs zu ihrer Verantwortung dafür, dass durch eine gute Regierungsführung die Grundlagen für eine nachhaltige Entwicklung gelegt werden. Auch wenn noch wenig konkrete Ergebnisse vorliegen, haben die afrikanischen Führer einen neuen Ansatz versucht. Dazu Nelson Mandela im ›Stern‹ (12.07.2006): »Mir macht Mut, dass die Demokratisierung Afrikas voranschreitet. Es gibt ein neues Interesse an guter Regierungsführung und ethisch verantwortungsbewussten Führern. Die Geschichte zu verändern kostet viel Zeit.« Namibias damaliger Ministerpräsident Theo-Ben Gurirab bezeichnet das Ganze allerdings als »neokolonialistisch«.

Wichtig ist, dass die afrikanischen Führer mit NEPAD die Absicht bekunden, interne Probleme eigenständig zu lösen. Das NEPAD-Abkommen verpflichtet auch zu einer transparenten Finanzpolitik und dazu, Sorge zu tragen, dass die Verwaltung funktioniert. Ein vorrangiges Element für den afrikanischen Integrationsprozess ist der African Peer Review Mechanism (APRM). Das bedeutet eine systematische und regelmäßige Überprüfung der Fortschritte eines Landes bei der Umsetzung der NEPAD-Ziele. Ernsthaft durchgeführt könnte es die Diskrepanz zwischen dem System an der Oberfläche in einigen Ländern und dem wahren System zeigen. Die schönsten Prinzipien und Instrumente taugen nichts, wenn sie nicht konsequent angewandt werden.

Die Grundpfeiler von NEPAD sind deutlich sichtbare und verantwortliche Regierungsführung, transparente Haushaltsführung, Rechtssicherheit und Achtung der Menschenrechte. Dazu zählt auch die Treue zur eigenen Verfassung. Es muss sich bei den Verantwortlichen – nicht nur in Reden – die Einsicht durchsetzen, dass verantwortliches Regierungshandeln elementare Voraussetzung für

Entwicklung ist. Demokratische und rechtsstaatliche Prinzipien sind universell und widersprechen auch nicht – wie gerne behauptet wird – afrikanischem Kulturverständnis.

Die beteiligten Staats- und Regierungschefs nennen sich die »Peers« und bilden gemeinsam das African Peer Review Forum. Das Forum (APRM) prüft und kommentiert die Berichte, in denen die Länder ihren Regierungsstil selbst bewerten. Allerdings haben bisher nur Ghana, Kenia, Ruanda, Algerien und Südafrika ihre Berichte vorgelegt. Mauritius, Uganda, Benin, Tansania, Malawi, Sambia, Lesotho, Sierra Leone, Mali, Senegal und Mosambik haben Berichte angekündigt. Insgesamt nehmen 27 der 53 afrikanischen Staaten am APRM-Prozess teil.

Wer der Mühe ausweicht, seine Bürger zu überzeugen oder auch nur angemessen zu informieren, wird die Politikverdrossenheit bis hin zum Widerstand erhöhen. NEPAD gibt Hoffnung für das radikale Umdenken eines Teils der afrikanischen Eliten. Sie haben erkannt, dass sie ihrem maroden Kontinent nur selber aufhelfen können. Dies wird aber nur gelingen, wenn die Geber Demokratie, gute Regierungsführung und Menschenrechte konsequent einfordern und nicht wie bisher aufgrund von Versprechungen alle Machthaber als Musterdemokraten hofieren und belohnen. Noch liegen Welten zwischen Anspruch und Wirklichkeit.

Ein hoffnungsvolles Signal gibt der Ghanaer Francis Appiah. Er war im APRM-Programm für die Bewertung Ghanas zuständig. Es ist ihm gelungen, den APRM-Prozess in seinem Land unabhängig von politischen Einflüssen durchzuführen. Für seine engagierte Reformarbeit hat Francis Appiah im Oktober 2007 den Deutschen Afrika Preis erhalten. NEPAD könnte dazu beitragen, dass Afrika vom Kontinent der Hungersnöte, Bürgerkriege und kriminellen Ausbeutung zum Kontinent der Chancen und Möglichkeiten wird.

Sechs Wahrheiten zur Entwicklungspolitik

1. Malaisen in Afrika dürfen nicht schöngeredet werden

In den Publikationen der Geber werden die Missstände in Afrika oft beschönigt. Mangel an Transparenz, Verantwortlichkeit, Effizienz, demokratischer Teilhabe an Entscheidungen vor Ort und der Mangel an Rechtsstaatlichkeit werden bagatellisiert oder erst gar nicht erwähnt. Peter Eigen, der Gründer von Transparency International und Chef von EITI, berichtet, dass in Afrika oft den Parlamentariern selbst nicht die Rohstoffeinkünfte ihres Landes bekannt sind. Da fehlt es an den Grundlagen für ein funktionierendes Staatswesen. Darüber muss man in der Entwicklungshilfe Bescheid wissen. Wenn die Zustände unzutreffend beschrieben werden, wie sollen dann Lösungen für die wahren Probleme gefunden werden?

2. Der Erfolg muss überprüft werden

Das Wort »Entwicklung« beschreibt heutzutage das, was Entwicklungsorganisationen mit ihrem riesigen Apparat tun und was nach Meinung der Entwicklungsadministration getan werden sollte. Aber die Mehrzahl der Afrikaner überlebt nicht durch ausländische Hilfe, sondern durch teilweise winzige Landwirtschaft, die primär für den eigenen Verbrauch produziert. Sie überlebt durch die Arbeit im informellen Sektor im Hinterhof und am Straßenrand. Bislang werden alle kritischen und skeptischen Fragen zur Entwicklung in Afrika und zur eigenen Arbeit der Helfer zu immer neuen Konzepten umgedeutet, die den baldigen Durchbruch der Entwicklungshilfe verheißen. Es fehlt die Erfolgskontrolle. (Gerade mal 0,03 Prozent des Gesamtbudgets flossen bisher in die so genannte Wirkungsprüfung, also die Prüfung der Qualität der Arbeit. Laut OECD sind ein bis drei Prozent angemessen). Erfolgreich ist jede Hilfe nur, wenn sie Eigendynamik auslöst. Um dies zu überprüfen, brauchen wir eine Evaluierung und Wirksamkeitskontrolle nach Art des Rechnungshofes.

3. Auch die Arbeit von Nichtregierungsorganisationen sollte regelmäßig überprüft werden

Die Nichtregierungsorganisationen (NGO) sind aus der Ernüchterung über die Tätigkeit oder Untätigkeit der meisten Regierungsinstitutionen in Afrika entstanden. Als gemeinsamer Nenner wurde ihr gemeinnütziger Charakter betrachtet. Manche tendieren dazu, ein Geschäft wie jedes andere zu betreiben, während andere von den lokalen Regierungen instrumentalisiert werden, um ausländische Mittel abzuschöpfen. (16 % des BMZ Budgets gehen an die NGOs.) Sie haben sich rasant vermehrt, nachdem bekannt wurde, dass die Geber für sie mehr Geld lockermachen wollten. Die NGOs sollten keine moralische Immunität genießen und nicht über Kritik erhaben sein. Generell effizienter sind nach meiner Beobachtung die Hilfswerke der Kirchen, weil hier meist die Wirksamkeit der Hilfen ausreichend geprüft wird. Grundsätzlich sollte öfter abgefragt werden, ob jedes Hilfsangebot zweckmäßig ist.

4. Wir sollten so wenig Geld wie irgend möglich und nur so viel wie dringend nötig fließen lassen

Nicht unerhebliche Steuergelder gehen in die Entwicklungshilfe, und das ist politisch weitgehend akzeptiert. Jede Bundesregierung wird nicht müde zu beteuern, dass sie noch viel mehr ausgeben will, womit sie angesichts der Haushaltslage nichts anderes erklärt, als neue Schulden machen zu wollen. Warum eigentlich? Auch diejenigen, die sich nicht für Entwicklungspolitik interessieren, sollten aufmerksam werden, wenn es um die Verwendung ihrer Steuergelder geht.

Da wir vor einem Scherbenhaufen gut gemeinter, aber gescheiterter Projekte stehen, muss die Frage nach Sinn und Wirksamkeit der Entwicklungshilfe häufiger und kritischer gestellt werden. Ein Übermaß an Hilfe lähmt die Betroffenen. Der stetige Mittelzuwachs ist zu einem Zwangskorsett geworden, weil die neuen Mittel ausgegeben werden müssen. Wenn wir diesem Zwang ausgesetzt sind, gehen wir nach dem Kartoffel-Theorem vor: »Was auf dem Tisch steht, wird gegessen.« Dann wird das Verhalten der jeweiligen Regierungen zu wenig in Betracht gezogen. Wir dürfen aber keine Fassadendemokratien mehr unterstützen. Es darf in Afrika keine Option mehr sein, Wahlergebnisse zu ignorieren, Gewalt anzuzetteln und die Sache mit dem Kontrahenten am Verhandlungstisch auszumachen. Peter Eigen hat in den 70er Jahren in Botswana das Rechtswesen mit aufgebaut. Das Ergebnis spricht für sich.

5. Eine schlechte Regierungsführung muss Folgen haben

Wir dürfen afrikanische Politiker aus der Verantwortung für falsches oder unterlassenes Handeln nicht entlassen. Nicht fehlende Mittel sind Grund für Unterlassungen, sondern mangelnde Konzeptionen und oft mangelnder politischer Wille der Regierung und der Verwaltung des jeweiligen Landes. Die meisten Geber haben unrealistische Erwartungen an die Umsetzungsmöglichkeiten vor Ort. Nicht ausländische Helfer – die oft ein starkes persönliches Engagement mitbringen –, sondern die Eliten in den Ländern selbst haben es in der Hand, ihre eigene Zukunft zu gestalten. Sie müssen wollen, dass es besser wird. Entwicklungsländer brauchen verantwortungsvolle, am Gemeinwohl orientierte Machtausübung von Regierungen und den ihnen unterstellten Behörden bei der Führung der Staatsgeschäfte und beim Umgang mit den ihnen anvertrauten Ressourcen. Die Geber müssen echte Leistungen einfordern, nicht nur Versprechungen. Bislang hat jedoch noch kein Geber die Kraft aufgebracht, Staaten mit fehlender Entwicklungsorientierung die Mittel zu kürzen.

6. Die Schlüsselrolle im Kampf gegen die Armut müssen die afrikanischen Regierungen selbst übernehmen

Sie müssen eigene Hilfsprogramme auflegen. Sie müssen eine stärkere Teilhabe der Bevölkerung am Entwicklungsprozess wollen, für die Programme politische Verantwortung übernehmen und deren Nachhaltigkeit durch eigene Finanzierungsleistungen sicherstellen. Schul- und Berufsbildung sind die Fahrkarte aus der Armut. Ohne ein Mindestmaß an Wissen wird sich Afrika nicht entwickeln. Es ist die Pflicht und Schuldigkeit eines jeden Staates, hierfür die Grundlagen zu schaffen. Das gilt auch für die Bereiche Gesundheit und Ernährung.

Das Wachstum der Gesamtwirtschaft muss so angelegt sein, dass es zuerst die Nutzung des wichtigsten Produktionsfaktors fördert, den die Armen besitzen: ihre Arbeitskraft. Das betrifft arbeitsintensive Klein- und Mittelbetriebe – am besten im privaten Sektor. Zweitens muss ihre Grundversorgung in den Bereichen Bildung, Gesundheit und Ernährung gesichert sein. Wenn diese Voraussetzungen gegeben sind, dann haben die Armen Chancen und können sie auch nutzen.

Die effizienteste Hilfe ist die Bildungs- und Wirtschaftsförderung. Ein größerer Teil der jährlich über 6,3 Milliarden Euro deutscher Hilfe könnte in Risikokapital umgewandelt werden. Mit Hilfe bei der Aufstellung von Businessplänen könnte freies Unternehmertum gefördert und damit Arbeitsplätze geschaffen werden. Mit Krediten könnten dann beispielsweise Konserven-, Seifen- oder Zuckerfabriken errichtet werden. Das würde die Menschen eher aus der Armut befreien. In Kamerun werden Tonnen von Gemüse exportiert, die dann in Frankreich in die Dose kommen. Warum kann das Gemüse nicht in Afrika verarbeitet und dann exportiert werden?

Abkürzungsverzeichnis

AIDS	Acquired Immunodeficiency Syndrome/Erworbenes Immunschwächesyndrom (siehe auch HIV)
APRM	African Peer Review Mechanism/Afrikanischer Bewertungsmechanismus
BCEAO	Westafrikanische Zentralbank
BMZ	Bundesministerium für Wirtschaftliche Zusammenarbeit und Entwicklung
BOAD	Westafrikanische Entwicklungsbank
DAC	Development Assistance Committee/Entwicklungsausschuss der OECD
DC	Development Committee/Gemeinsamer Ministerausschuss der Gouverneursräte von Weltbank und Internationalem Währungsfonds
DED	Deutscher Entwicklungsdienst
EITI	Extractive Industries Transparency Initiative/Transparenz in der Industrie
GTZ	Deutsche Gesellschaft für Technische Zusammenarbeit
HIV	Human Immunodeficiency Virus/Erreger-Virus der menschlichen Immunschwäche-Krankheit AIDS
IWF	Internationaler Währungsfonds/International Monetary Fund (IMF)
KfW	Kreditanstalt für Wiederaufbau
NGO	Non-governmental Organization/Nichtregierungsorganisation (NRO)
ODA	Official Development Assistance/Öffentliche Entwicklungszusammenarbeit
OECD	Organization for Economic Co-operation and Development/Organisation für wirtschaftliche Zusammenarbeit und Entwicklung
UNCTAD	United Nations Conference on Trade and Development/ Konferenz der Vereinten Nationen für Handel und Entwicklung
VENRO	Verband Entwicklungspolitik deutscher Nichtregierungsorganisationen e. V.
WB	World Bank/Weltbank
WTO	World Trade Organization/Welthandelsorganisation

Begriffserläuterungen

Afrikakonzept der Bundesregierung
Das im Juni 2011 verabschiedete Afrikakonzept ist ein Konzept der guten Absichten. Aber es geht in Richtung einer realistischen und kritischeren Politik als bisher. Immerhin wird die afrikanische Eigenverantwortung und endlich auch die Kontrolle der Wirksamkeit und Effizienz der eingesetzten Mittel erwähnt. Ausbau der wirtschaftlichen Beziehungen, Rechtstaatlichkeit und Regierungsführung, Umweltschutz und Bildung sollen künftig eine zentrale Rolle spielen. Die Aussage, dass Afrika zunehmend mit einer Stimme spricht und die Krisen auf dem Kontinent in Zukunft selbst lösen kann oder will, ist aber wohl eher eine Wunschvorstellung. Würde das funktionieren, wäre dies in der Tat die beste Garantie für Stabilität und eine nachhaltigere Entwicklung.

Basket Funding
Mehrere Geber zahlen in einen gemeinsamen »Korb« ein, der einer bestimmten Verwaltungseinheit im Empfängerland zur eigenständigen Verwendung überlassen wird. Er gilt deshalb als Vertrauensbeweis der Gebergemeinschaft (vgl. Budgethilfe).

Cash Crops
Landwirtschaftliche Produkte (Kaffee, Tee, Baumwolle etc.), die zumeist auf Plantagen vorwiegend für den Export angebaut werden.

Cash on Delivery
Nancy Birdsall und William D. Savedoff u.a. vom Center for Global Development in Washington haben ein Konzept entwickelt nach dem Entwicklung gekauft wird. Damit wird eine Anreiz-Struktur geschaffen und erreicht, dass sich die Entwicklungsländer mit den jeweiligen Maßnahmen identifizieren und Eigenverantwortung

(»African Ownership«) übernehmen. Ferner wurde auch die Pariser Erklärung (2005) umgesetzt. www.cdgev.org

CEEAC
Communauté Économique des États d'Afrique Centrale / Wirtschaftsgemeinschaft der Zentralafrikanischen Staaten. 1983 von elf afrikanischen Staaten mit dem Ziel einer zentralafrikanischen Wirtschaftsunion gegründet.

CEMAC
Zentralafrikanische Wirtschafts- und Währungsgemeinschaft (Kamerun, Kongo (Brazzaville), Gabun, Äquatorialguinea, Zentralafrikanische Republik, Tschad). Gründung 1994 zur Förderung der wirtschaftlichen Entwicklung durch 6 kleinere und mittlere zentralafrikanische Staaten ohne die bevölkerungsreichen Staaten DR Kongo und Angola (mit denen sie gemeinsam Mitglieder in der CEEAC sind) und ohne Nigeria, das die führende Rolle in der westafrikanischen Wirtschaftsgemeinschaft ECOWAS spielt. Insgesamt leben innerhalb der CEMAC über 34 Mio. Menschen auf einer Fläche von 3 Mio. km^2.

Commonwealth
Dem Commonwealth gehören 54 Staaten an, darunter 19 aus Afrika: Botswana, Ghana, Kamerun, Sierra Leone, Lesotho, Südafrika, Malawi, Mauritius, Swaziland, Mosambik, Tansania, Namibia, Togo, Gambia, Nigeria, Uganda, Seychellen, Sambia, Simbabwe. Alle zwei Jahre finden Treffen der Staats- und Regierungschefs statt.

Cotonou-Abkommen
Im Juni 2000 unterzeichneten die EU und 77 Staaten Afrikas, der Karibik und des Pazifiks (AKP-Staaten) ein Kooperationsabkommen bis zum Jahr 2020. Das Abkommen sieht regelmäßigen politischen Dialog vor. In diesem Dialog sollen mittels »guter Regierungsführung« Demokratie und Menschenrechte durchgesetzt werden.

DED
Der Deutsche Entwicklungsdienst wurde 1963 als gemeinnützige Gesellschaft für die personelle Entwicklungszusammenarbeit gegründet. Raund 1100 Entwicklungshelfer sind für den DED in 42 Ländern, vorwiegend in Afrika, im Einsatz.

Deutscher Afrika-Preis
Seit 1993 verleiht die Deutsche Afrika-Stiftung e. V. den Deutschen Afrika-Preis. Er wird an herausragende Persönlichkeiten aus Afrika verliehen, die sich um Frieden, Stabilität, Demokratie, Menschenrechte und soziale Marktwirtschaft in Afrika verdient gemacht haben. Die Auswahl der Preisträgerinnen und Preisträger obliegt einer unabhängigen Jury.

Dutch Disease
Als holländische Krankheit bezeichnet man die Desindustrialisierung eines Landes infolge einer starken Zunahme des Zuflusses von Mitteln. Die Entdeckung von Erdgas in den Niederlanden Ende der 70er Jahre hatte eine solche Entwicklung verursacht. Der unerwartete und oft dem sonstigen allgemeinen Entwicklungsstand nicht angepasste Reichtum lähmt, er verführt zur Verschwendung und zur Vernachlässigung der Investitionen in die Zukunft.

EEF (FED)
Europäischer Entwicklungsfonds. Der von den EU-Mitgliedstaaten gespeiste Fonds, aus dem Leistungen an die AKP-Staaten finanziert werden. Der 9. EEF wurde in Verbindung mit dem Cotonou-Abkommen von 2000 eingerichtet.

Entwicklungsfinanzierung
0,7 Prozent Ziel als Referenzrahmen.
Am 19. 11. 1970 wurde – ohne Abstimmung – eine UN Resolution zur Entwicklungsfinanzierung verabschiedet: 0,7 des BSP eines Landes sollten nach einer Empfehlung des Pearson Berichts (dem ersten Report zur internationalen Entwicklungspolitik) als Richtgröße für Hilfeleistungen dienen.

Im Mai 2005 unterzeichnet die BMZ-Ministerin in Brüssel eine EU Absichtserklärung, derzufolge das 0,7-Prozent-Ziel bis 2015 umgesetzt werden soll. Völkerrechtlich verbindlich sind beide Erklärungen nicht.

EZ
Entwicklungshilfe soll im offiziellen Sprachgebrauch »Entwicklungszusammenarbeit« heißen. Damit wird der Eindruck erweckt, dass Geber und Empfänger gleichberechtigt sind. Das entspricht aber nicht den Tatsachen.

Good Governance
Verantwortliche Regierungsführung. Seit Beginn der 90er Jahre zunächst von der Weltbank und dann von der ganzen »Gebergemeinschaft« propagiertes Konzept, das von der Einsicht ausging, dass ohne gute politische Rahmenbedingungen (Demokratie), Rechtssicherheit, Rechtsstaatlichkeit, Bekämpfung von Korruption, verantwortungsvollen Umgang (accountability) der Regierenden mit öffentlichen Ressourcen und politischer Macht, gerechte Einkommensverteilung eine sinnvolle Entwicklungszusammenarbeit nicht funktionieren kann.

GTZ
Deutsche Gesellschaft für Technische Zusammenarbeit. Die bundeseigene, aber privatrechtlich organisierte GTZ ist auf der Grundlage eines 1974 mit dem BMZ abgeschlossenen Generalvertrages damit beauftragt, Projekte und Programme der Technischen Zusammenarbeit (TZ) zu planen, durchzuführen und zu evaluieren.

IMF (IWF)
International Monetary Fund / Internationaler Währungsfonds. 1945 im Gefolge der Bretton Woods-Konferenz (1944) gegründet, um eine Neuordnung und Stabilisierung der internationalen Wirtschaftsbeziehungen auf der Basis fester Wechselkurse zwischen konvertiblen Währungen institutionell abzusichern. Der IMF wur-

de zu einem wichtigen Steuerungsinstrument der internationalen Währungs- und Finanzpolitik, seit den 80er Jahren zum Hauptakteur des internationalen Schuldenmanagements.

Kimberley Prozess
Der Handel mit illegal geschürften Rohdiamanten ist oder war oft wesentliche Einnahmequelle von Parteien in gewaltsamen Konflikten in Afrika (z.B. Sierra Leone, Liberia, Zentralafrikanische Republik). 2003 einigte sich die Diamanten-Branche deshalb auf ein Zertifizierungssystem für Rohdiamanten. Der Selbstregelungsmechanismus der Diamantenindustrie wurde nach der südafrikanischen Stadt Kimberley benannt. Regierungen, Industrie und Menschenrechtsorganisationen sind an dem Kontrollsystem beteiligt. Dennoch wird das Kimberley-Siegel, das die Herkunft der Diamanten bezeugt, immer wieder umgangen und stellt die Glaubwürdigkeit des Siegels in Frage. So ist nach einem 2006 dem UN-Sicherheitsrat vorgelegten Bericht zwischen 2000 und 2005 ein Anstieg des Diamantenexports von Ghana um 60 Prozent festzustellen. Entsprechend dem Bericht kommen die Diamanten – obwohl sie das Siegel »Ware aus Ghana« haben – aus der Elfenbeinküste. Probleme: Es gibt keine unabhängigen Kontrollmechanismen und kein rechtlich verbindliches Abkommen.

Mo Ibrahim Stiftung
Der Sudanese Dr. Mo Ibrahim ist als Mobilfunkunternehmer reich geworden. Nach seinen Erfahrungen ist schlechte Regierungsführung ein großes Entwicklungshemmnis für den afrikanischen Kontinent. Er gründete deshalb 2006 die Mo Ibrahim Stiftung. Sie zeichnet seit 2007 vorbildliche ehemalige Staatschefs in Afrika aus.

Erste Preisträger: 2007 Joaquim Chissano, der ehemalige Präsident Mosambiks (er beendete den Bürgerkrieg und trat freiwillig vom Präsidentenamt zurück) und 2008 Festus Mogae, der frühere Präsident von Botswana. Die Preisträger erhalten in den ersten 10 Jahren 5 Millionen US-Dollar und dann lebenslänglich jährlich 200 000 US-Dollar.

Mo Ibrahim betrachtete die Führungskrise Afrikas als Wurzel allen Übels. Das viele Geld soll einen Anreiz schaffen, dass die politische Elite sich verfassungsgemäß von der Macht verabschiedet.

2009 und 2010 hat die Jury niemanden gefunden, der das Preisgeld verdient hätte. 2011 erhielt der frühere Präsident der Kapverden, Pedro Pires, den Preis. »Er hat das Land in ein Modell für Demokratie, Stabilität und zunehmenden Wohlstand verwandelt«, so die Jury.

ODA-Quote (Official Development Assistance)
Anteil der öffentlichen Ausgaben für die Entwicklungszusammenarbeit am Bruttonationaleinkommen. Die größten Geber waren 2011: USA (30,15 Milliarden US-Dollar), Großbritannien (13,76), Frankreich (12,92), Deutschland (12,72).

Randomisierte Experimente in der Entwicklungshilfe
Interessante Methode zur Wirkungsmessung. Spielt in der deutschen Entwicklungshilfe noch kaum eine Rolle.

Rentierstaaten
Staaten, die von Rohstoffrenten oder Entwicklungshilferenten abhängig sind und bei denen eine passive Erwartungshaltung bei der Staatsklasse entsteht. Schädlich, weil das Einkommen nicht der eigenen Leistung oder der Produktivität des eigenen Landes entspricht. Dadurch werden nötige Reformen verhindert und eigene Entwicklungsanstrengungen geschwächt. Rentenökonomien haben in einigen Staaten verheerende soziale Ungerechtigkeit zur Folge.

UN Millenniumsziele
Im September 2000 einigten sich die 189 Mitgliedsstaaten der UN auf 8 Ziele (nachfolgend verkürzt), die bis 2015 den Menschen in den Entwicklungsländern den Durchbruch zu einer dynamischen Wachstumsphase verhelfen sollen.

1. Bekämpfung von extremer Armut und Hunger
2. Grundschulbildung für alle Kinder

3. Gleichstellung von Jungen und Mädchen in der Bildung
4. Reduzierung der Kindersterblichkeit
5. Verbesserung der Gesundheitsversorgung von Müttern
6. Bekämpfung von HIV, Malaria und anderer Krankheiten
7. Zugang zu Trinkwasser und Verbesserung der Lebensbedingungen in den Armenvierteln
8. Aufbau einer globalen Entwicklungspartnerschaft

Allerdings ist schon heute absehbar, dass durch die autoritären Machtstrukturen, fehlende Beteiligungsrechte der Bevölkerung, ausgeprägte Korruption, schlechte Wirtschaftspolitik (sowie konkreter Beschäftigungsziele) und sich daraus ergebene Wachstumsschwäche in vielen Staaten in Afrika südlich der Sahara handfeste Fortschritte praktisch unmöglich werden.

VENRO
Verband Entwicklungspolitik deutscher Nichtregierungsorganisationen. VENRO wurde 1995 gegründet und hat ca. 100 Mitglieder privater und kirchlicher Träger der Entwicklungszusammenarbeit, der Nothilfe, der entwicklungspolitischen Bildungsarbeit, Öffentlichkeits- und Lobbyarbeit.

Weiße Elefanten
So werden in Afrika mit Entwicklungshilfe errichtete nutzlose, teure Bauten bezeichnet, die nie richtig in Funktion genommen wurden. Planungen, die an den Menschen vorbeigingen.

Literaturhinweise und Internetadressen

Buchveröffentlichungen

Achebe, Chinua, The Trouble with Nigeria, London 1984 (Hochaktuell: Tribalismus statt Leistungsgesellschaft; der Autor erhielt 2006 den Booker Price.)

Atta, Sefi, Sag allen, es wird gut, Wuppertal 2008 (Über das Lebensgefühl v. a. der Frauen in Nigeria: »Bei uns werden Frauen umso mehr gerühmt, je widerspruchsloser sie ihr Recht zu protestieren aufgeben.« Der Roman wurde mit dem Wole-Soyinka-Preis ausgezeichnet.)

Ba, Mariama, Ein so langer Brief, dt. Berlin 1998 (Der Briefroman der Senegalesin dient der besseren Verständigung zwischen Europäern und Afrikanern. Ein Klassiker.)

Barley, Nigel, Traumatische Tropen, dt. Stuttgart 1998 (Amüsanter, selbstironischer Bericht einer Feldforschung in Kamerun)

Bebey, Francis, Eine Liebe in Duala, dt. Wuppertal 1987 (Einblicke in das dörfliche Leben, die Denk- und Handlungsweise des Duala-Volks)

Behrends, Andrea, Drahtseilakte: Frauen aus Nord-Ghana zwischen Bildung, Beruf und gesellschaftlichen Konventionen, Frankfurt 2002

Birdsall, Nancy/Savedoff, William, Cash on Delivery, Washington, 2010

Bitala, Michael, Hundert Jahre Finsternis, Wien 2005

Broussard, Philippe, L'affaire »BMA« secoue la Francafrique, in: L'Express, 12.2.2009 (Beschreibung und Aufzählung der Luxusanwesen, Wagenparks und Bankkonten diverser afrikanischer Staatschefs in Frankreich. »BMA« bedeutet übersetzt: Unrechtmäßig erworbener Besitz.)

Butcher, Tim, Blood River, München, 2008 (Butcher durchquert den Kongo auf den Spuren von Henry Morton Stanley).

Cameron, Edwin, Tod in Afrika – Mein Leben gegen AIDS, dt. München 2007

Collier, Paul, Die unterste Milliarde. Warum die ärmsten Länder scheitern und was man dagegen tun kann, dt. München 2008 (Der ehemalige Leiter der Forschungsabteilung der Weltbank beschreibt, warum die ärmsten Länder scheitern.)

Daniel, Serge, Les routes clandestines, Paris 2008 (Anschauliche Beschreibung der Fluchtlinien der afrikanischen Auswanderer nach Europa)

Davis, Mike, Planet der Slums, dt. Berlin 2007

Easterly, William, Wir retten die Welt zu Tode, dt. Frankfurt 2006 (Easterly gibt Einblicke in Abgründe einer verfehlten Armutsbekämpfung.)

Ehling, Holger/Ripken, Peter (Hg.), Die Literatur Schwarzafrikas, München 1997

Flaig, Egon, Weltgeschichte der Sklaverei, München 2009 (hervorragend recherchiert und gut lesbar). »Zwischen 1519 und 1867 wurden 11,06 Millionen Menschen aus Afrika nach Amerika verbracht. Der moslemische Export war mit mindestens 17 Millionen Verschleppten weitaus umfänglicher, was inzwischen kaum noch bestritten wird … In Afrika musste die Abolition den Eliten gewaltsam aufgezwungen werden. Nicht bloß weil die einheimischen Eliten vom Versklaven und vom Sklavenhandel und -haltung profitierten, sondern weil die staatlichen Gebilde auf dem permanenten Versklaven beruhten.«

Grill, Bartholomäus, Ach Afrika. Bericht aus dem Inneren eines Kontinents, Berlin 2003 (Grills Reportagen sind nachdenklich, einfühlsam und packend.)

Hücking, Renate/Launer, Ekkehard, Aus Menschen Neger machen: wie sich das Handelshaus Woermann an Afrika entwickelt hat, Hamburg 1986

Johnson, Dominic, Kongo, Frankfurt/Main 2009 (Guter Einblick in die Entwicklung des Kongo während und nach der Kolonialzeit.)

Joris, Lieve, Mali Blues, dt. München 2000 (Die Reisereporterin gibt einen packenden Einblick in die afrikanische Lebensweise.)

Kabou, Axelle, Weder arm noch ohnmächtig. Eine Streitschrift gegen schwarze Eliten und weiße Helfer, dt. Basel 1993/2009 (Immer noch ein taufrischer Klassiker)

Kapuscinski, Ryszard, Afrikanisches Fieber, München 2001

Köhler, Horst (Hg.), Schicksal Afrika, Reinbeck, 2010 (Die Beiträge der jungen Afrikaner sind lesenswert, weil meist nicht politisch korrekt.)

Kourouma, Ahmadou, Die Nächte des großen Jägers, Zürich 2002 (Kritische Auseinandersetzung mit dem nachkolonialen Afrika; auch als Hörbuch)

Kreutzer, Mary/Milborn, Corinna, Ware Frau. Auf den Spuren moderner Sklaverei: von Afrika nach Europa, Salzburg 2008 (Ich hoffe, dass das Buch zu mehr Bewusstsein und damit auch zu gesetzlichen und gesellschaftlichen Änderungen beitragen kann.)

Kuegler, Sabine, Gebt den Frauen das Geld! Und sie werden die Welt verändern, München 2007

Mari, Francisco/Bunzel, Rudolf, Das globale Huhn. Hühnerbrust und chicken wings – wer isst den Rest?, Frankfurt 2007 (Wie die Entsorgung von Hühnerfleisch aus Europa afrikanische Kleinbauern ruiniert)

Mark Twain, König Leopolds Selbstgespräch (King Leopold's Soliloquy, 1905; Mark Twain beschreibt die Ausbeutung des sogenannten Kongo-Freistaats durch den belgischen König Leopold, der das Land als Privatbesitz betrieb.)

Mbeki, Moeletsi, Architects of Poverty, Johannesburg 2009 (Der Bruder des ehemaligen Staatspräsidenten rechnet mit den afrikanischen Eliten ab.)

Mbeki, Moeletsi, Advocates for Change, Johannesburg 2011 (»Einige afrikanische Machthaber haben Angst vor zu viel Bildung, denn damit werden sie automatisch zunehmend hinterfragt.«)

Mills, Greg, Why Africa is poor, Johannesburg 2010 (Der südafrikanische Wissenschaftler sieht die afrikanischen Führer in der Verantwortung für die Armut des Kontinents.)

Moyo, Dambisa, Dead Aid, London 2009 (»Einer der deprimierendsten Aspekte des ganzen Entwicklungshilfe-Fiaskos ist, dass Spender, politische Entscheidungsträger, Regierungen, Akademiker, Wirtschaftswissenschaftler und Entwicklungsexperten in ihrem tiefsten Inneren wissen, dass Entwicklungshilfe nicht funktioniert, noch nie funktioniert hat und auch nie funktionieren wird.«)

Mükke, Lutz, Journalisten der Finsternis, Köln 2009 (Ein informatives Kompendium der deutschen Afrikaberichterstattung).

N'Diaye, Tidiane, Der verschleierte Völkermord, Hamburg 2010 (Der afrikanische Wissenschaftler schreibt: »noch heute verbinden viele reflexartig (in einer Art Selbstzenzur) den Sklavenhandel lediglich mit Europa und Amerika. In Wirklichkeit wurden 13 Jahrhunderte lang durch den arabomuslimischen Sklavenhandel mindestens 17 Millionen Menschen versklavt«).

Neudeck, Rupert, Die Kraft Afrikas, München 2010 (Für Neudeck ist die wichtigste Ursache der afrikanischen Misere die Misswirtschaft der Eliten, aber auch die westliche Entwicklungspolitik).

Njiké-Bergeret, Claude, Meine afrikanische Leidenschaft, dt. Bergisch-Gladbach 2006

Nooteboom, Cees, In der langsamsten Uhr der Welt, Reisen in Afrika, dt. Frankfurt 2008

Nuscheler, Franz, Entwicklungspolitik, Zürich 2004

Onyeani, Chika, Capitalist Nigger, New York 1990 (Kritik am verschwenderischen Leben der Eliten im Gegensatz zur Armut der Bevölkerung trotz reichlicher Bodenschätze)

Polman, Linda, Die Mitleidsindustrie, Frankfurt am Main, 2010 (Die Autorin schreibt »Es gibt einen Markt für Wohltätigkeit. Es ist big Business«).

Richburg, Keith, Die Last des Erinnerns, Berlin 2002 (Unverblümte Darstellung der afrikanischen Realität der 1990er Jahre. Subjektiv ehrliche Bekenntnisse des Starreporters der ›Washington Post‹; Nobelpreisträger Wole Soyinka bezeichnete Richburgs Kritik als berechtigt und nützlich.)

De Rosny, Eric, Heilkunst in Afrika, dt. Zürich 1994

Sachs, Jeffrey D., Das Ende der Armut, dt. Berlin 2005

Saro-Wiwa, Ken, Lemonas Geschichte, dt. München 1999 (Der nigerianische Autor wurde als unbequemer Kritiker des Regimes trotz internationaler Preise 1995 hingerichtet.)

Sen, Amartya, Poverty and Faminess, Oxford 1983

Ders., Ökonomie für den Menschen. Wege zu Gerechtigkeit und Solidarität in der Marktwirtschaft, dt. München 2000

Simonet, Marie-Antoinette, Ist Entwicklung Frauensache?, Linz 2003 (Dissertation zum Thema der Bedeutung der afrikanischen Frauen)

Steinmetz, Jean-Philippe, La pirogue blessée, Paris 2007

Stelzig, Christine (Hg), Letzte Ölung Nigerdelta – Das Drama der Erdölförderung, Wien, 2012

Tetzlaff, Rainer/Jakobeit, Cord, Das nachkoloniale Afrika. Politik – Wirtschaft – Gesellschaft, Wiesbaden 2005 (Ein hervorragendes Lehrbuch, Nachschlagwerk und Arbeitsmittel für jeden an Afrika Interessierten)

Theroux, Paul, Dark Star Safari, London 2003 (Eine Reise von Kairo nach Kapstadt)

Vaisse, Maurice, La Puissance ou l'influence? Paris 2009 (im Kapitel zur französischen Afrikapolitik werden die besonderen Beziehungen zum frankophonen Afrika in wirtschaftlicher, militärischer und kultureller Hinsicht seit 1958 beschrieben).

Warah, Rasna, Missionaries, Mercenaries and Misfits, Milton Keynes 2008 (Entwicklungshilfe aus afrikanischer Sicht).

Vauthrin, Jak, Villes Africaines. Anarchie et raison d'une architecture, Paris 1989 (Beschreibt in dem reich illustrierten Buch die Vielfalt, Lebendigkeit und Anziehungskraft afrikanischer Städte)

Wilke-Launer, Renate (Hg.), Südafrika. Katerstimmung am Kap, Frankfurt/M, 2010 (Südafrikanische Intelektuelle rechnen gnadenlos mit den neuen Eliten ab).

Wolff, Jürgen H., Entwicklungshilfe: Ein hilfreiches Gewerbe, Münster 2005 (Erläutert das durchsichtige Spiel mit Zahlen in der EZ. Er zeigt die Ahnungslosigkeit vieler Streiter für die Dritte Welt hinsichtlich elementarer Lehren der Wirtschaftswissenschaften. Hervorragende Problemanalyse.)

Wrong, Michaela, Jetzt sind wir dran, Berlin, 2010 (Hervorragende Studie über Macht und Korruption in Kenia).

Yunus, Muhammad, Grameen – Eine Bank für die Armen, Bergisch-Gladbach 1997

Ders., Die Armut besiegen, München 2008

Weitere Veröffentlichungen

Addicks, Karl, Etikettenschwindel Entwicklungshilfe, in: faznet, 26. 7. 2008

Adieu, Almosen, in: Internationale Politik, Dezember 2007

Afrika – Das umkämpfte Paradies, in: Spiegel Spezial, 2/2007

Alptraum der Arzneifälscher. Kampf gegen Fälschermafia in Nigeria, in: Der Spiegel, Nr. 5/2008

Avenue Foch, j'achète!, in: Le Monde, 1. 2. 2008 (Es wird das surreale Universum von fünf afrikanischen Staatschefs in Frankreich beschrieben, inzwischen von A2-TV verfilmt. Allein der gabunische Staatschef verfügt in Frankreich über 33 Luxusimmobilien. Daneben hat die Finanzpolizei zahlreiche Bugattis, Maybachs, Ferraris etc. gefunden.)

Ayittey, George, Misleading Africa, in: ›The American Interest‹, Band IV, Nr. 4, März/April 2009 (»Afrika ist arm, weil seine dysfunktionalen, kleptokratischen Regime seine Gesellschaftsstrukturen durcheinandergebracht und westliche Länder dies mit ihrer Entwicklungshilfe unwissentlich unterstützt haben. Afrika ist reich; nur seine Politik ist armselig.«)

Bernard, Philippe, Au Cameroun, la lutte contre la corruption sert d'arme politique, in: Le Monde, 28. 5. 2006

Bourguignon, François, in: Weltentwicklungsbericht der Weltbank, 2006

Broder, Henryk, in: Spiegel online, 23. 12. 2004

Bröll, Claudia, Teure Nahrung und brach liegende Böden, in: faznet, 28. 7. 2008

Brombacher, Daniel, Geberstrukturen in der Entwicklungspolitik, SWP Studie, Berlin 2009

Clapham, Christopher, in: International Affairs, Nr. 74/2/1998

Collier, Paul, u. a.: Why has Africa grown slowly, in: Journal of Economy Literature, Bd. 37/1999

Drechsler, Wolfgang, Afrikas Diktatoren bleiben gelassen – und im Amt, in: Der Tagesspiegel, 26.04.2011

Ders., Die Helfer helfen zuerst sich selbst, in: Handelsblatt, 02.08.2011

Ders., Zuma als Antidemokrat, in: Kölner Stadt-Anzeiger 20.03.2011

Electricité. Un Scandale Africain, in: Jeune Afrique, Nr. 2471, 18.–24.5.2008

Entwicklungshilfe ist ein Wohlfühlprogramm, Interview mit William Easterly, in: FAS, 2.12.2007

Erkens, Rainer, Braucht Afrika mehr Entwicklungshilfe?, www.fnst.org

Fenzler, Wolfgang, in: FAZ, 8.11.1999

Ford, Liz, Abolish 0,7 % UK aid target, says Peers, in: The Guardian, 29.03.2012

Friebe, Richard, Die acht Weltverbesserer (Stand der UN-Millenniumsziele) in: Das Parlament, Nr. 34/35 – 17./24.8.2009

Gerhardt, Kurt, In den Händen des Volkes, Erfahrungen mit Entwicklungshilfe im Niger, in: Beilage ›Aus Politik und Zeitgeschichte‹ zu ›Das Parlament‹, 15.8.1987 (Auch nach über 20 Jahren noch nicht veraltet)

Ders., Wie Afrika seine Würde verliert, in: Spiegel online, 11.4.2009

Ders., Warum die Helfer versagen, in: Spiegel online 23.5.2010

Göbel, Heike, Warum schadet Entwicklungshilfe, in: FAS, 20.4.2008

Heuser, Uwe Jean, Die Wandlung des Jeffrey Sachs, in: Die Zeit, 11.9.2003

High-Tech Trash, in: National Geographic, Januar 2008 (High-Tech-Müll aus Europa wird in Ghana entsorgt.)

Hoischen, Oliver, Abschied von der sanften Macht, in: FAS, 11.11.2007 (Hoischen äußert Zweifel am Nutzen der Entwicklungshilfe.)

Illy, Hans, Ausbildung in Deutschland – sinnvoll für die Dritte Welt, in: Universitas 3/1988 (Noch aktuell und lesenswert)

International Crisis Group, Nigeria: Ending unrest in the Niger Delta, www.crisisgroup.org (Sehr gute Situationsbeschreibung)

Kagame, Paul (Präsident von Ruanda), Entwicklungshilfe macht Menschen nur abhängig, in: Welt am Sonntag, 18.5.2008

Le Roy, Claude, in: Spiegel 6/2006

Mair, Stefan/Tull, Denis, Deutsche Afrikapolitik, Stiftung Wissenschaft und Politik, März 2009, www.swp-berlin.org (Vorschläge für eine strategische Neuausrichtung)

Maxeiner & Miersch, Accessoires der Promis, in: Welt online, 13.3.2009

Menzel, Ulrich, Der Zerfall der postkolonialen Staaten, in: Politik und Zeitgeschichte, B18–19, 2001 (Die Gründe für den Zerfallsprozess der postkolonialen Staaten. Leider nicht veraltet.)

Molt, Peter, Irreführender Optimismus, in: Zeitschrift für Entwicklung und Zusammenarbeit, 10/2006

Ders., Stellungnahme zur Anhörung im Deutschen Bundestag zum Thema »Chancen, Risiken und Perspektiven der Budgethilfe in der Entwicklungszusammenarbeit«, Deutscher Bundestag, 7.11.2007

Moratinos Cuyaubé, Miguel Angel, Sans securité alimentaire, pas de paix dans le monde, in: Jeune Afrique Nr. 2632, 19.06.2011 (70 % des Budgets der FAO werden für Gehälter ausgegeben.)

Nolutshungu, Temba A., Afrika leidet an Nicht-Regierungsorganisation. Unsere neuen Kolonialherren, in: Die Welt, 20.5.2008

Pelda, Kurt, Afrikas Mühen mit der Demokratie und das Versagen des Westens, in: NZZ, 15.8.2009

Rogoff, Kenneth, in: FAZ, 26.6.2007

Rüttimann, Jean-Paul, Die Hilfswerke richten es schon, in: Neue Zürcher Zeitung, 21.02.2012 (R. war vor 50 Jahren u.a. in Obervolta dem heutigen Burkina Faso als Erwachsenenausbilder und Korrespondent. Er beschreibt die Entwicklung des Landes bis heute.)

Scheen, Thomas, Afrikas junge Demokratien, in: Frankfurter Allgemeine. 31.03.2012

Tull, M. Denis, Schwache Staaten, erfolgreiche Eliten, Stiftung Wissenschaft und Politik (SWP), Berlin Mai 2011 (Westliche Politik gegenüber afrikanischen Staaten läuft Gefahr von den lokalen Regierungseliten instrumentalisiert zu werden. Oberste Priorität ist, die Macht zu erhalten – nicht kollektive Probleme zu lösen. Tull empfiehlt, Hilfe an klare Bedingungen und Ergebnisse zu knüpfen.)

Ders., Hilfe ohne Rechenschaft, in: FAZ, 6.6.2007

Ders., Die Ausbeutung des Hungerkontinents, in: FAS, 1.3.2009

Shikwati, James, Wer Afrika helfen will, darf kein Geld geben, in: FAZ, 4.4.2007

Soto, Hernando de, Freiheit für das Kapital, dt. Reinbek 2002

Ders., in: Die Weltwoche, Nr. 37/2005

Thielke, Thilo, Hungerkrise in Afrika, in: Spiegel online, 4.6.2008

UNCTAD, Economic Development in Africa, 2007

Wann es des Guten zuviel ist und was nützt – Schwerpunkt Hilfe, in: brand eins, Heft 10, Dezember 2005

Wiedemann, Charlotte, Das große Schmieren, in: Die Zeit, 17.4.2008

Wiedemann, Erich, Wie die Hungerhilfe ein Land in der Armut hält, in: Spiegel online, 24.11.2005

Zukunftskontinent Afrika, in: Internationale Politik, Nr. 4, 4/2006

Internetadressen

www.afrikaverein.de. (Außenwirtschaftsverband zur Förderung der wirtschaftlichen Beziehungen zwischen Deutschland und den Ländern Afrikas)

www.ahk.de. (Unterstützung für den Marktzugang in Afrika)

www.antislavery.org

www.bonner-aufruf.eu
(Aufruf zu einer radikalen Reform der Entwicklungspolitik)

www.cine3mondes.com
La Médiathèque des Trois Mondes; hat 150 Filme, u.a. aus Afrika, im Programm, z.B. *Sisters in Law*, Großbritannien/Kamerun 2005 (DVD; der vielfach preisgekrönte Film zeigt die Geduld und den Mut von Frauen. Er gibt auf amüsante Art einen spannenden Einblick, wie Familiengerichte in Kamerun funktionieren.)

www.crisisgroup.org

www.eitransparency.org/Nigeria

www.freedomhouse.org
(Pressefreiheit in Afrika; seit 1972 Jahresberichte)

www.giga-hamburg.de
(Institut für Afrika-Studien)

www.oikocredit.org
(Entwicklungsförderung mit Privatkapital, Projekt in Kenia, Ghana, Elfenbeinküste und Südafrika)

www.rfi.org
(Pressefreiheit in Afrika; sehr treffend sind die sonntäglichen Kommentare des togoischen Journalisten Jean-Baptiste Placca)

www.sosesclaves.org

Personen-, Landes- und Ortsregister